文化ファッション大系

ファッション流通講座 4

コーディネートテクニック
アクセサリー編 Ⅱ

文化服装学院編

序

文化服装学院は今まで『文化服装講座』、それを新しくした『文化ファッション講座』をテキストとしてきました。

1980年頃からファッション産業の専門職育成のためのカリキュラム改定に取り組んできた結果、各分野の授業に密着した内容の、専門的で細分化されたテキストの必要性を感じ、このほど『文化ファッション大系』という形で内容を一新することになりました。

それぞれの分野は次の四つの講座からなっております。

「服飾造形講座」は、広く服飾類の専門的な知識・技術を教育するもので、広い分野での人材育成のための講座といえます。

「アパレル生産講座」は、アパレル産業に対応する専門家の育成講座であり、テキスタイルデザイナー、マーチャンダイザー、アパレルデザイナー、生産管理者などの専門家を育成するための講座といえます。

「ファッション流通講座」は、ファッションの流通分野で、専門化しつつあるスタイリスト、バイヤー、ファッションアドバイザー、ディスプレイデザイナーなど各種ファッションビジネス専門職の育成のための講座といえます。

それに以上の3講座に関連しながら、それらの基礎ともなる、色彩、デザイン画、ファッション史、素材のことなどを学ぶ「服飾関連専門講座」の四つの講座を骨子としています。

「ファッション流通講座」では、ファッション商品が生産されてからの各流通分野においての基礎知識・技術を学び、流通関連分野で幅広く活躍できる人材の育成を目的としています。

流通分野の中にも専門分野が確立しつつある現状にかんがみ、ファッションビジネス、スタイリスト、ファッション情報、ディスプレイデザインなどの専門講座を組んでいます。

情報化時代といわれる現代社会では、流通経路を的確に築き上げ、効果的な情報を与え、さらにその時代の流れに乗ったイメージ操作と消費者の心をとらえる販売活動が行われないかぎり、商品は売れるものではありません。

また成熟社会になり、消費者の個性化・多様化が進み、生産者優先の時代から、消費者優先の時代といわれるように、消費の情報は消費者が発信する時代になりました。それだけに流通に携わる人の役割は極めて重要になってきました。この講座を通じて、幅広い知識・技術と研ぎ澄まされた感性を身につけて流通分野で活躍できるすばらしい人材となっていただきたいものです。

目次

コーディネートテクニック
アクセサリー編 Ⅱ

序 …… 3
はじめに …… 8

第1章 装身具 …… 9

Ⅰ 装身具とは …… 9
Ⅱ 装い方のポイント …… 10
フォーマルな装い …… 10
モーニングジュエリー …… 10
ビジネスライフの装い …… 10
カジュアル、リゾートの装い …… 11
ジュエリーコーディネーターとは …… 11
Ⅲ 装身具の種類 …… 12
Ⅳ 主な素材と特徴 …… 13
Ⅴ 宝石の種類と特徴 …… 14
1 宝石としての価値（条件） …… 14
2 モース硬度とは …… 14
3 代表的な宝石のカット …… 14
4 代表的な宝石とその特徴 …… 14
5 誕生石、星座石 …… 15
Ⅵ 貴金属の種類と特徴 …… 16
Ⅶ アイテム別装身具の特徴 …… 16
1 ネックレス …… 16
2 イヤリング …… 17
3 指輪（リング） …… 18
4 ブローチ …… 19
5 ブレスレット、アンクレット、髪飾り …… 20
Ⅷ 手入れと保管、トラブル …… 21
Ⅸ 装身具の製作 …… 22
1 ネックレス …… 22
2 市販のパーツを使用したアクセサリー …… 24
3 プリント転写のブローチ …… 26
4 プリント利用のアクセサリー …… 28

第2章 バッグ・靴 …… 29

Ⅰ バッグ・靴とは …… 29
Ⅱ 装い方のポイント …… 30

バッグのコーディネート ……………………30
靴のコーディネート ……………………32
Ⅲ **バッグ・靴の素材について ……………………34**
Ⅳ **バッグ ……………………36**
1 バッグの種類 ……………………36
2 バッグの構造 ……………………38
3 バッグのマナー ……………………38
4 バッグのメンテナンス ……………………38
5 バッグの口金と持ち手の種類 ……………………39
6 バッグの製作 ……………………40
(1) トートバッグ ……………………40
(2) 口金を使用したバッグ ……………………42
(3) リボンを使用したバッグ ……………………44
ポシェットタイプ ……………………44
巾着タイプ ……………………46
(4) ゴブラン織りのバッグ ……………………48
(5) 持ち手が共布のバッグ ……………………50
Ⅴ **靴 ……………………52**
1 靴のデザインと名称 ……………………52
2 靴の各部の名称 ……………………54
3 各部のデザインと名称 ……………………55
4 靴のサイズと足の形 ……………………57
5 靴選びのポイント ……………………58
6 靴のメンテナンス ……………………58
7 シューズカバーの製作 ……………………59

第3章 ストール・スカーフ ……………………61

Ⅰ **ストール・スカーフとは ……………………61**
Ⅱ **ストール・スカーフの装い方のポイント ……………………62**
職場での装い ……………………62
リゾート・旅行での装い ……………………63
パーティでの装い ……………………64
Ⅲ **ブランドのスカーフについて ……………………64**
Ⅳ **大きさの種類と素材 ……………………65**
Ⅴ **保管と取扱い方の注意 ……………………65**
Ⅵ **スカーフの装い方 ……………………66**
1 基本の折り方 ……………………66
2 基本の結び方 ……………………66
3 装い方 ……………………67
首に巻く ……………………67
頭に巻く ……………………70
体に巻く ……………………72

第４章
ネクタイ・ハンカチ・手袋・靴下 …… 73

Ⅰ　ネクタイ・ハンカチ・手袋・靴下について …… 73
Ⅱ　扱い方とコーディネート効果 …… 74
　1　ネクタイ・ハンカチの効果的な扱い方 …… 74
　2　手袋の効果的な扱い方 …… 75
　3　靴下の効果的な扱い方 …… 76
Ⅲ　ネクタイ …… 77
　1　ネクタイとは …… 77
　2　ネクタイの種類 …… 78
　3　コーディネートの仕方 …… 81
　4　ネクタイの結び方 …… 82
　5　ネクタイの作り方 …… 84
　　レギュラータイ …… 84
　　ボータイ（略式） …… 90
Ⅳ　ハンカチ …… 92
　1　ハンカチとは …… 92
　2　ハンカチの種類 …… 93
　3　ポケットチーフの飾り方 …… 94
　4　ハンカチのおしゃれな使い方 …… 95
Ⅴ　手袋 …… 97
　1　手袋とは …… 97
　2　手袋の役割 …… 98
　3　手袋の種類と素材 …… 99
　4　手袋の製作 …… 100
　　日やけ止めの手袋 …… 100
　　レースのハーフミトン …… 102
Ⅵ　靴下 …… 103
　1　靴下とは …… 103
　2　靴下の種類 …… 104
　3　レッグウォーマーの作り方 …… 108

第５章
ボタン・ベルト …… 109

Ⅰ　ボタン・ベルトについて …… 109
Ⅱ　ボタン・ベルトのコーディネート効果 …… 110
　1　ボタンの効果的な扱い方 …… 110
　2　ベルトの効果的な扱い方 …… 112
Ⅲ　ボタン …… 114
　1　ボタンとは …… 114

2　ボタンの種類 ……………………………115
3　結びボタンの作り方 …………………………118
しゃか結び（とんぼ頭、とんぼ結び）…………118
花結び（几帳結び）…………………………119
みょうが結び …………………………………120
4　アクセサリーボタンの作り方…………………121
イヤリング／スカーフリング／ブローチ／タイタック
Ⅳ　ベルト ……………………………………122
1　ベルトとは ……………………………………122
2　ベルトの種類 …………………………………123
3　ベルトの作り方 ………………………………126
コルセットベルト …………………………………126
サッシュベルト ……………………………………128

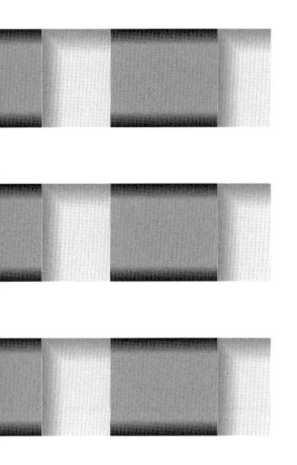

第６章
傘・メガネ・時計・マスコットグッズ‥ 129

Ⅰ　傘・メガネ・時計について………………129
Ⅱ　装い方のポイント……………………………130
1　傘によるコーディネート効果 …………………130
2　メガネによるコーディネート効果 ……………131
2　時計によるコーディネート効果 ………………132
Ⅲ　傘 …………………………………………133
1　傘とは …………………………………………133
2　傘の種類 ………………………………………134
3　傘の選び方 ……………………………………135
4　傘の手入れ方法 ………………………………135
Ⅳ　メガネ ……………………………………136
1　メガネとは ……………………………………136
2　各部の名称 ……………………………………136
3　フレームの形の種類 …………………………137
4　素材 ……………………………………………137
Ⅴ　時計 ………………………………………138
1　時計とは ………………………………………138
2　時計の各部の名称 ……………………………139
3　ケースのバリエーション ………………………139
4　時計の機能・デザインバリエーション ………140
Ⅵ　マスコットグッズ……………………………141
1　マスコット人形 …………………………………141
2　くまのポシェット ………………………………144

はじめに

アクセサリーは、単に美しさを演出する装飾品としてだけではなく、人間が衣服を着て生活するうえで欠かすことのできない機能面での役割を持っている。本書では装身具やスカーフなどの他にバッグ、靴、傘、メガネ、時計、ボタンなど、機能面の強いアイテムまで領域を広げ、ファッションアクセサリーとしてまとめてみた。

ファッションコーディネートは、単に衣服を組み合わせるだけではなく、それに付随する小物をバランスよく組み合わせて総合美を作り出すのである。先に述べたように人間が生活するうえで必要とする小物は多々ある。『コーディネートテクニック・アクセサリー編Ⅰ』に続き本書の『コーディネートテクニック・アクセサリー編Ⅱ』で、それらの必要とするアクセサリー小物を網羅した。

本書は歴史、デザイン、素材等の知識、装い方や扱い方のテクニック、さらに簡単な作り方も載せてまとめてある。

この書からファッションコーディネートテクニックに必要な知識を学び、スタイリストを目指す人やファッションビジネスに携わろうと志す人たちに、また日常のライフスタイルにも活用し、役立てていただきたい。

第1章
装身具

ワレンティン・ユダシュキン

クリスチャン・ディオール

ジャンポール・ゴルチエ

I　装身具とは

装飾のために身につける工芸品のことで、イヤリング、ネックレス、ブローチ、リングなどがある。これらの選び方次第で、コスチュームを引き立て、装う人のイメージをがらりと変えるなど、コーディネートアイテムとして大切な役割を果たす。

装う場面は、カジュアル、リゾート、ビジネス、フォーマルなどいろいろあるが、各場面にふさわしいアクセサリーを選び、上手にコーディネートをしたいものである。特にフォーマルでの装いでは、TPOに応じたマナーやルールがあるので、これらの知識を知ったうえで、センスよく装うことが大切である。

Ⅱ　装い方のポイント

フォーマルな装い

フォーマルは改まった場での装いであるが、働く女性が多くなった今日ではビジネスライフの延長にフォーマルの装いが求められることが多くなってきている。こんなときこそアクセサリーが活躍する。

スーツの似合うさっそうとしたキャリアウーマンもフォーマルな場では、女らしさを演出したいものである。数あるジュエリーの中で、まず基本になるのはパール。どんな場面にもマッチする一連のネックレスとイヤリングはいざというときに重宝する。余裕があれば慶弔と分けて、華やかな場にふさわしい2連や3連のネックレスもそろえておきたい。さらに貴金属、ダイヤモンド、色石なども徐々に加えていきたいものである。若いうちは、高価なジュエリーでなくても、手ごろなアクセサリーで充分美しく装うことができるが、スタイリスト、ファッションアドバイザーの立場としては、より良質なものに触れ、品質の良否を見極める目を養うことが大切である。

シャネル

モーニングジュエリー

喪に服するための装身具で、パールが一般的だが、歴史的にはパールと同じくらい正式なものにジェットがある。日本の皇室でも正式なモーニングジュエリーとして、このジェットが用いられている。このほかにオニキス、黒曜石なども用いられる。ネックレスをするときは、2連、3連は不幸が重なることを連想させるため、1連のものを用いる。リングの胴やネックレス、イヤリングの留め具は、ゴールドを避け、プラチナやホワイトゴールドを用いたほうがよい。

ビジネスライフの装い

ビジネスの場では、知的で活動しやすい装いが望ましい。アクセサリーのつけすぎや、目立ちすぎは避け、職場の雰囲気を考えて、すっきりとコーディネートしたい。ジュエリーは、装飾が控えめなヘッドネックレスやシャープなデザインのブローチ、イヤリングは揺れるドロップタイプのものより、Gタイプ、ボタンタイプのものが無難である。

ヴァレンティノ

クリスチャン・ラクロワ

ジョルジオ・アルマーニ

カジュアル、リゾートの装い

カジュアルライフやリゾートの場でのアクセサリーは、その場の雰囲気と合わせる服のイメージを考え、個性的に選びたいものである。同じイメージのものばかりでなく、シャープなもの、エスニックなもの、遊び心を加えたものなど、いくつかのタイプをそろえ、そのときの装いと気分でコーディネーションを楽しみたい。

ジュエリーコーディネーターとは

1997年、社団法人日本ジュエリー協会の主宰で発足し、ジュエリーに関する基本的な知識の試験で、誰でも受験することができる。JC3級とJC2級がある。

クリスチャン・ディオール

ミチコ・コシノ

ジャンポール・ゴルチエ

ジュンヤ・ワタナベ・コム・デ・ギャルソン

イザベル・マラン

Ⅲ　装身具の種類

装身具のアイテムには、ネックレス、ブローチ、イヤリング、ブレスレット、リング、アンクレット、髪飾りなどがある。

ヴァンクリーフ&アーペル

ケンゾー

ヴァレンティノ

ジョン・ガリアーノ

ヴァレンティノ

クリスチャン・ラクロワ

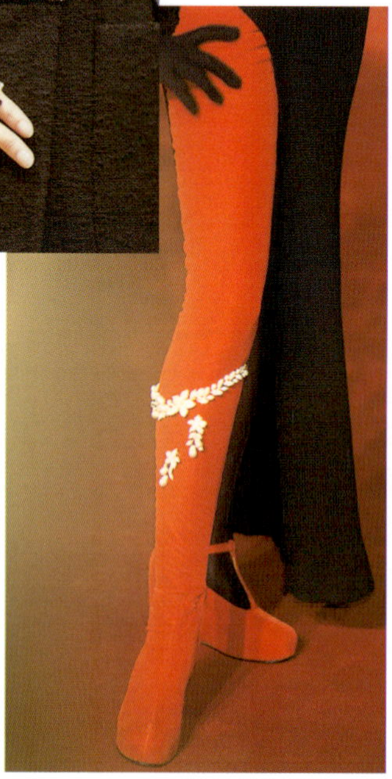
ゴルチエ・パリ

ゴルチエ・パリ

宝石について

宝石とは、一般的に無機質の鉱石で価値のあるものをさすが、琥珀《こはく》、真珠、珊瑚、ジェット、べっこう、象牙など、動植物から生まれた有機質起源のものも含まれる。数ある宝石の中でもダイヤモンド、ルビー、スタールビー、サファイア、スターサファイア、エメラルド、ブラックオパール、翡翠《ひすい》、キャッツアイ、アレキサンドライトは価値が高く、世界の10大宝石（貴石）といわれている。また5大宝石とは、ダイヤモンド、ルビー、サファイア、エメラルド、パールのことをいう。

（　）は硬度

ダイヤモンド（10）　ルビー（9）　スタールビー（9）　ブルーサファイア（9）　スターサファイア（9）　エメラルド（7）　オパール（6）　翡翠（7）　アレキサンドライト（8）　キャッツアイ（8）

Ⅳ　主な素材と特徴

<table>
<tr><th colspan="2">素　材</th><th>特　徴</th></tr>
<tr><td colspan="2">天然石</td><td>地球上には4000種以上の鉱物が存在する。天然石の中でも宝石としての価値のあるものは、50種くらいといわれている。</td></tr>
<tr><td colspan="2">合成石</td><td>物理的に天然石と同じ内容の結晶を人工的に合成したもの。</td></tr>
<tr><td colspan="2">人造石</td><td>天然石をまねて人工的に作られたもので、物理的性質の違うもの。</td></tr>
<tr><td colspan="2">金属</td><td>金、銀、プラチナ、鉄、銅など。</td></tr>
<tr><td colspan="2">ガラス</td><td>鉛ガラスが加工しやすく、彩色しやすいのでよく使われる。傷がなく透明感のあるものがよい。</td></tr>
<tr><td colspan="2">べっこう</td><td>亀（たいまい）の背の甲、腹の甲を熱で加工したもの。腹の甲を腹甲、白甲といい、最も高価。</td></tr>
<tr><td colspan="2">象牙</td><td>アフリカ象やインド象の牙は磨くと美しい光沢と木目が出る。これを彫刻したもので、彫りがしっかりしていて、つやのあるものがよい。</td></tr>
<tr><td colspan="2">ボーン</td><td>クジラ、牛、馬などの骨が用いられる。きれいに磨かれたものがよい。</td></tr>
<tr><td colspan="2">真珠</td><td>天然真珠と養殖真珠がある。養殖真珠は母貝の種類によって分類される。あこや貝、南洋真珠、黒蝶貝真珠、淡水真珠、マベ真珠などがある。形が丸く、光沢があり、傷のないものがよい。</td></tr>
<tr><td colspan="2">珊瑚</td><td>さんご虫が死んだ後、その骨格が長い年月の間に樹枝のようになったもので、ピンク、赤、白珊瑚があり、赤珊瑚が最も価値が高い。</td></tr>
<tr><td colspan="2">貝類</td><td>蝶貝、タヒチ貝、さざえ、あわびなど。傷がなく、つやのあるものがよい。</td></tr>
<tr><td colspan="2">皮革</td><td>牛、豚、羊、鹿、オストリッチ、カンガルー、わに、蛇などの皮革。肌のきめが細かく、染色が均一のものが良質。</td></tr>
<tr><td colspan="2">琥珀</td><td>松柏科の植物の樹脂が地中で堆積し化石となったもの。黄色のものが多いが、赤や褐色もある。プラスチックのイミテーションがあるので注意。</td></tr>
<tr><td colspan="2">ジェット</td><td>堆積岩中に産する流木の化石で黒色、または濃褐色、真鍮色の金属光沢を示すものもある。琥珀と同様に摩擦すると帯電するので、黒琥珀とも呼ばれる。喪服用のアクセサリーとして普及。</td></tr>
<tr><td colspan="2">植物の実</td><td>充分に乾燥した、着色の均一のものがよい。</td></tr>
<tr><td colspan="2">合成樹脂</td><td>プラスチック、ビニール、セルロイドなど。</td></tr>
<tr><td colspan="2">その他</td><td>陶器、粘土、布、リボン、羽根、紙など。</td></tr>
<tr><td rowspan="6">特殊加工素材</td><td>七宝</td><td>金属などにガラス質の釉を焼きつけたもの。</td></tr>
<tr><td>カメオ</td><td>石や貝、ガラスなどに浮彫り彫刻を施したもの。</td></tr>
<tr><td>モザイク</td><td>石、ガラス、卵殻、プラスチックなどの細片を土台に1片ずつはめ込んで絵や模様を表現したもの。イタリアで発達。</td></tr>
<tr><td>平戸</td><td>銅や金銀の細線をねじり曲げて模様を表わす細金細工の一種。</td></tr>
<tr><td>ビーズ</td><td>鉛ガラス、水晶、貝類、ボーン、プラスチックなどがある。</td></tr>
<tr><td>蒔絵</td><td>漆に金銀粉、色粉などを混ぜて絵つけしたもの。</td></tr>
</table>

V　宝石の種類と特徴

1　宝石としての価値（条件）

1　美しい色と輝き
2　耐久性、硬度
3　天然石としての希少性

これら三つの条件を備えたものを、貴石または高級宝石といい、これ以外のものを半貴石と呼び、区別している。

2　モース硬度とは

石の硬さをあらわしたもので、1822年鉱物学者フリードリッヒ・モースが考案。鉱物の中から10個の鉱物を抽出し、最も硬いダイヤモンドから最も柔らかいタルクまで、相対的な硬さの順位を決めたものである（石の硬さの比率を示したものではない）。

3　代表的な宝石のカット

石の特性を生かしたカットが行なわれるが、大別すると次のようになる。

ファセット・カットの各部の名称

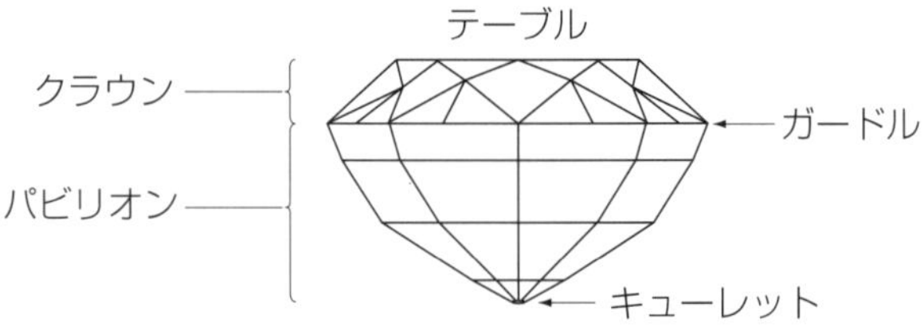

1　カボション・カット（半円形のカット）

シングル	ダブル
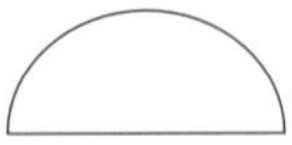	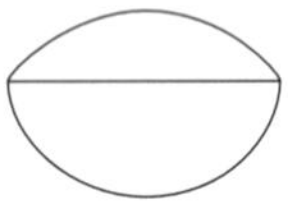

2　ファセット・カット（たくさんの平面で区分し、カットしたもの）

ステップ・カット（平らな面が、さまざまな大きさ、角度で連なったようにカットしたもの）

テーブル・カット	スクエア・カット	エメラルド・カット	オーバル・カット	バゲット・カット
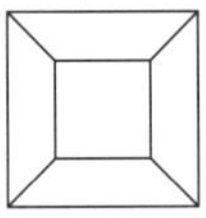	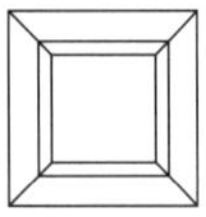	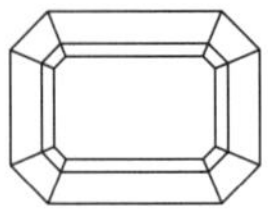	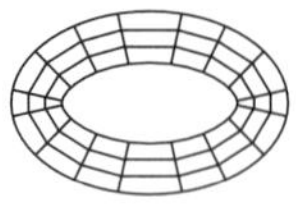	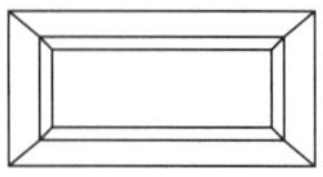

ブリリアント・カット（三角形、菱形の面にカットされたもの）

ラウンド ブリリアント・カット	オーバル ブリリアント・カット	マーキーズ ブリリアント・カット	ハートシェイプ ブリリアント・カット	ペアシェイプ・ブリリアント・カット ペンデローク
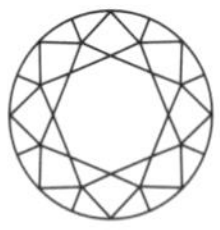		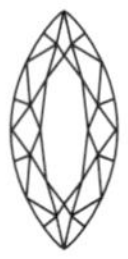		

その他

シングル・カット	ローズ・カット	ミックス・カット	クッション・カット	クオードリリオン・カット プリンセスシザーズ
				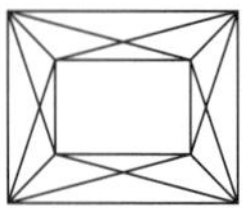

4　代表的な宝石とその特徴

同じ鉱物種でも内包物の違いで、見かけがまったく違った石になることもあり、鉱物名とは別に宝石名がある。

ダイヤモンド

炭素の結晶で、最も硬度が高く、光の屈折率がよいので美しく輝く。化学薬品などの影響を受けず、耐久性が高い。価値は4C（カラー、クラリティ、カット、カラット）で決まる。透明で傷のないものがよく、大きいほど高価。

ルビー

酸化アルミニウムの結晶（鋼玉石）で、赤色のもの。ダイヤモンドに次いで硬度が高い。価値は石の色で、わずかに紫がかった透明度の高い赤色のピジョンブラッド（鳩の血）が最高級品で、黒みがかった赤色は価値が下がる。カボション・カットで6条の線があらわれるものをスタールビーという。

サファイア

酸化アルミニウムの結晶（鋼玉石）で、赤色以外のもの。含有物の種類や色によって、ブルー、イエロー、グリーン、オレンジ、ピンクなどがあるが、普通は青色の石をさす。透明でかすかに紫がかった濃いブルーのものが高級品。

ルビーと同様、カボション・カットで6条の線があらわれたものをスターサファイアという。

エメラルド

緑柱石（ベリル）という鉱石に属し、内包物によって緑色（エメラルド）、マリンブルー（アクアマリン）、ピンク（モルガナイト）、黄色系（ヘリオドール）、無色（ゴッシェナイト）などと呼ばれる。硬度は7.5から8度で、硬いが内包物が多いため、カットの方向が悪いと割れやすく、傷つきやすい。透明度の高い深みのある緑が高級品。

オパール

珪酸ゲルが硬化したもので、7色の光彩を放つ遊色現象を起こすプレシャスオパールと、遊色現象を起こさない不透明なコモンオパールがある。プレシャスオパールは種々の色があるが、ブラックオパールが最も価値が高い。傷つきやすく、乾燥するとひび割れができる。

翡翠

硬玉（ジェダイト）と軟玉（ネフラト）の二つの石がある。硬玉は輝石という鉱物で産出量が少なく、価値が高い。日本ではこの硬玉を翡翠と呼んでいる。色は、グリーン、赤、オレンジ、ライラック、黄、黒などがあるが、特に琅かんと呼ばれる深いエメラルドグリーンのものが価値が高い。

アレキサンドライト

昼と夜で光の変化を放つ。太陽光線のもとでは、エメラルドのようなグリーン、夜の蛍光灯のもとでは、赤紫色に輝く石で、宝石の中で最も希少価値が高い。

キャッツアイ

クリソベリルをカボション・カットし、猫目現象と呼ばれる一本の光の横断線があらわれたもの。

猫目現象はさまざまな鉱物にあらわれるため、正確な宝石名は鉱物名を頭につける。

鑑定書、鑑別書、保証書について

鑑定書

ダイヤモンドのグレードを4Cに基づいて評価したもので、ダイヤモンドだけに発行される。

鑑別書

科学的に天然石、合成石、処理石、模造石などを判定した証明書。

保証書

販売店が発行する証書で、内容は店によって違う。

エンハンスメントとトリートメント

エンハンスメント

石が本来持っている潜在的な美しさをより効果的に引き出すために人的手段を加えることをいい、これをほどこしたものも天然石として認知されている。

トリートメント

石の持つ本来の性質とは関係なく、人工的に色や外観を変えてしまうことをいい、これをほどこすと天然石としては認められない。

5　誕生石、星座石

古来より宝石は病気や災難から身を守り、幸運をもたらすという信仰があり、お守りとして身につけることが行なわれてきた。守護石を決めるには、誕生した月による誕生石と占星術をもとにした星座石がある。占星術は古代メソポタミアで生まれ、西洋を中心に伝承されてきたため、西洋では星座石のほうがポピュラーである。誕生石はユダヤ人の伝統と風習から生まれたもので、起源には、旧約聖書の記述からモーゼがエジプトを出国し、ユダヤ神殿を建立したとき、イスラエルの司祭が着る式服の胸当てに種類の違う12個の宝石がはめ込まれていたのが始まりという説と、新約聖書「ヨハネ黙示録」にある神殿を守る城壁の基礎石に飾られた12種類の宝石とする説がある。石の選び方は国によって多少異なるが、日本の場合は、1912年アメリカの宝石産業協議会が制定したものに、珊瑚と翡翠を加えている。

誕生石

月	宝石	主な宝石言葉
1月	ガーネット	貞操、友愛
2月	アメジスト	誠実
3月	珊瑚、アクアマリン	勇敢
4月	ダイヤモンド	清浄
5月	翡翠、エメラルド	幸福
6月	パール、ムーンストーン	健康
7月	ルビー	情熱
8月	サードニックス、ペリドット	和合
9月	サファイア	徳望
10月	オパール	忍耐
11月	トパーズ	友情
12月	トルコ石、ラピスラズリ	成功

星座石

星座	月／日	宝石
牡羊座	3／21～4／19	ルビー、ダイヤモンド
牡牛座	4／20～5／20	エメラルド、サファイア
双子座	5／21～6／21	アゲート、ジャスパー
蟹座	6／22～7／22	真珠、ムーンストーン
獅子座	7／23～8／21	ダイヤモンド、ルビー
乙女座	8／22～9／22	サードニックス、カーネリアン
天秤座	9／23～10／22	ペリドット、トルマリン
蠍座	10／23～11／21	オパール
射手座	11／22～12／21	トパーズ
山羊座	12／22～1／19	トルコ石、ガーネット
水瓶座	1／20～2／18	アメジスト、サファイア
魚座	2／19～3／20	ブラッドストーン、アクアマリン

Ⅵ　貴金属の種類と特徴

金、銀、プラチナ（白金）と、白金族のパラジウム、ロジウム、イリジウム、ルテニウム、オスミウムを加えた8元素をさす。装身具としては、加工しやすい延展性に富み、美しい輝きのある地肌と希少性が求められる。

ゴールド（金）

人類が最初に用いた金属といわれている。延性に富み、金属の中で最も柔らかい。純粋のままでは柔らかすぎて、加工しにくいため、他の金属と混ぜて使用する。純度は純金の含有率であらわし、9K、14K、18K、22K、24K（純金）がある。装身具としては18Kが最も多く使用されている。18Kとは、$\frac{18}{24}$、つまり75%が純金、25%が割金（銀、銅、パラジウム、ニッケルなど）という意味である。割金の種類や量によって、イエローゴールド、赤金、青金、ピンクゴールド、ホワイトゴールドなどがある。

シルバー（銀）

金に次いで延性に富み、銀白色をした貴金属。ゴールドと同様、純銀のままでは柔らかすぎるため、銅と混ぜて加工する。含有量の表示は、950、925、800、750がある。

プラチナ（白金）

金銀と同様、純粋のままでは柔らかすぎるので、銅、ニッケル、パラジウムなどと合金して使用する。PTと表示され、この後の数字はプラチナの含有率をあらわす。たとえばPT900は90%という意味である。金より耐熱性に優れ加工しやすい。

ホワイトゴールド

白金と混同しやすいが、プラチナの白が自然な色であるのに対して、ホワイトゴールドは、金に割金してプラチナのような色に仕上げた合金で、人工的な白である。ニッケルを加えたホワイトゴールドと、金、銀にパラジウムを割金したソフト・ホワイトゴールドがある。最近はプラチナ族のロジウムでコーティングするため、プラチナとの見分けがつけにくい。プラチナのほうが比重が大きいので、持ったときに重みが感じられる。

Ⅶ　アイテム別装身具の特徴

1　ネックレス

ネックレスとは、首につけるアクセサリーのことである。アクセサリーを代表するものとして古くからあり、財産や権力を表現するものとして用いられた。

ネックレスの長さによる名称

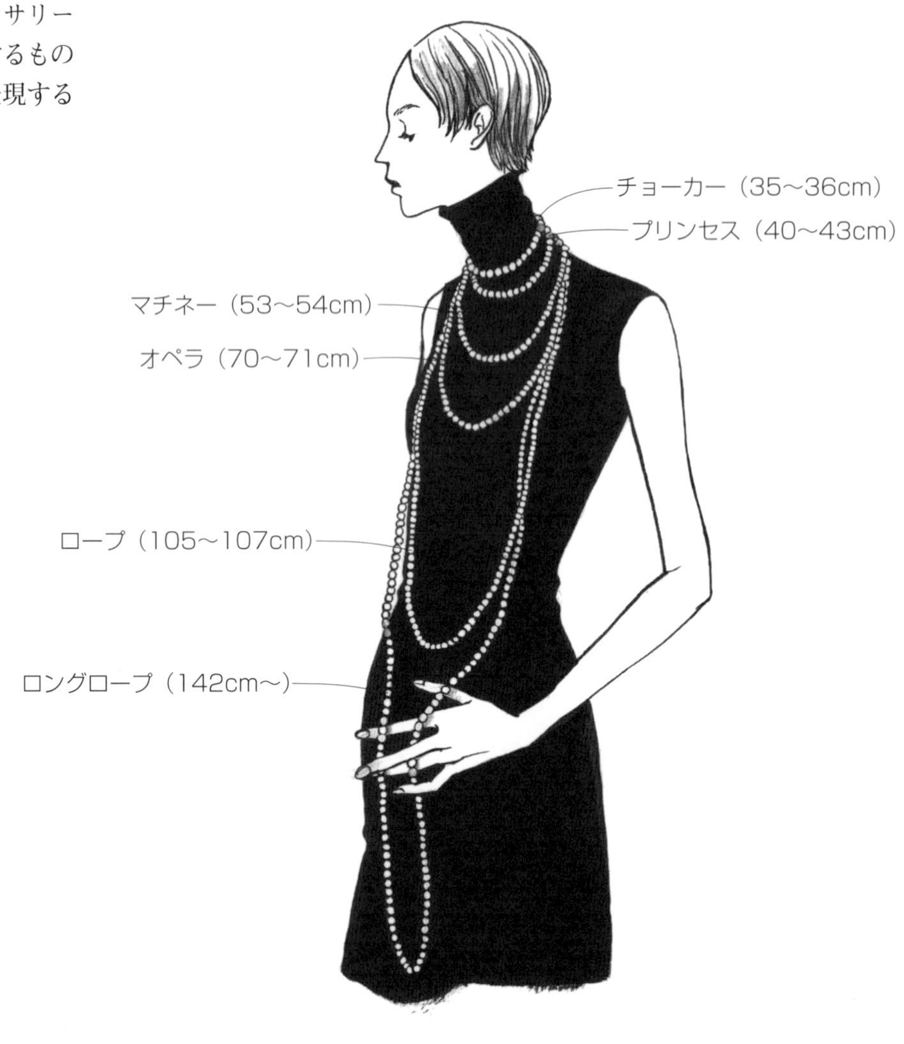

主なチェーンの名称

あずき

なわ

喜平

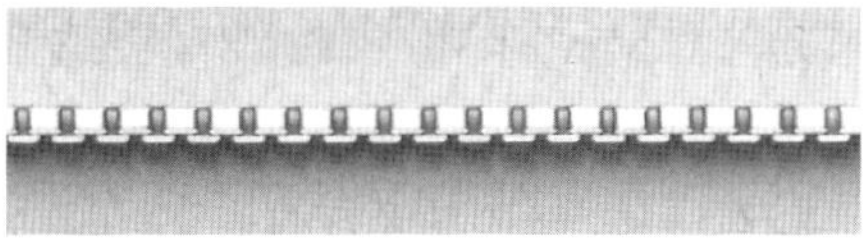
ベネチアン

マリン

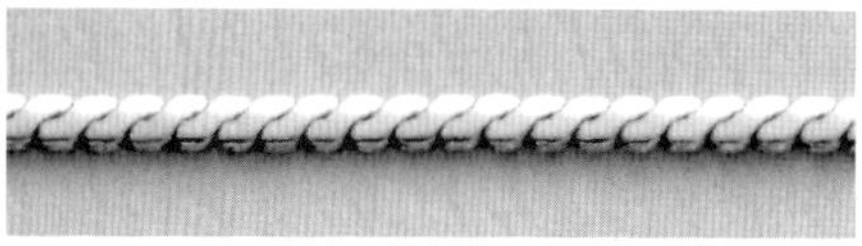
エレガント

パイプ・ロープ

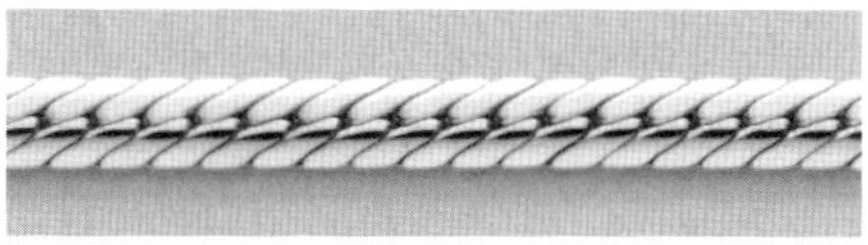
ヘリンボーン

渦巻き

2　イヤリング

イヤリングとは耳につけるアクセサリーのことで、ヨーロッパでは外出のとき、必ずつける習慣があった。

イヤリングは古くからあり、最初はピアス型で単純な輪状の形から耳輪と呼ばれていた。

イヤリングの名称

ボタン・イヤリング
耳たぶにぴったりつくもの。　ボタン型が基本。

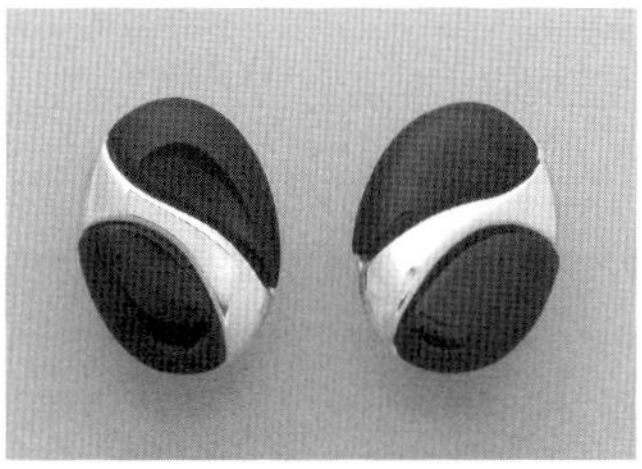

ドロップ・イヤリング
耳たぶから垂れ下がったもの。

スレーブ・イヤリング（リング・フープ）
大きな輪のもの。

タッセル・イヤリング
ひも、糸、ビーズ、パールなどを房状に飾ったもの。

モービル・イヤリング
針金や丸カンなどで、動く飾りがついたもの。

スプレー・イヤリング
細い金属で枝をかたどり、先に宝石などをつけたもの。

イアマフ・イヤリング
耳全体を覆う大きなもの。

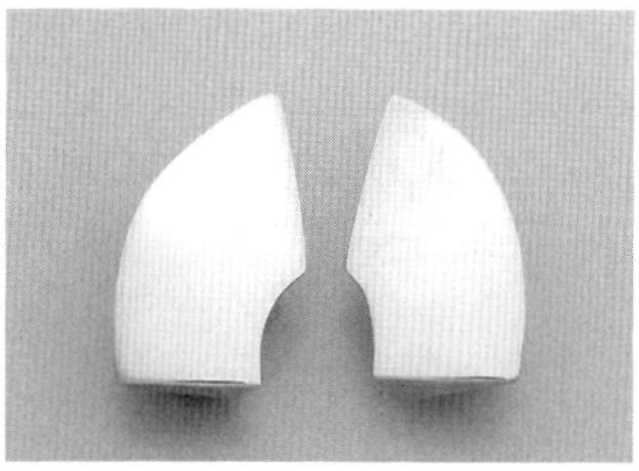

ピアス
耳たぶに穴をあけて、その穴に通したもの。

留め具の種類

ピアス式

①ピン型
耳に穴をあけて飾るタイプで針金がピン状

②ワイヤ型
針金がかぎ状

クリップ式

①クリップ・バネ式
バネ仕掛けで耳たぶに留める

②中折りクリップ式
耳たぶをはさみ込む

③ねじ式
ねじで強弱の調整ができる

3　指輪（リング）

リングとは、指にはめる装飾品のことで、古代エジプトに護符として登場、その後持ち主の印が刻まれ、約束を守る意味を持った印章として使われた。これが古代ギリシャ、ローマに受け継がれ、結婚の約束をするエンゲージリングがあらわれたと考えられる。フランス語では装飾としてのリングをバーグ（bague）、結婚や身分を象徴するリングをアノー（anneau）と呼び、区別している。

選び方のポイント

予算、目的、はめる人のイメージ、体格、指の太さ、長さなどを考えて選ぶ。細く白い指にはどんなデザインでも合うが、太く大きい手には、小粒なものは避け、大ぶりなデザインを、短い指には、Vカットや斜めの流れのあるデザインがバランスがよい。

サイズ

日本サイズ	円内周（mm）	アメリカサイズ	イギリスサイズ
1	40.8	1	C
2	41.9	2	D
3	42.9	2.5	E
4	44.0	3	F
5	45.0	3.5〜	G
6	46.1	〜4〜	H
7	47.1	4〜4.5	I
8	48.2	4.5〜	J
9	49.2	〜5	K
10	50.3	5.5	L、M
11	51.3	6〜	M、N
12	52.4	〜6.5	N
13	53.4	〜6.5〜	N、O
14	54.4	〜7	O
15	55.5	7.5	O、P
16	56.6	8	P
17	57.6	8.5	Q
18	58.7	9	R
19	59.7	9.5	S
20	60.8	10	T
21	61.8	〜	T
22	62.9	10.5	U
23	63.9	11	V
24	64.9	11.5	W
25	66.0	12	X
26	67.0	12.5	Y
27	68	13	Z

リングの構造

1　爪留め

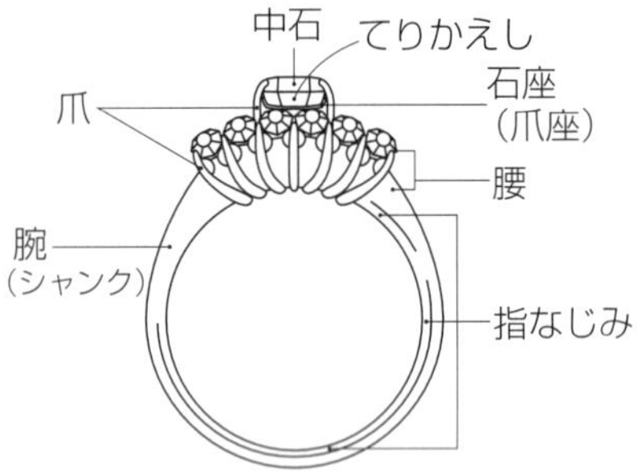

2　彫留め

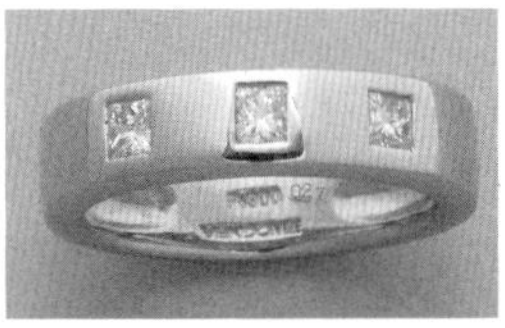

3　ふくりん留め

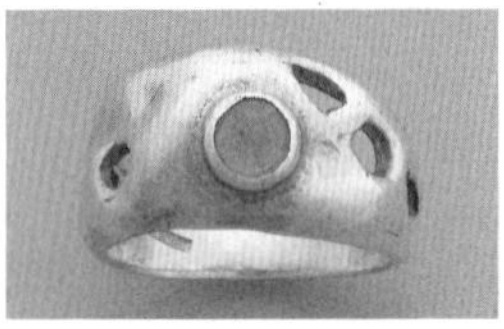

腕の種類

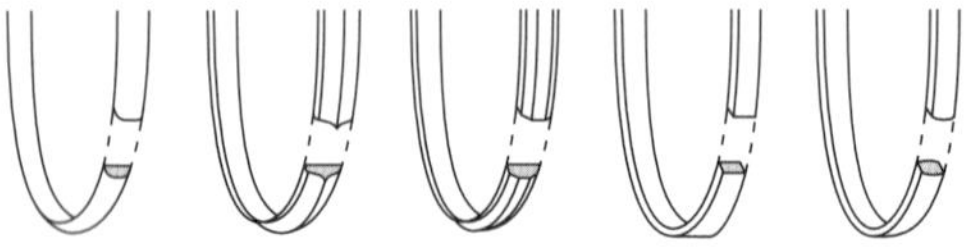

甲丸　剣腕　シノギ　平打　平甲丸

一本腕

V字腕

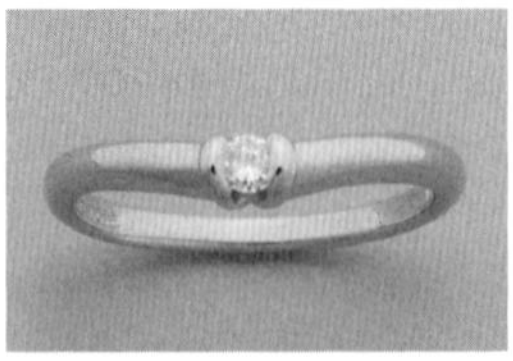

抱合せ腕

ひねり腕

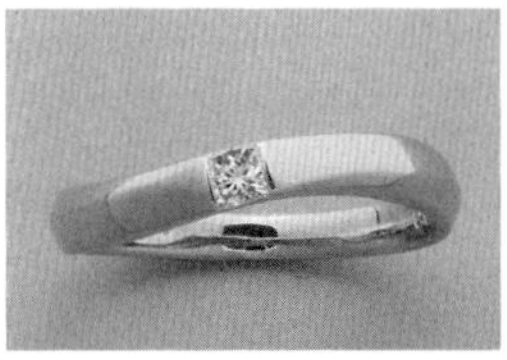

割腕

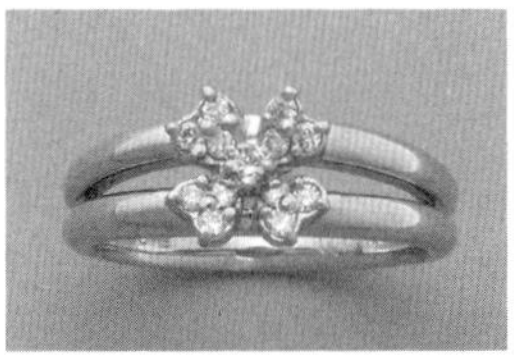

基本のデザイン

バンド・リング
全体が同じ幅のリング。

ソリテール・リング
リングの中心に中石1個のリング。

サイド・メレー・リング
ソリテールに脇石のついたリング。

取巻きリング
中石をメレーが取り巻いたリング。

マルチストーン・リング
中石がなく、サイズ違いのメレー、カット違いのメレーなど、複数のメレーを使ったタイプ。

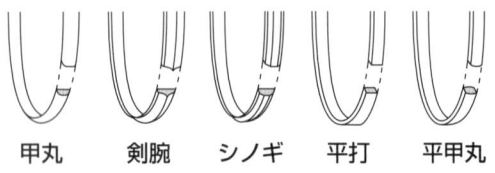

一文字
漢数字の「一」のように石が横一線に並んだもの。

シグネット・リング
印を彫り込んだリング。

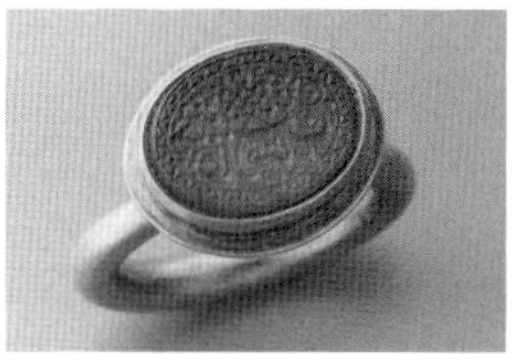

ポージー・リング
文字を彫り込んだリング。

スパイラル・リング
螺旋状のもの。

チャーム・リング
チャームのぶら下がったリング。

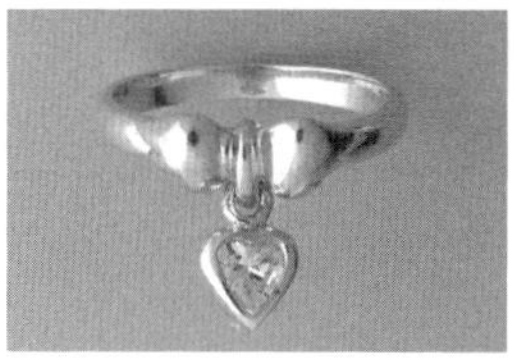

トリニティ・リング
ホワイト・ゴールド、イエロー・ゴールド、ピンク・ゴールドの3色の輪が絡まった3連リングで、友情、忠誠、愛情をあらわしている。

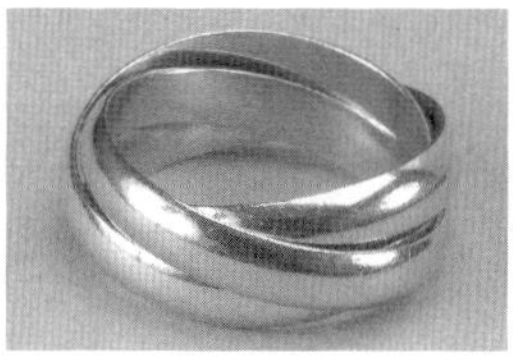

エンゲージ・リング
婚約が成立したときに男性から女性に贈られるもので、ダイヤモンドの立爪タイプが主流。

ブライダル・リング
結婚指輪は常に身につけているので、シンプルなバンド・リングが主流。欧米ではゴールドが多く、日本ではプラチナが多い。

エタニティ・リング
結婚記念日や子供が産まれた記念に夫から妻に贈られるリング。

ピンキー・リング
小指にはめるリング。

4　ブローチ

ブローチは、身体にまとった布や毛皮、衣服の留め具として生まれた。初期は頭に飾りのついたピンタイプであったが、凶器に使用されたこともあり、後には安全ピンタイプが多くなった。現在のブローチの原型（安全ピンスタイル）は、古代ギリシャのキトン留めであったフィビュラ（ラテン語）といわれている。その後、胸もとを飾る装身具として、現在に引き継がれている。

選び方のポイント

つける人のイメージ、体格、顔型、髪型などとのバランスを考えて選ぶ。

大柄の人は大きめのものを、小柄な人は高い位置につけるとバランスがよい。

ネックレスと一緒につけるときは、競り合わぬようにネックレスをシンプルなデザインにするとよい。

基本のデザイン

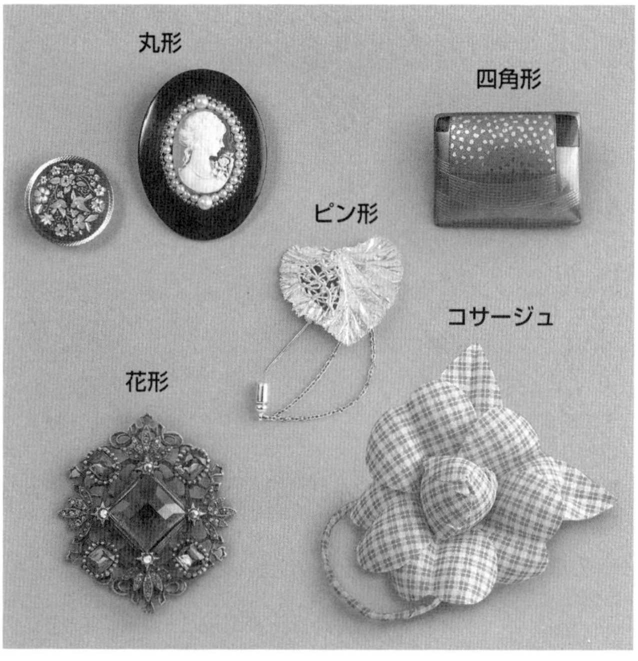

留め金具の種類

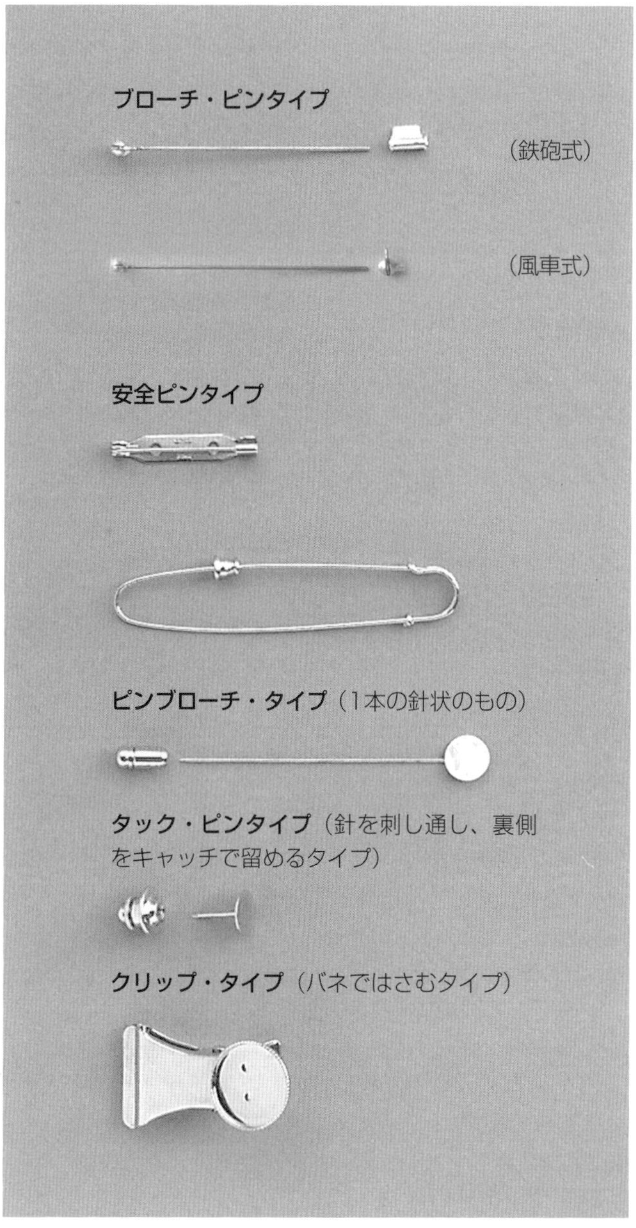

5　ブレスレット、アンクレット、髪飾り

●ブレスレット、アンクレット

ブレスレットとは、腕輪、手首にはめるアクセサリーのことで、お守りや宝物としてつける。上腕につけるのはアームレット、足首につけるのはアンクレットという。

バングル・ブレスレット
環状で留め具のないもの。

ヒンジ・ブレスレット
留め具のあるもの。

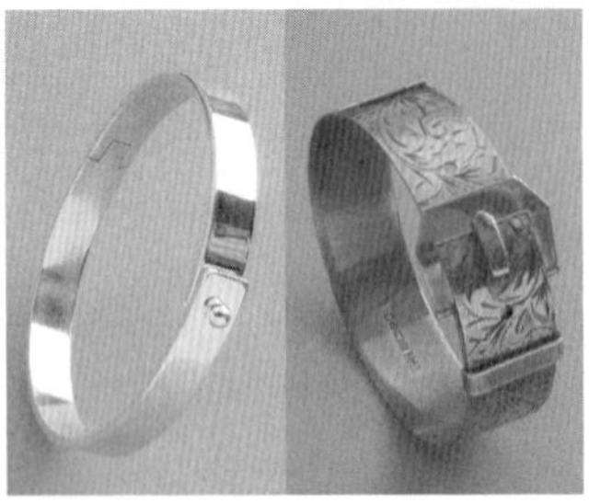

フレキシブル・ブレスレット
素材の柔軟性により融通のきくもの。

チェーン・ブレスレット
鎖をつないだもの。

スパイラル・ブレスレット
螺旋状に腕に巻きつくもの。

スレーブ・ブレスレット
幅の広い金属製で、腕にきっちりはめるタイプ。

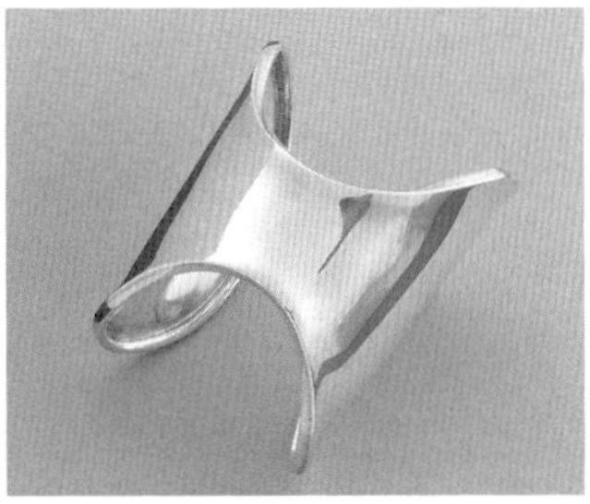

ウォッチ・ブレスレット
ウォッチと組み合わせたもの。

●髪飾り

髪飾りとは、髪につけるアクセサリー。ヘアスタイルの移り変りで多くの種類が生まれる。

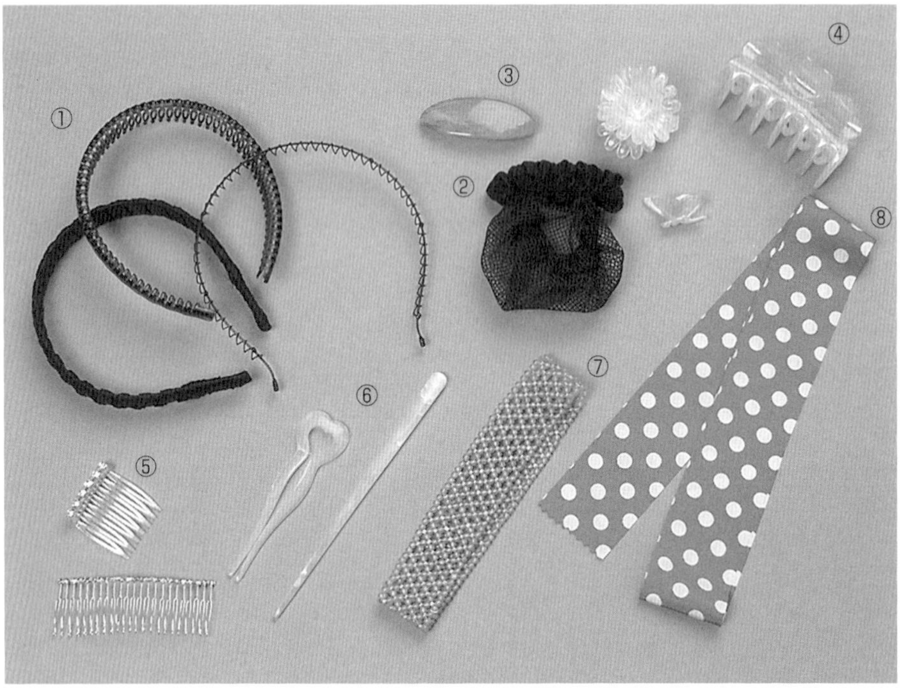

①カチューシャ
ヘアバンドの一種。作家トルストイの著書、『復活』の女主人公の名にちなむ。

②シニョンカバー
後頭部に作った小さな髷（シニョン）にかぶせる袋状のカバー。

③バレッタ
髪留めの一種。シンプルな形からエレガントな形まである。

④ヘアクリップ
髪留めの一種。髪をクリップではさんで留める。

⑤ヘアコーム
装飾したくし。

⑥ヘアスティック
かんざしのような棒状の髪飾り。

⑦ヘアバンド
髪をまとめる帯状のヘアアクセサリーの総称。ワイヤ入りもある。

⑧ヘアリボン
幅の狭い帯状の織物。

Ⅷ　手入れと保管、トラブル

装身具は、汗や汚れがつくと輝きやつやがなくなる。宝石や貴金属の性質に適した手入れと保管が必要であるが、特に次の点を守ることが大切である。

①宝石類は傷つきやすいので、軟らかいトレイの上で取り扱う。

②その日の汚れは、その日のうちに手入れをする。1度身につけたら、しまう前に軟らかい布やセーム革などで汚れ、汗、指紋などをふき取っておく。汚れが目立つときは、水かぬるま湯で丁寧に洗う。爪の内側や、裏側の汚れは、軟らかい歯ブラシに薄めた中性洗剤をつけ、軽くたたくように洗う。硬度の低い石や水を吸収しやすい石などは、軟らかい布でからぶきだけにとどめ、水洗いは避けたほうがよい。

③頑固な汚れは、自己流で手入れをせず、専門家に任せる。超音波クリーナー洗浄をするとよいが、アルカリ性の洗浄液による振動で洗うため、薬品に弱い有機質のものや、一定方向に割れやすいエメラルドやオパールは避けたほうがよい。

④保管は宝石どうしが触れ合わないようにする。特にダイヤモンドは最も硬度が高く、他の宝石や金属に触れると傷をつけてしまうので、別に保管したほうがよい。

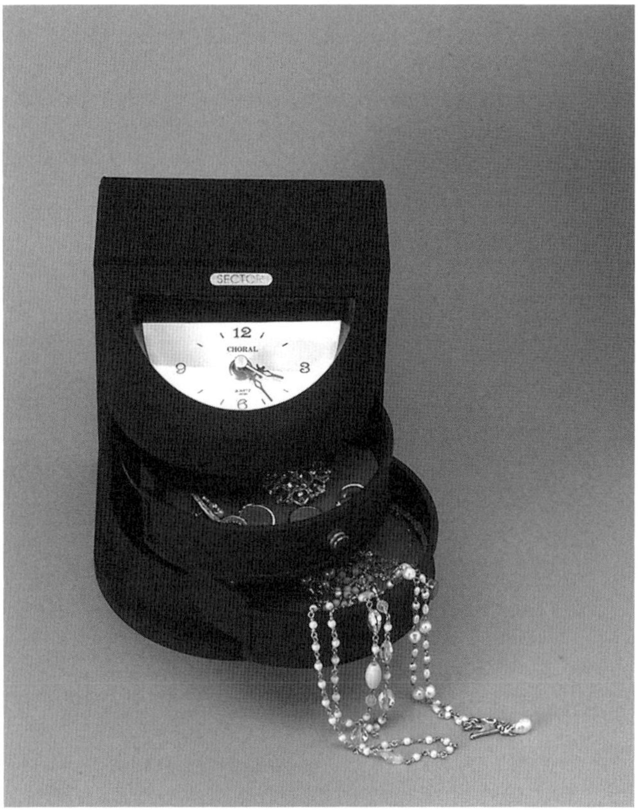

パール

熱と酸に弱いので汗、香水、石けん水などに触れると、光沢がなくなったり変色の原因になる。酢のものを食べるときにも注意が必要である。

使用後は柔らかい布でふいておく。汗をかいたときや、酸に触れたときは、丁寧に水洗いし、柔らかい乾いた布で水分を充分にふき取る。また熱にも弱いので、火を使う場所は、避けたほうがよい。

ダイヤモンド

硬いので傷はつきにくいが、ダイヤどうしが触れ合うと傷がつく。また油脂になじみやすい性質のため、指紋や汗がついたままにしておくと、汚れが取れにくくなってしまう。また、はめたまま化粧クリームやハンドクリームをつけると輝きが鈍ってしまうので、他の宝石よりこまめに洗うことが大切である。

金、プラチナ

薄く溶かした中性洗剤につけたり、振り洗いをした後、水ですすぎ、軟らかい布で水分をよくふき取る。光沢を出すには、金属磨きで軽く磨く。保管は柔らかい布に包んで、ビニール袋に入れる。

シルバー

銀製品は、長い間使用していると、表面が酸化して黒ずんでくる。また硫化しやすいので温泉では使用しない。輝きを出すには、練り歯磨きを柔らかいブラシにつけてこする。または、銀専用のクリーナー液に浸しておくときれいになる。保管はゴールドと同様。

金属アレルギーとは

肌につけた金属製アクセサリーなどから、金属イオンが汗に溶け出して皮膚に吸収され、抗体反応を起こしたもの。体質によって異なるが、原因はパッチテストをすればわかる。プラチナ、純金はアレルギーを起こしにくいが、ニッケル、クロムのメッキなどは、起こす確率の高い素材である。

初期の症状は、かゆみと皮膚が赤くなる程度で、この段階で原因を除去すれば、自然に直ってしまうが、繰り返し身につけると悪化し、直りにくくなる。

予防としては、同じ貴金属を続けてつけない。ふろに入るとき、睡眠のとき、炊事のときなどははずす。また、1度症状が出た金属類は、身につけないほうがよい。

Ⅸ　装身具の製作

1　ネックレス

アクセサリー作りに使用する主な用具

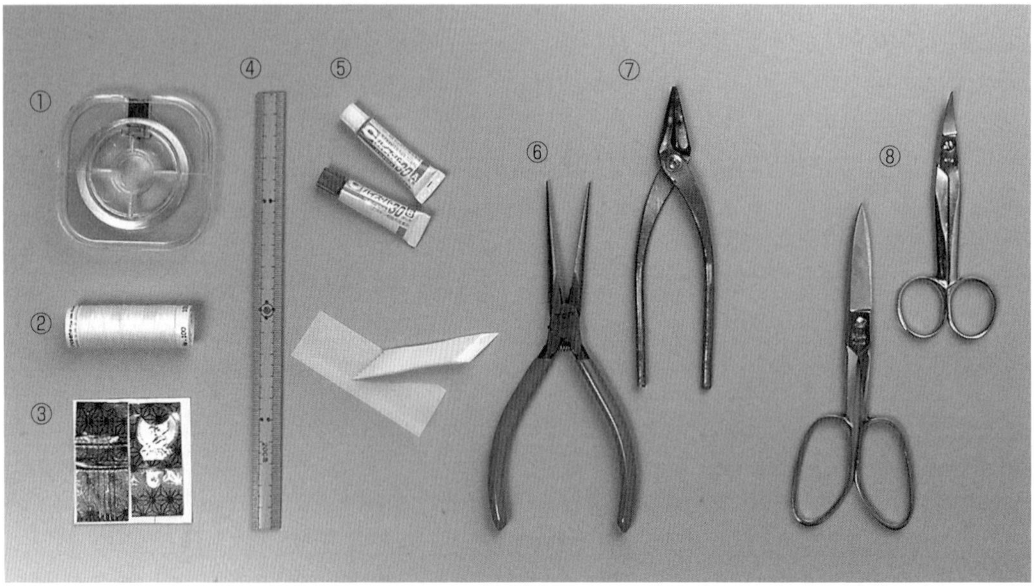

①テグス　透明なのであらゆるアクセサリー作りに使用。ここでは2号を使用。号数が大きくなるほど太くなる。

②ビーズ手芸糸　ネックレスを作るときに使用。号数が大きくなるほど細くなる。

③ビーズ針　ビーズ手芸に最適な細い針。普通の針を使用するときは、細くて針穴の小さいものがよい。

④定規　アクセサリーを作るときは、細かくはかることが多いので小さい定規が使いやすい。

⑤金属用接着剤　テグスや糸の結び目を固定させたり、パーツをはるときに使用。乾くと透明になるタイプを選ぶ。

⑥ラジオペンチ　ピン、ワイヤ、コードなどを切るとき、またはパーツ（金具）を開閉するときに使用。

⑦やっとこ　パーツを開閉するときに使用。2本あると便利であるが、1本はラジオペンチで代用できる。

⑧はさみ　先のとがったものが細かい作業に便利である。

アクセサリー作りに利用する主なパーツ

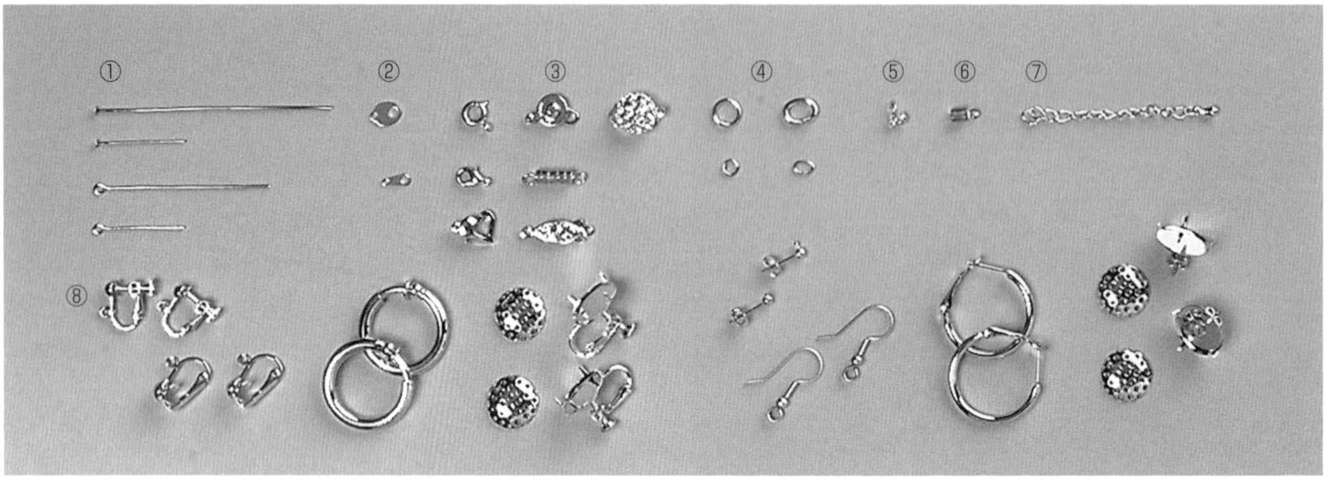

①Tピン・9ピン（アイピン）　ビーズなどを通し、先を丸めて他のパーツをつなぎ合わせる金具。

②ダルマカン　引き輪などと一緒に使う留め金具。

③クラスプ　ネックレスなどをつなぎ合わせる留め金具。引き輪、カニカン、ホック型、たわら型など。

④リング（つなぎ）　いろいろなパーツとパーツをつなぐ金具。

⑤ダルマチップ（ボールチップ）　テグスや糸端を処理する金具。

⑥ひも止め　ダルマチップ（ボールチップ）と同様、両端の始末に使用する金具。

⑦アジャスター　引き輪タイプのクラスプの片方に使用。ネックレスの長さを調節する金具。

⑧イヤリング金具　イヤリングを作るときの金具。

ネックレスの作り方

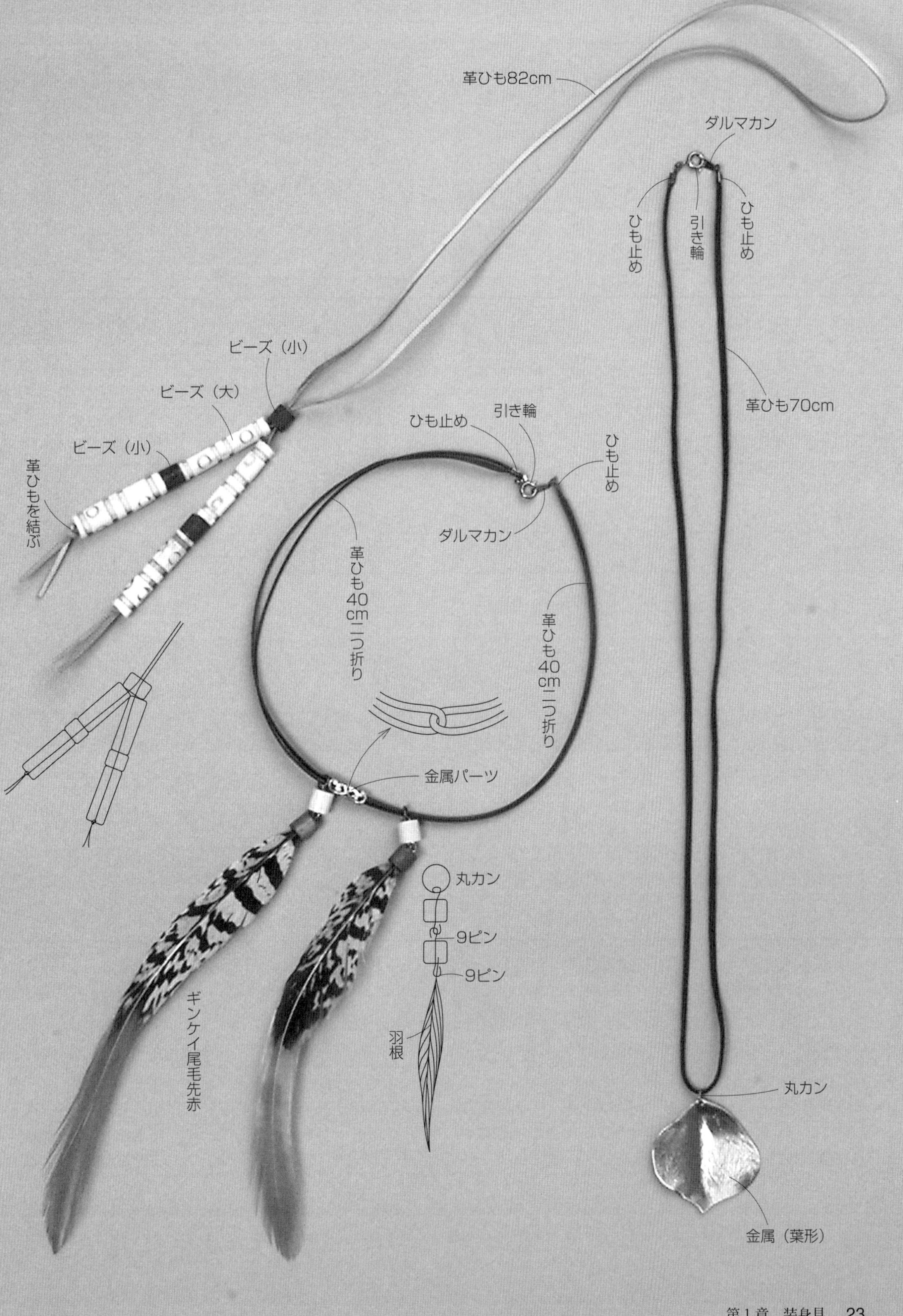
革ひも82cm
ビーズ（小）
ビーズ（大）
ビーズ（小）
革ひもを結ぶ
ダルマカン
ひも止め
引き輪
ひも止め
革ひも70cm
ひも止め
引き輪
ひも止め
ダルマカン
革ひも40cm二つ折り
革ひも40cm二つ折り
金属パーツ
丸カン
9ピン
9ピン
羽根
ギンケイ尾毛先赤
丸カン
金属（葉形）

2　市販のパーツを使用したアクセサリー

ブローチ

ブローチの作り方

① ブローチ土台、装飾パーツ

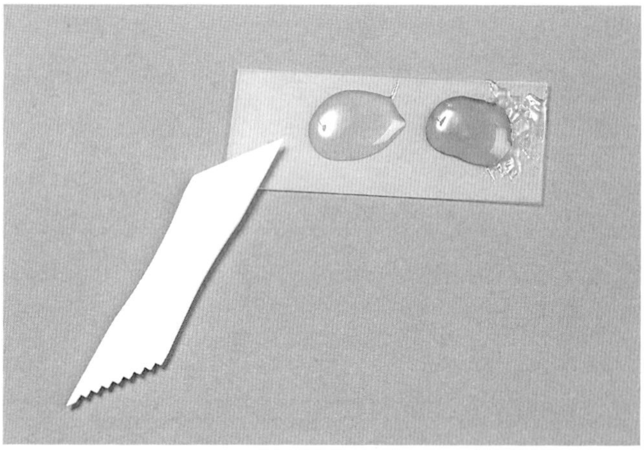

② 同量の2種類の接着剤を混ぜ合わせる

③ 接着剤をつけ、装飾パーツをはる

④ 完成

イヤリング

ネックレス

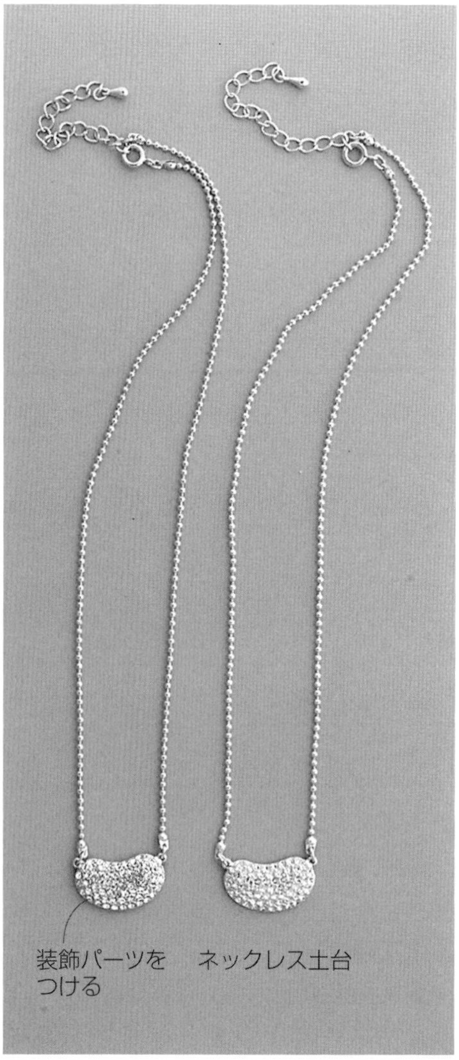

イヤリング

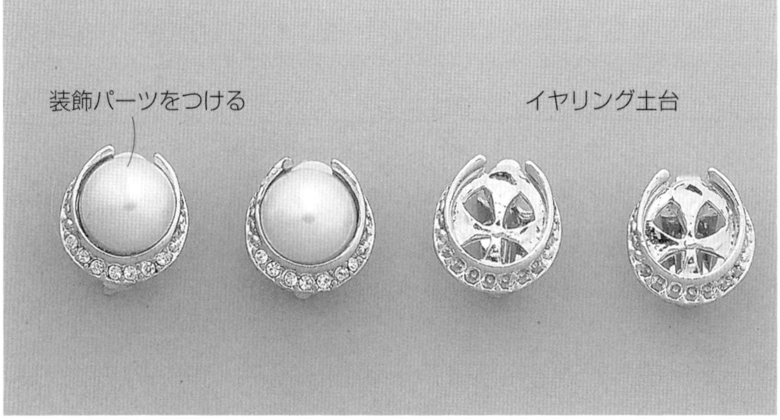

指輪

3　プリント転写のブローチ

デコパージュ技法の一種で、好みのイラストやグラフィックプリントを転写し、土台になる銅版やアルミ版にはりつけて、ニスで仕上げる。

用具

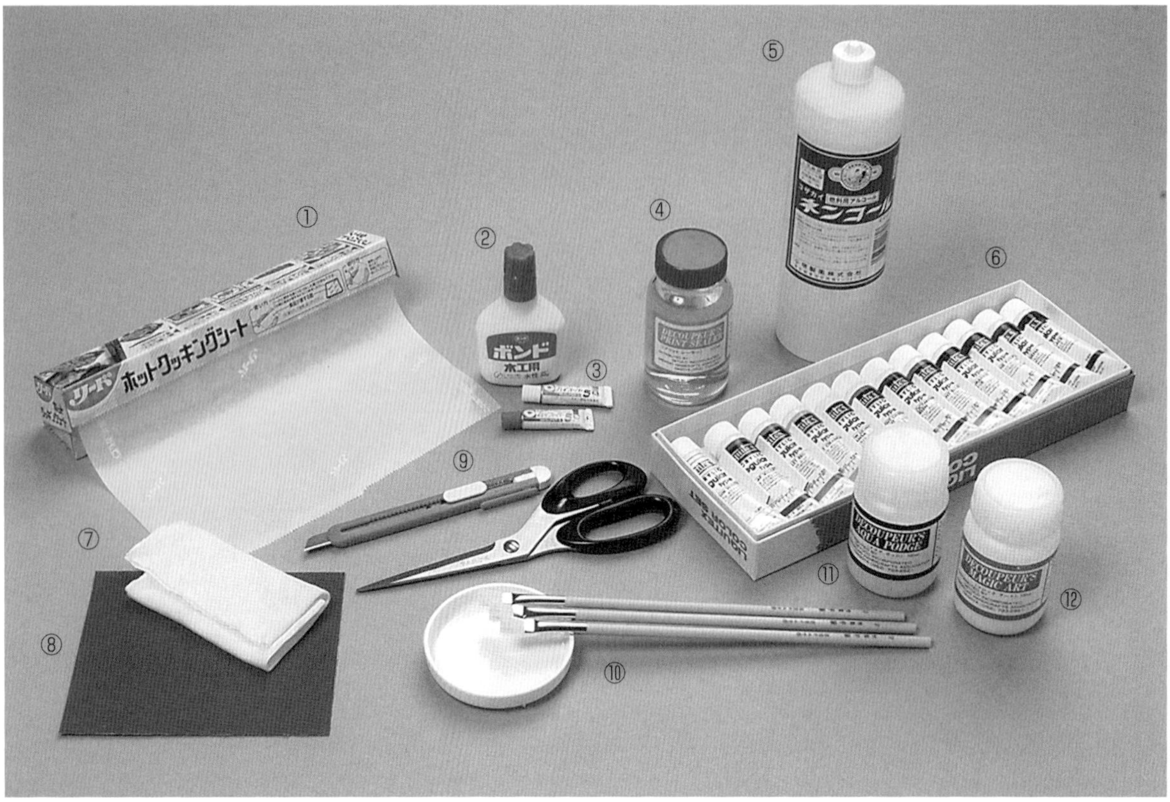

①クッキングシート
②木工用ボンド
③金属用接着剤
④**シーラー**　プリントの保護と彩色の色止め。
⑤**アルコール**　シーラーの筆洗い用。
⑥**アクリル絵の具**　枠の彩色用。
⑦メリヤス布
⑧サンドペーパー
⑨カッター、はさみ
⑩**平筆3本**　彩色用、シーラー用、ニス用。
⑪**アクアポッジ**　仕上げのための水性ニス。
⑫**マジックアート**　プリントを転写するための溶液。

材料

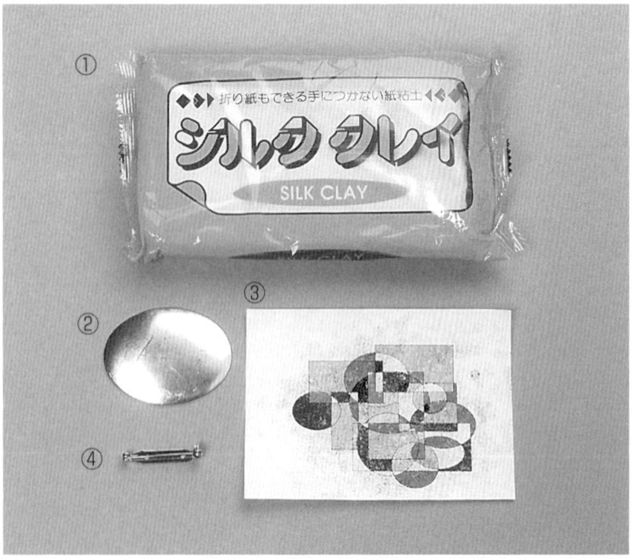

①紙粘土
②銅板またはアルミ板
③手がきプリントまたは好みの既製プリント
④ブローチピン

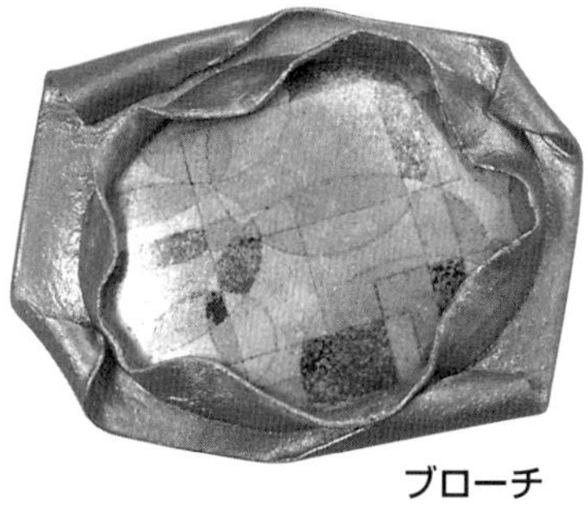

ブローチ

作り方

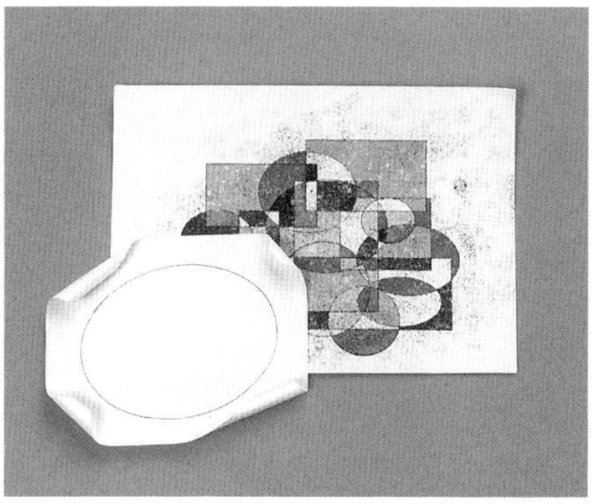

① プリントを選び、枠のデザインを決める。

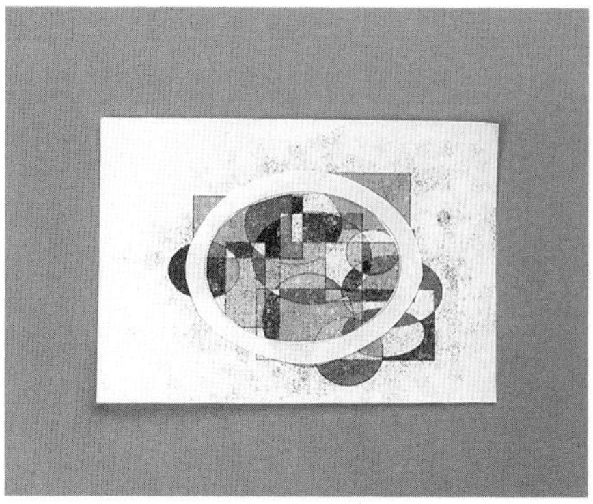

② 銅板の輪郭を用紙にうつし取り、プリントの位置を決める。

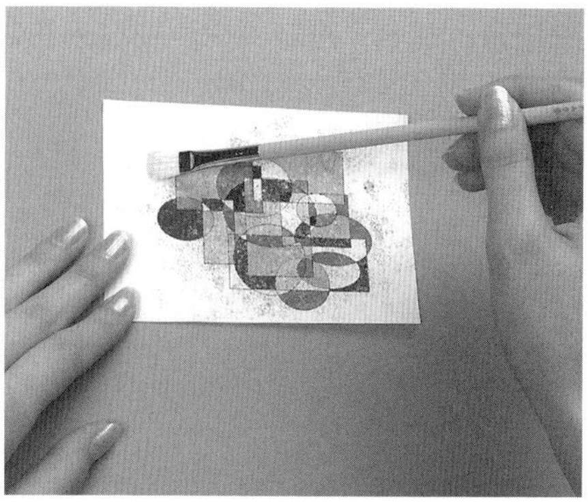

③ プリント表面に転写液を縦、横交互に3回ずつ塗る（1回ごとによく乾かす)。

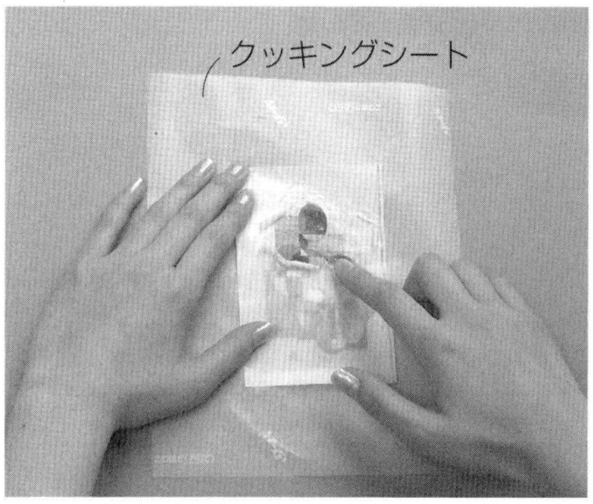

④ プリントをぬるま湯に30分くらいつけ、裏面を静かにこすり、紙をはがしてフィルム状にする。

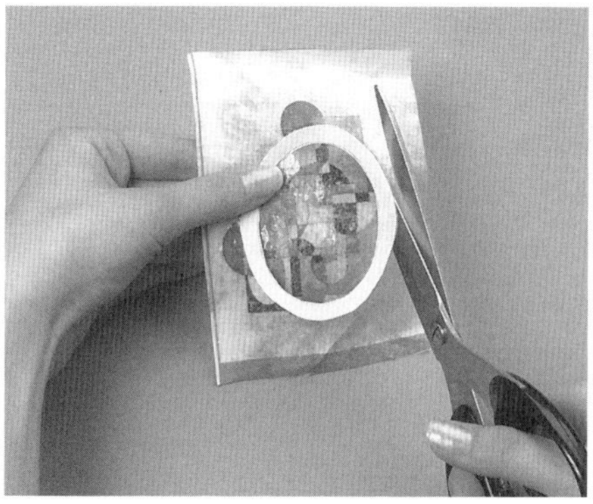

⑤ 銅板の大きさに0.7cmの折り代をつけ、プリントをカットする。

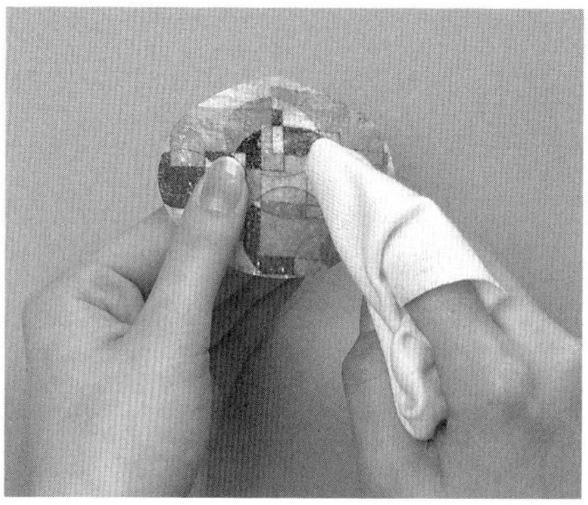

⑥ 木工用ボンドで銅板にはりつける。

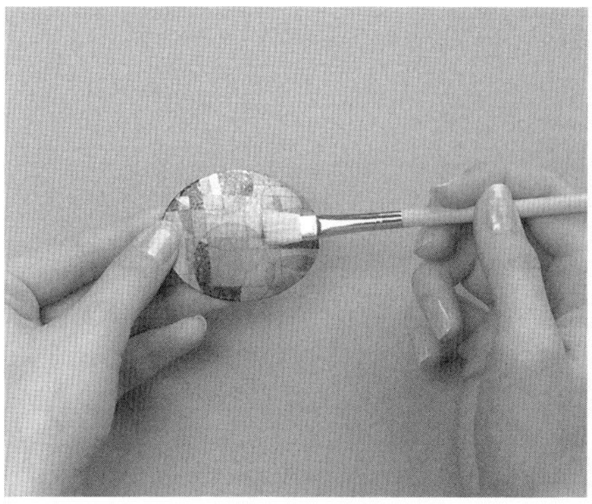

⑦ 表面にニスを4～5回塗る。

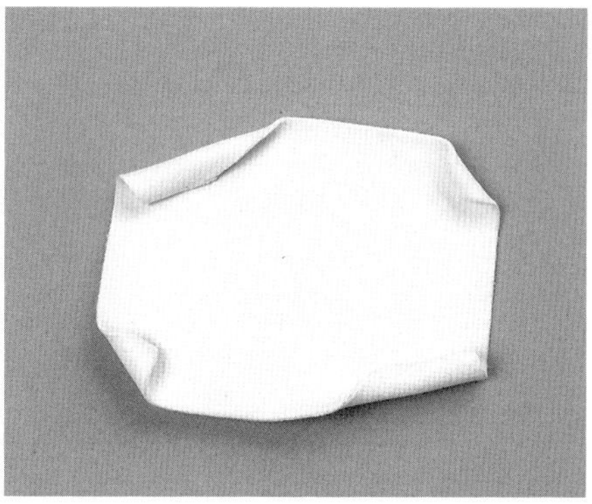

⑧ 紙粘土を伸ばし、枠の形を作る。

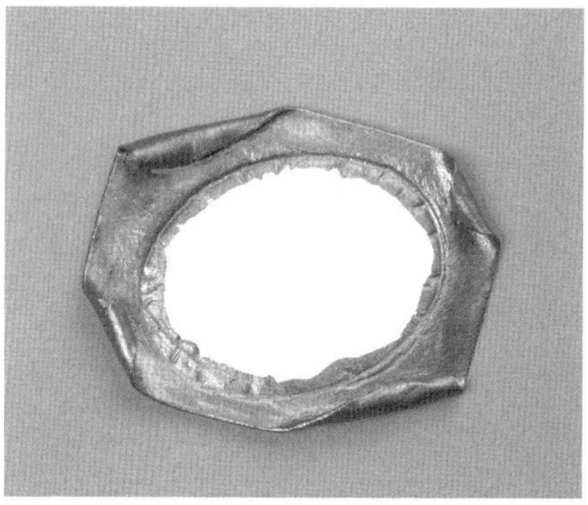

⑨ よく乾かし、アクリル絵の具で彩色する。

⑩ 色止めのため、シーラーを1回塗り、金属用接着剤で銅板を枠に接着する。

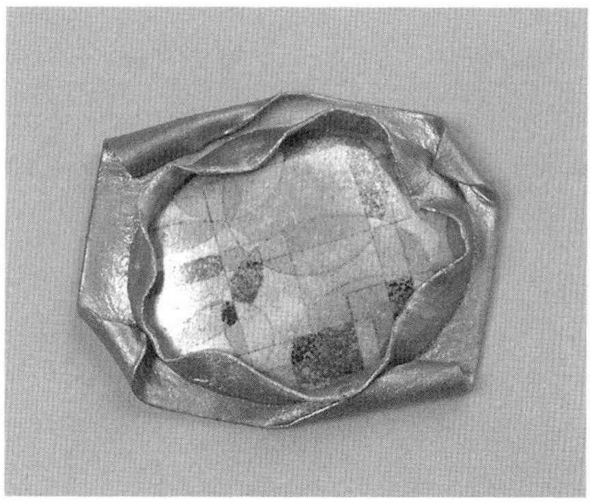

⑪ 枠と銅板の境を粘土で形作る。彩色し、シーラーを1回塗った後、仕上げのニスを塗る。

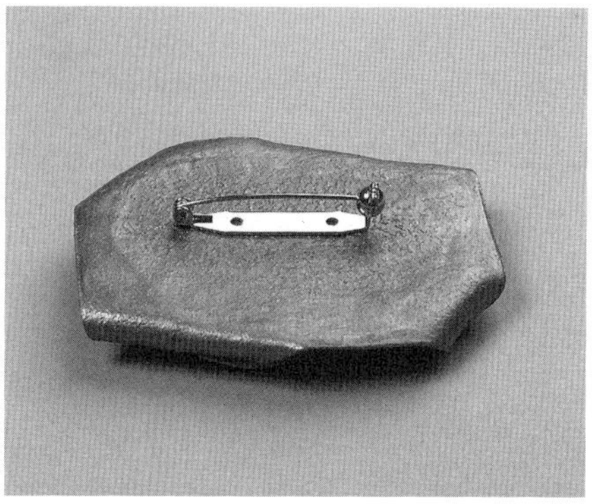

⑫ 裏面に金属用接着剤で留め具をつけて、出来上り。

4　プリント利用のアクセサリー

ブレスレット、バレッタ、ブローチなど

用具

26ページのブローチと同様

材料

木製の土台

雑誌、広告などの

プリントペーパー

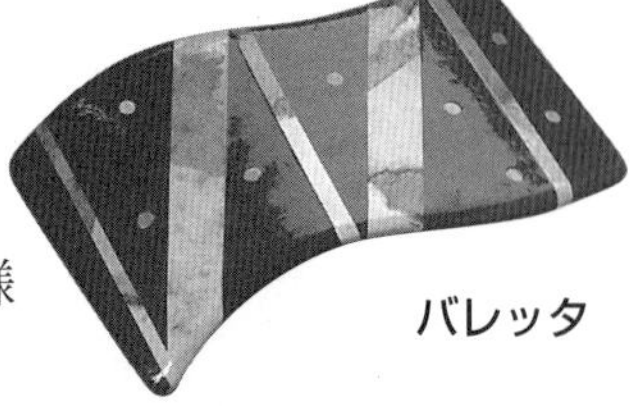

バレッタ

ブレスレット

作り方

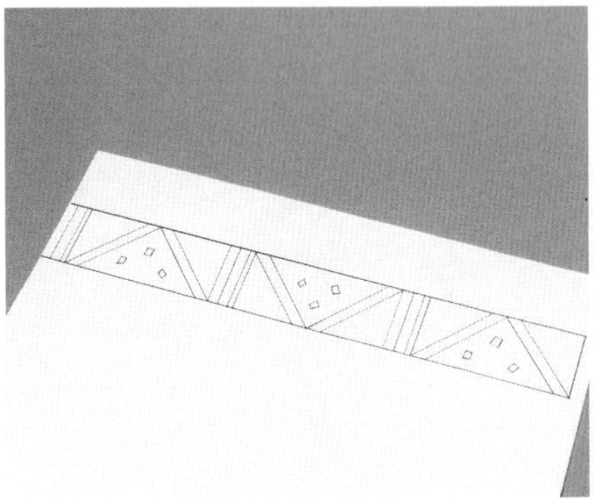

① 出来上りの大きさの用紙にデザインを描く。

② サンドペーパー（#400）で土台をよく磨く。

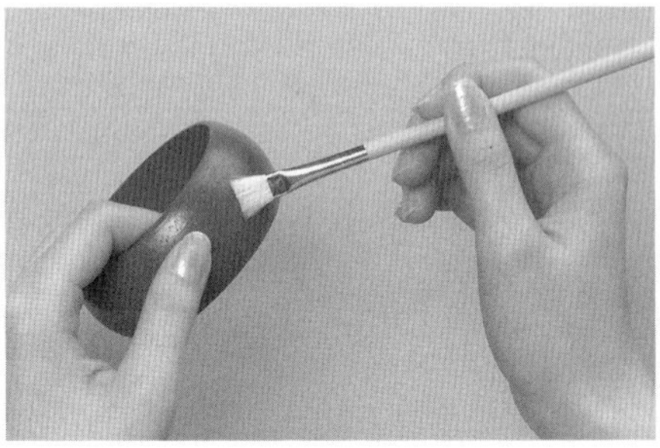

③ アクリル絵の具で彩色する。むらにならないように3回重ねて塗る（1回ずつよく乾かす）。

④ 色止めのため、全体にシーラーを1回塗る。

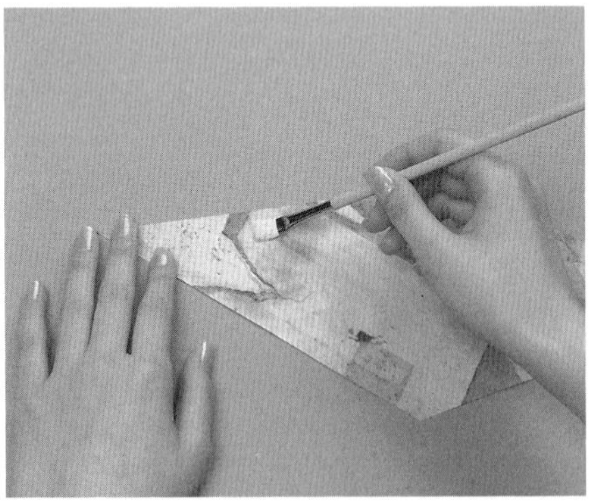

⑤ プリント保護のため、全体にシーラーを1回塗る。

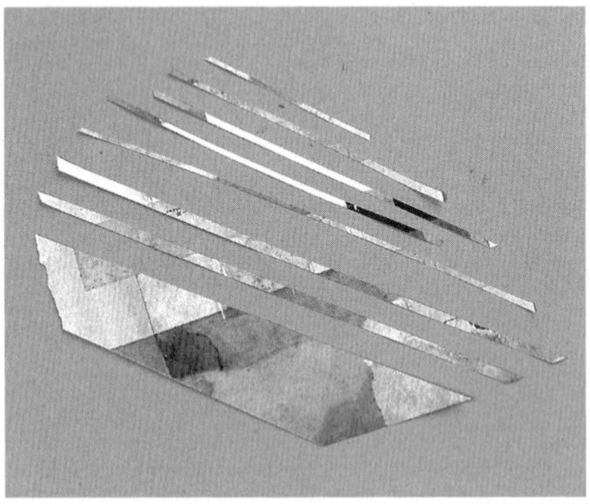

⑥ デザインに合わせてプリントをカット。

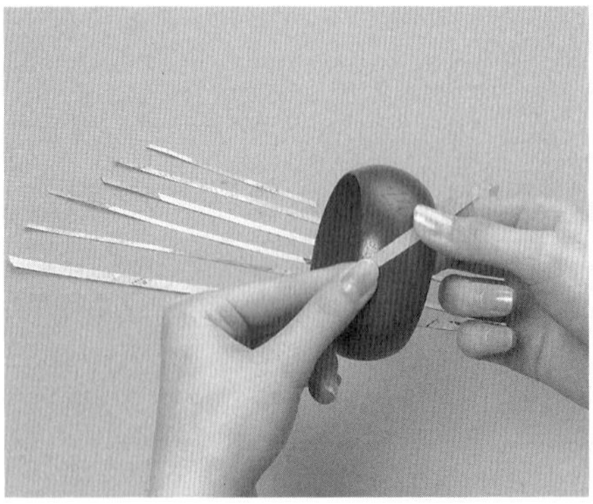

⑦ プリントを木工用ボンドで土台にはる。

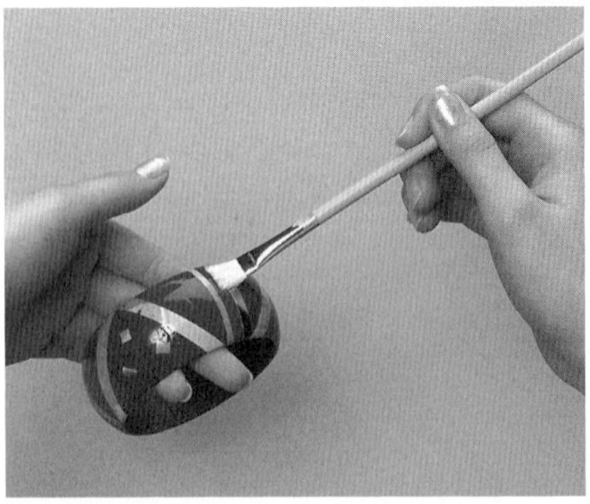

⑧ 水性ニスを5〜6回、泡ができないように丁寧に重ねて塗る（1回ずつ自然乾燥する）。

⑨ プリントがはがれないように気をつけて、全体に耐水サンドペーパーでサンディングする。

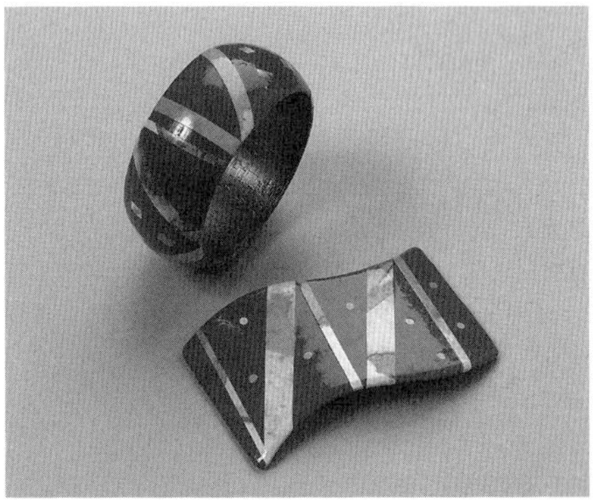

⑩ もう1度全体に仕上げのための水性ニスを薄く塗って出来上り。

第2章
バッグ・靴

ジョン・ガリアーノ

ジャンルイ・シェレル

ヴィヴィアン・ウエストウッド

ティエリー・ミュグレル

Ⅰ　バッグ・靴とは

ファッションコーディネートを考えるうえで、特に欠かすことのできない日常的なアクセサリーの中にバッグと靴がある。

バッグとは手に持ったり腕にかけたりする袋のことである。女性がバッグを持つようになったのはエンパイア時代（19世紀初め）からといわれている。当時、ストレートなシルエットの流行でそれまでドレスについていたポケットがなくなり、刺繍をほどこした装飾品ともいえる袋を持った。

靴とは歩くための道具であり、温暖な地域ではサンダルをはき、寒い地域では防寒のためにブーツを用いるといったように、その発生も土地の気候、風土など、生活条件の中から発達してきた。快適性を第一条件とする靴は現在、人間の健康を維持するものとして研究、改良が進んでいる。

バッグと靴は充分な機能性と装飾性を併用するもので、消費者志向に対応して変化し続けている。

ここではライフスタイルに合わせたトータルコーディネートを考えるうえでそれらに必要な一般的な知識と作り方を述べる。

Ⅱ　装い方のポイント

女性の社会進出があたりまえの今日において、特にバッグと靴はおしゃれにも機能面にも欠かせない日常的なアクセサリーとして服の一部になっている。デザインはフォーマルタイプからスポーツタイプまで幅広く、種類も豊富で、ライフスタイルの変化に対応したトータルなコーディネートが可能である。

バッグのコーディネート

元来バッグはベルトにつるす形式から発展してきた。「物を入れる袋」としての発生に機能性が加えられ、日常の行動や生活パターンによって手提げ型、抱え型、肩に掛ける型、背負う型などが考案されてきた。

シンプルなパーティドレスには小さくて華やかさのあるバッグがエレガントな装いをさらに引き立てるといったように、場面や用途に合わせてコーディネートするのが望ましい。しかし、今日では両手が使える斜めにたすき掛けしたスポーティなショルダーバッグやリュックを、クラシックなスーツやフェミニンなドレスにコーディネートするクロスオーバーな感覚が取り入れられ、個性のある自由な表現を楽しむ傾向にある。

アナ・スイ

クリスチャン・ディオール

ベラ・フロイド

アリス　バイ　アツキオオニシ

ステファン・ジャンソン

アントニオ・ベラーディ

イッセイ・ミヤケ

トゥーオーフォーセブンワンワントゥーオー

イッセイ・ミヤケ

ジュンコ・シマダ

ジャンフランコ・フェレ

ルコアネ・エマン

クリストフ・ルメール

フランク・ソルビエ

靴のコーディネート

靴は「人間が歩く」ための完全な道具であり生活必需品である。最近では機能性を前提とした楽しく歩ける快適靴（コンフォートシューズ）に関心が集まっている。しかし靴は「おしゃれは足もとで決める」ともいわれるように、コーディネートセンスが試されるアクセサリーでもある。靴のデザインは、洋服とのバランスが美しく保たれることでその価値が発揮される。ヒールの高さやつま先部分のトーラインなど、靴のデザイン一つで足を細く長く見せることができるのである。靴が服装のコーディネート全体に占める割合は非常に少ないにもかかわらず、全体の印象を大きく左右する。

靴は大きくはシューズ、ブーツ、サンダルに分類されるが、多様化の一途をたどるファッションに対応して、靴本来の定義に当てはまらないデザインも数多く生まれている。ここではパリ・コレクションなどのショーに見られるコーディネートテクニックを紹介する。

ヴィヴィアン・ウエストウッド

アンナ・モリナーリ

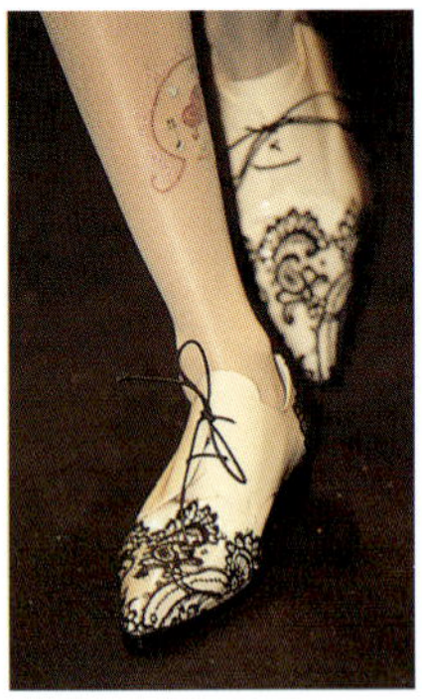
ゴルチエ・パリ

パコ・ラバンヌ

クリスチャン・ラクロワ

トッド・オールダム

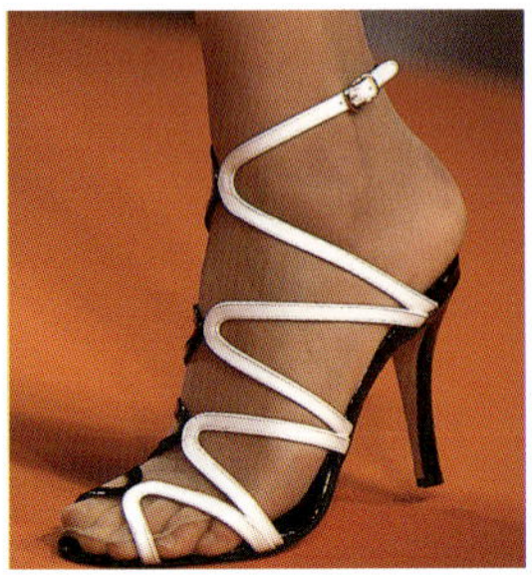
ラピデュス

クリスチャン・ディオール

アナ・スイ

ルイ・フェロー

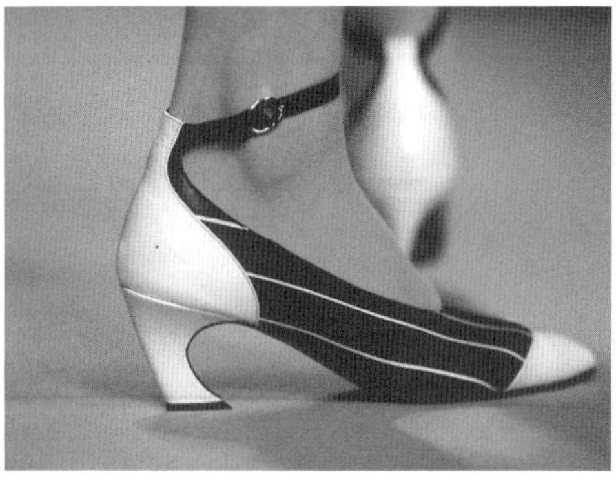

ジャンルイ・シェレル

ケンゾー

アナ・スイ

ジャン・コロナ

イヴ・サンローラン

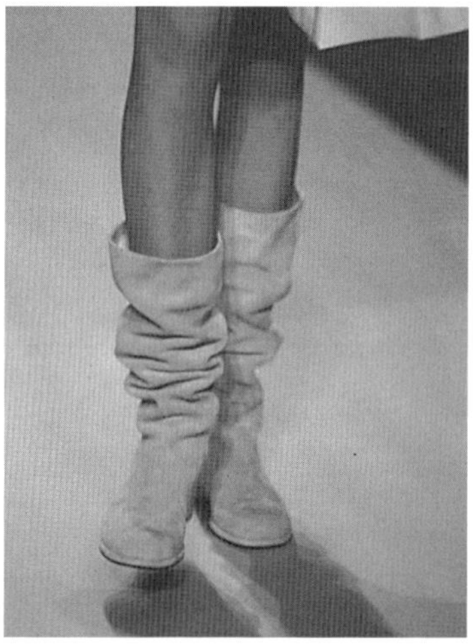

マルティーヌ・シットボン

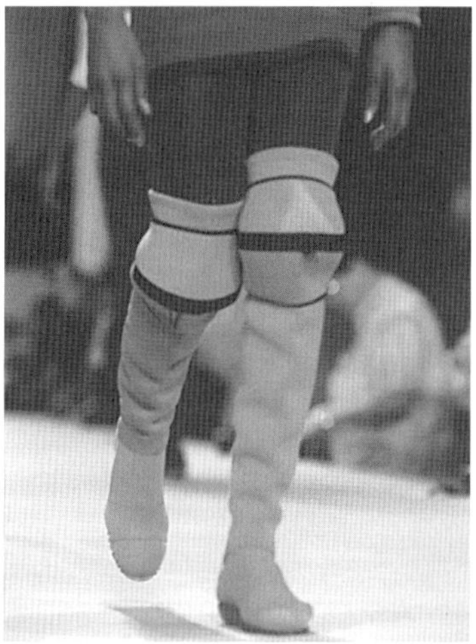

イッセイ・ミヤケ

Ⅲ　バッグ・靴の素材について

ファッションの成熟化は、自らのイメージやライフスタイルを自在にコーディネーションするようになり、既存のルールやマナーもより自由なものになっている。

それにともないバッグや靴の素材もさまざまで、皮革以外に綿、麻、ナイロン、ポリエステル、PVCレザー(塩化ビニールレザー)、合成皮革、人工皮革、毛皮などを用いて新しい用途や着こなしを作り上げている。

ここではバッグ・靴に共通する皮革の代表的なものを紹介する。

仕上げによる皮革の一覧表

種　類	特　徴	用　途
アニリン革	革本来の繊細な銀面模様の特徴を生かし、アニリン仕上げをほどこした革。きめ細やかでソフトな感触の表面感と、深みのある肌合いをもつ	バッグ、靴、ベルト、衣料など
底革	革の厚い部分をカットした、表革でない取り除いた残りの部分の革。主に裏張りなどに使用する	バッグ、各種ケース、靴の先芯など
ぬめ革	タンニンなめしにより、底革よりも柔らかく仕上げられた革。バッグ、ケース類、手工芸用などに適した薄茶色の革	バッグ、靴、ベルト、革手工芸用など
スエード革	革の裏面を細かなサンドペーパーでけば立てて、起毛したベルベットのような手ざわりをもたせた革。仔牛、やぎ、羊などの繊維の綿密な革を使用	バッグ、靴、衣料など
ベロア革	主に成牛革の裏面を起毛させた革をさし、スエードに比べて起毛が粗く、毛足のやや長いものをベロア革という	バッグ、靴、衣料など
ヌバック革	牛革の銀面を、鹿革のバックスキンのように起毛させて仕上げた革	バッグ、靴、ベルトなど
バックスキン	本来は、鹿のなめし革の銀面を削ってけば立てたものをいうが、今日では、"起毛した革"の総称として使われている	靴、手袋、衣料など
もみ革	革をもみ、表面にさまざまなしぼをつけた革。水もみ、角もみ、八方もみなどがあり、代表的なものをエルク革という	バッグ、靴、ベルトなど
シュリンク革	なめしの工程中に、薬品などを使って革の表面を縮ませた革。もみ革よりもしぼが強調される	バッグ、靴、ベルト、小物など
型押し革	加熱した型板などを用いて高圧プレスで仕上げ、革の表面にさまざまな変化を付与させた革。型にはさまざまなタイプがある	バッグ、靴、ベルトなど
エナメル革	革の表面に、合成樹脂の塗膜を作り光沢を出した革。耐薬品性に優れている	バッグ、靴、草履、ベルトなど
ガラス張り革	成牛革のなめし工程の乾燥作業をガラス板などによって行ない、平滑な銀面をサンドペーパーなどでこすって樹脂系塗装染めをほどこした革	バッグ、靴、ベルトなど
グレージング仕上げ革	革の銀面に平滑性と光沢を付与するために、めのう、ガラス、金属のローラーなどによって、強い圧力を加えながら摩擦仕上げをほどこした革	バッグ、靴、ベルトなど
オイル仕上げ革	動物脂などを用いた表面仕上げ加工がほどこされた革。非常にオイリーな質感がある	バッグ、靴、ベルトなど
アンティーク仕上げ革	革の表面に、不規則なむら模様や古代調の印象をもたせるために、ツートン仕上げやアドバンティックなどの仕上げ加工がほどこされた革	バッグ、靴、ベルトなど
メタリック仕上げ革	メタル調に仕上げた革	バッグ、靴、ベルトなど

特徴のある皮革

オーストリッチ

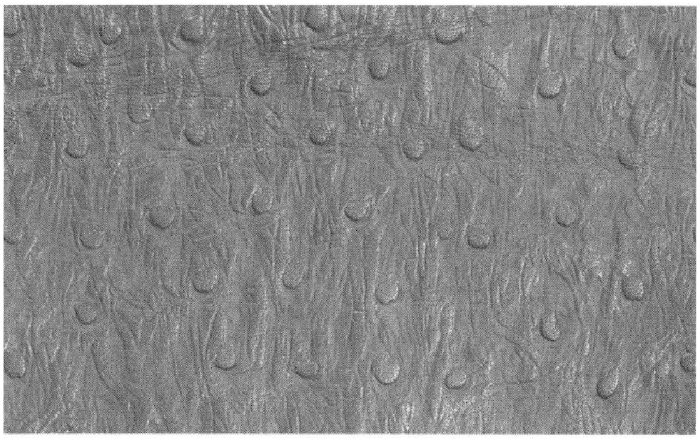

パール加工

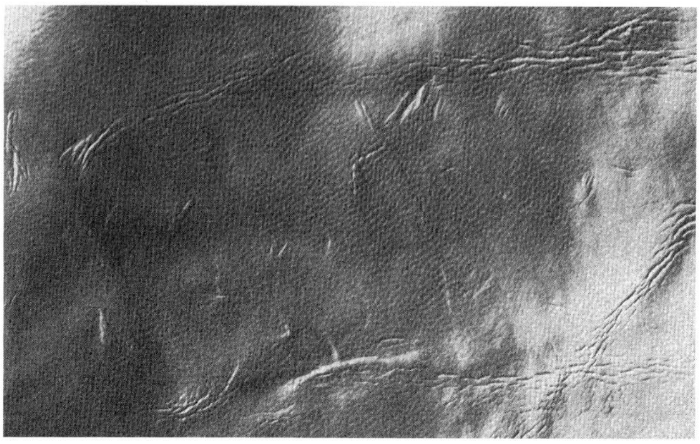

メッシュ革

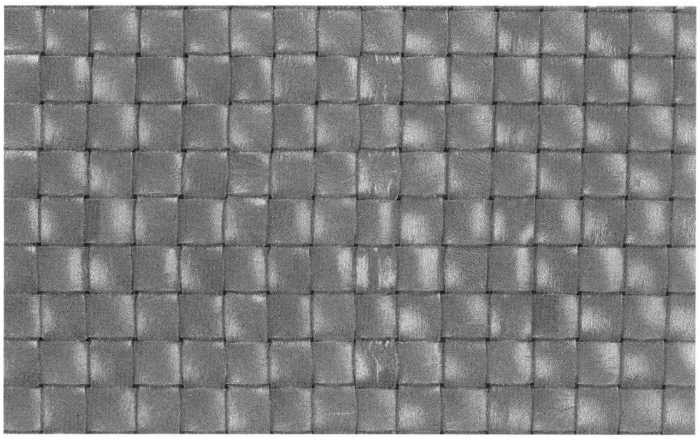

パンチング革

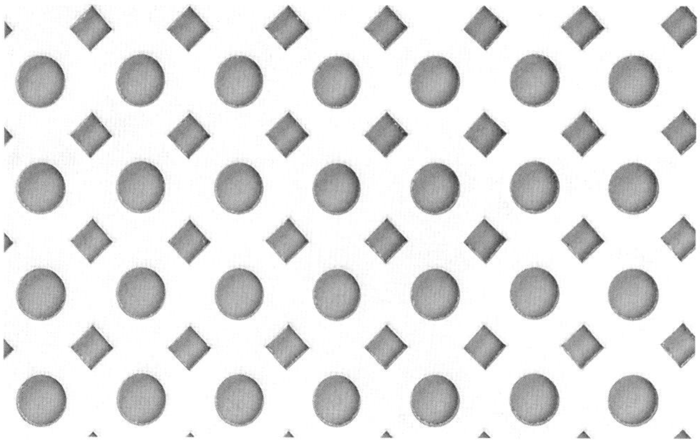

型押し革（クロコダイル）

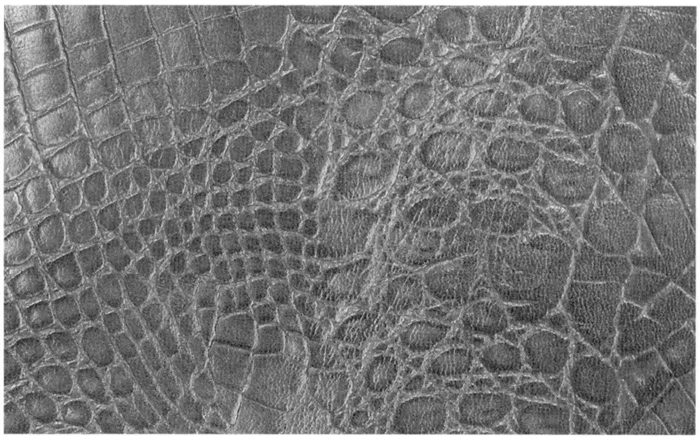

型押し革（トカゲ）

プリント柄の革（スネーク）

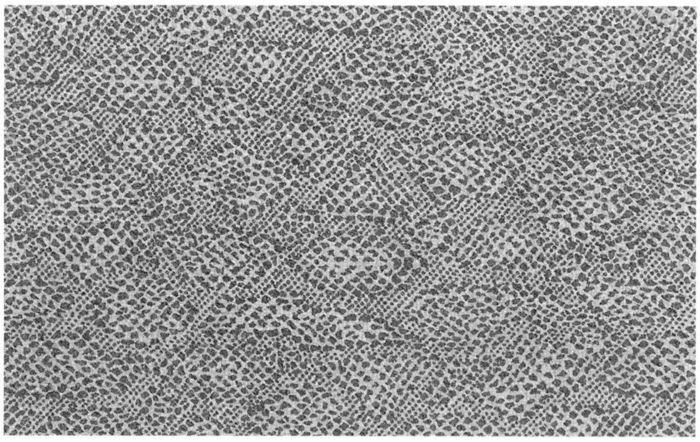

プリント柄の革（チェック）

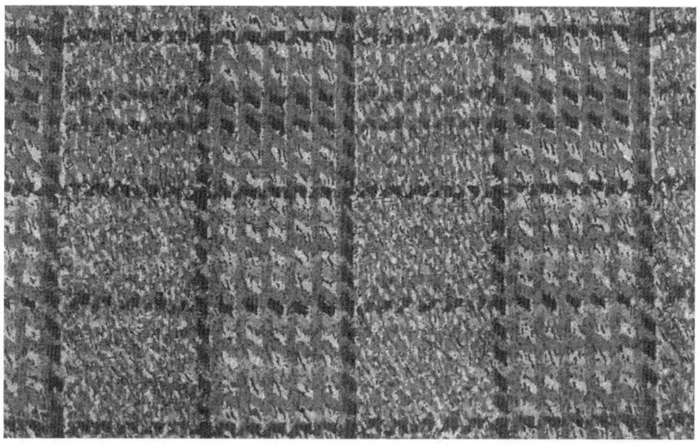

Ⅳ　バッグ

1　バッグの種類

　バッグは、タウン用、ビジネス用、旅行用、作業用など、機能性重視のシンプルなものからアクセサリー感覚のおしゃれなものまで形も素材も多種多様にある。バッグはその形態や持ち方、用途などによって次のように分類される。

形態分類

- 口金つき
- かぶせつき――フラップ(かぶせぶた)で覆われている。
- 留め具つき
- ファスナーつき
- 巾着型
- あおり型―――中が三つに分かれ、中央が口金などで開閉部になっていてその両側が開いている。

携行機能分類

- 手提げ式（ハンドバッグ）
- 抱え式（クラッチバッグ、セカンドバッグ）
- 肩掛け式（ショルダーバッグ）
- 背負い式（リュックサック）

用途分類

- タウン
- ビジネス
- フォーマル
- レジャー、スポーツ
- トラベル、キャンパス

など

用途分類

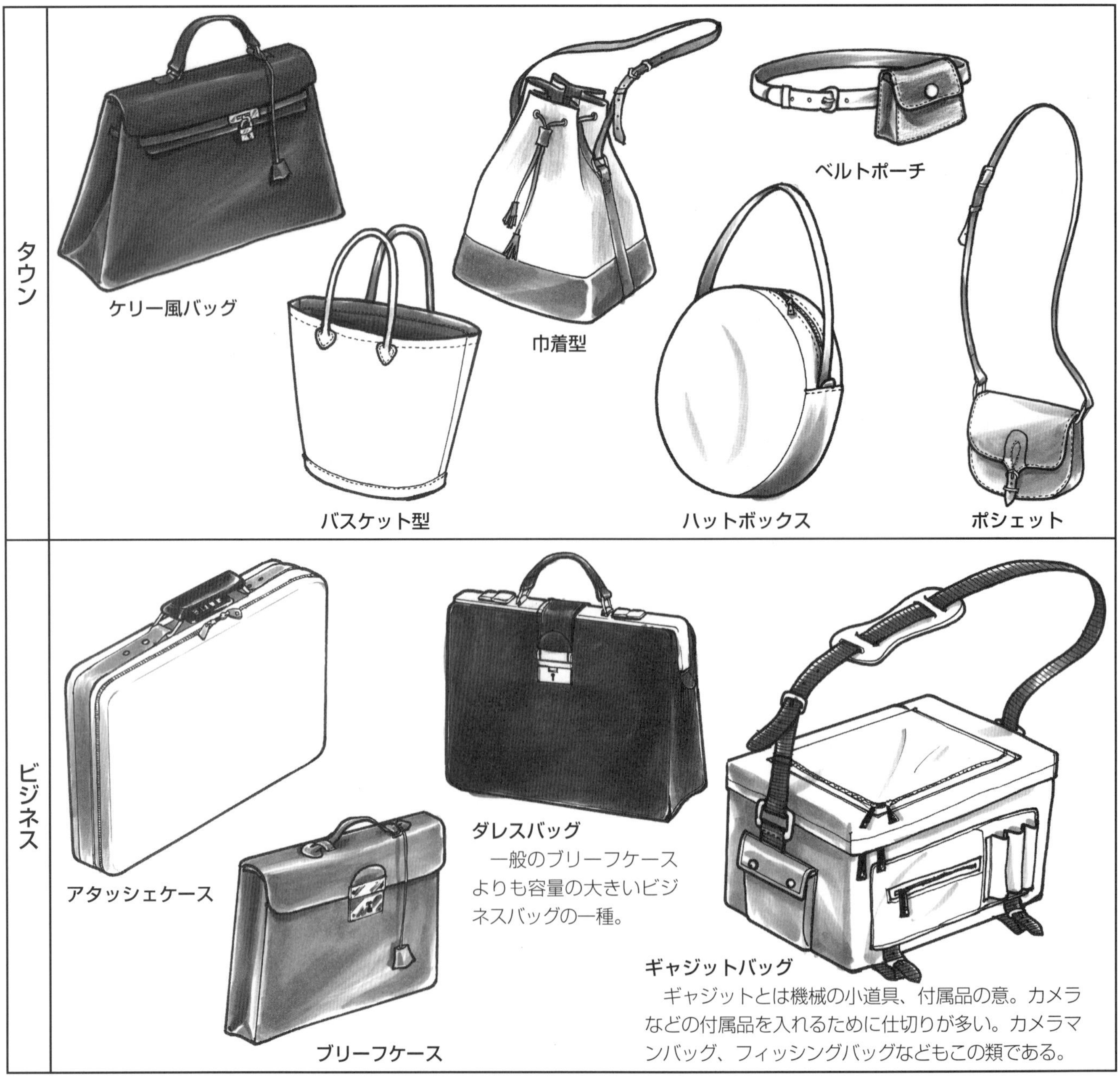

一般のブリーフケースよりも容量の大きいビジネスバッグの一種。

ギャジットとは機械の小道具、付属品の意。カメラなどの付属品を入れるために仕切りが多い。カメラマンバッグ、フィッシングバッグなどもこの類である。

フォーマル

バニティバッグ

クラッチバッグ

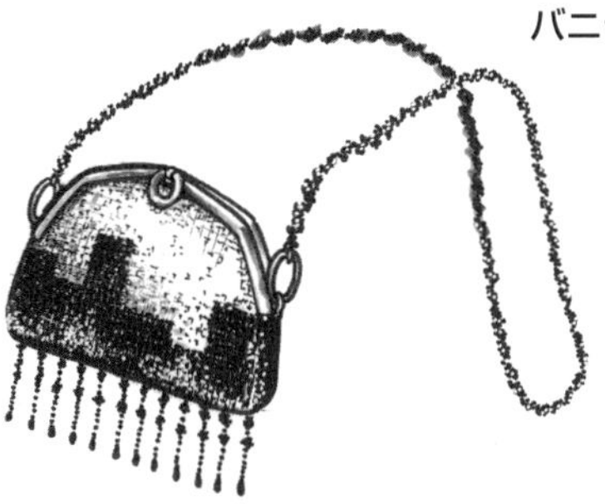

ビーズ製バッグ

シャネル風バッグ

キャビアバッグ

外観がキャビアに似ていることに由来している。プラスチック製の小さな玉を熱処理によって植えつけたバッグ。

レジャー

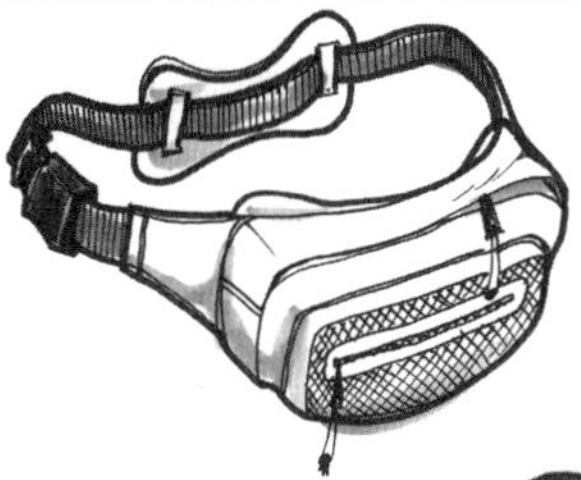

ウエストポーチ

トートバッグ

リュックサック（デイパック）

バスケット

ケニアバッグ

天然の麻で編まれた素朴な風合いのバッグで、民族調の雰囲気がある。持ち手が長く肩にかけられる。

キャンバス

リセバッグ

トラベル

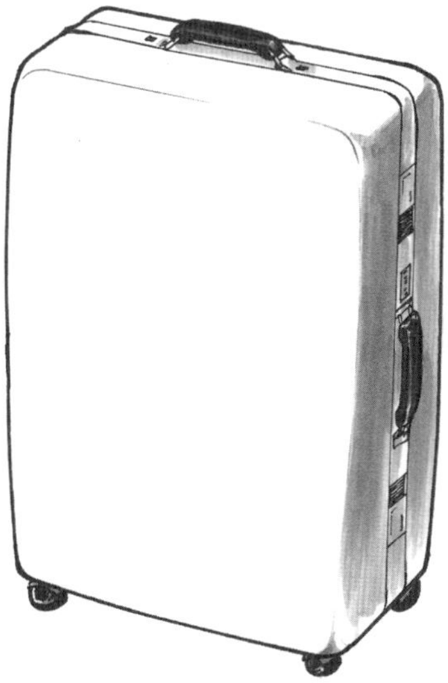

スーツケース

スポーツ

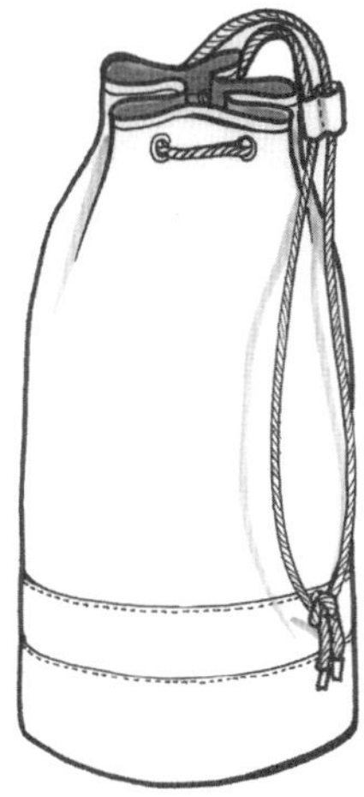

ボンサック

口をひもで絞るタイプが一般的な、円筒形のスポーティなバッグ。

2　バッグの構造

　バッグは、物を収納する充分なスペースがあるか、物の出し入れがスムーズにできるか、手にしっくりなじんで持ち歩きやすいか、耐久性はあるかなど、バッグとしての機能性と実用性にファッション性が加味され、構造が成り立っている。ここでは基本的なハンドバッグを取り上げて説明する。

①持ち手（ハンドル）……理想的な長さは13〜15cmくらい。

②ストラップ取りつけ金具（手かん）……持ち手部分についた金具。

③留め具………開閉しやすく丈夫であることが条件。

④フラップ……かぶせぶたで覆うことによって口を閉じる。

⑤中仕切り……物の収納と出し入れを効率的にする。

⑥インサイド・ポケット……内側についた厚みのない小さなポケット。

⑦まち…………バッグの側面。丸まち、三角まち、折れまち、横まち、通しまちなど、バッグを立体に構成する部分で、収納力を左右する。

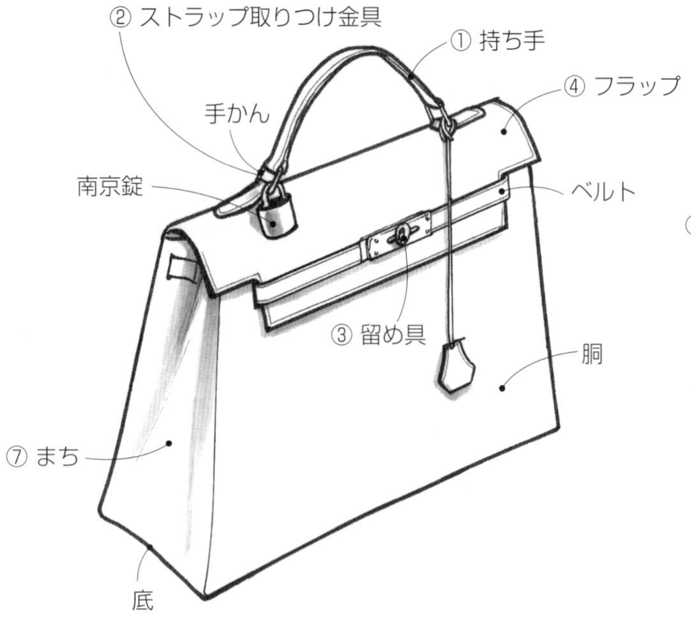

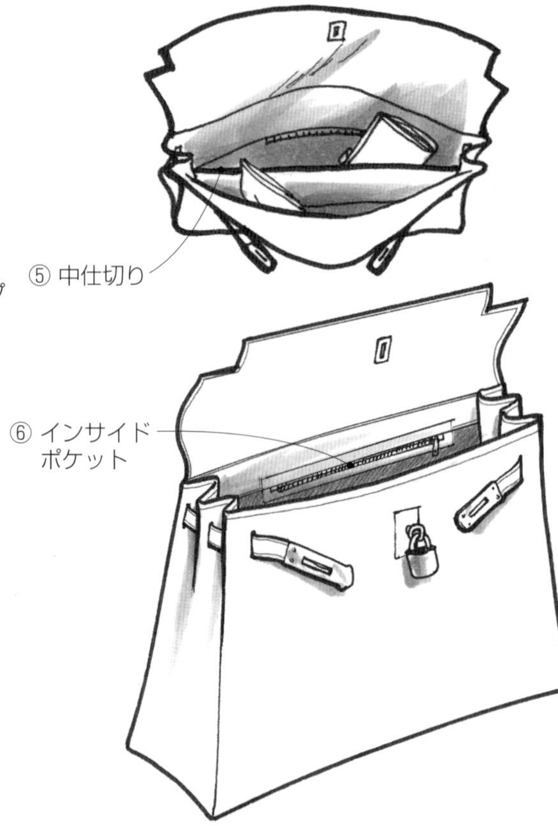

3　バッグのマナー

　フォーマルな装いでは小型で光沢のない黒いバッグであれば祝儀、不祝儀どちらにも使うことができる。

　しかし祝儀用には式典の内容や格式など、場面に応じた華やかさをさらに演出するアクセサリーとして欠かせないものでもある。素材はドレスと同じものや光沢のあるサテンやラメ、ビーズ、メタル、エナメルまた刺繍をあしらったものなどであまり大きくない形のデザインが用いられる。

4　バッグのメンテナンス

　バッグには良質の革が用いられているので、手入れや保管には充分な心配りがほしい。かびや雨によるしみ、ひっかき傷などはバッグにとって大敵で、一度ついたら目立たなくすることはできても、元どおりにすることは難しい。

　バッグを長持ちさせるには、続けて同じバッグを持たないようにときどき休ませることや、雨の日はできるだけ皮革製品以外のものを使用するのが望ましい。普段は木綿布でからぶきやブラッシングして汚れを落とす。かびは汗やほこりを栄養源に成長するので湿ったタオルでふき取り、風通しのよい場所で陰干しして乾かす。

　1か月に1度くらいは皮革専用クリームで手入れするとよい。

　保管は形くずれしないように、バッグの形に合わせた紙の詰め物を中に入れて形を整え、通気性のある袋に入れて換気のよい涼しい場所に保管する。

5　バッグの口金と持ち手の種類

バッグのデザインは口金と持ち手の種類によってイメージを変えることができる。

口金はジョイント装置を中心に備えた真鍮または鉄でできたものや、アクリルなど合成樹脂でできたものがある。開閉の簡便さと安心感がある。

持ち手の種類は豊富で、バッグの大きさ、用途、重量、形態に適合したものを使用し、持ちやすく疲れないことを条件に選ぶ必要がある。

口金と持ち手はその形態と美観がバッグ全体の印象を大きく左右する。

ここでは代表的なものを紹介する。

口金（アクリルタイプ、金属タイプ）

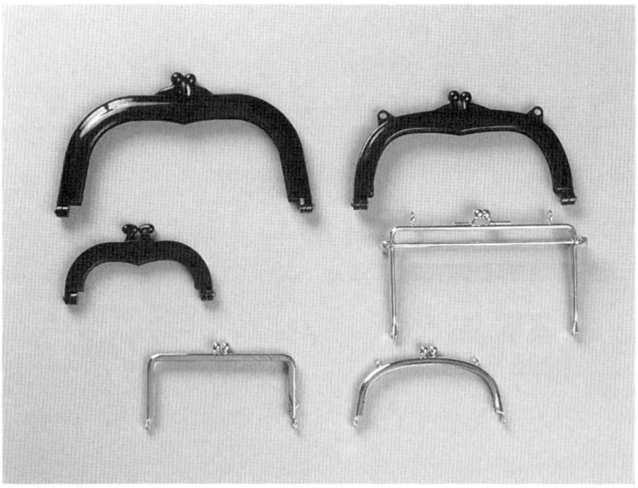

持ち手（木製の、布地でくるむタイプ）

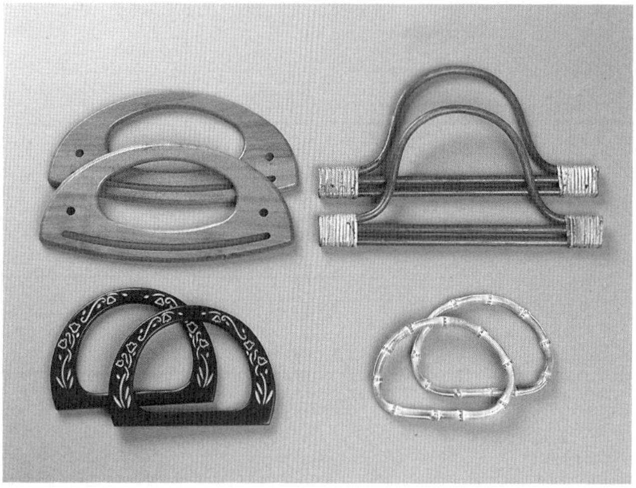

持ち手（アクリルや木製の、布地でくるむタイプ）

持ち手（金具ではさむタイプ）

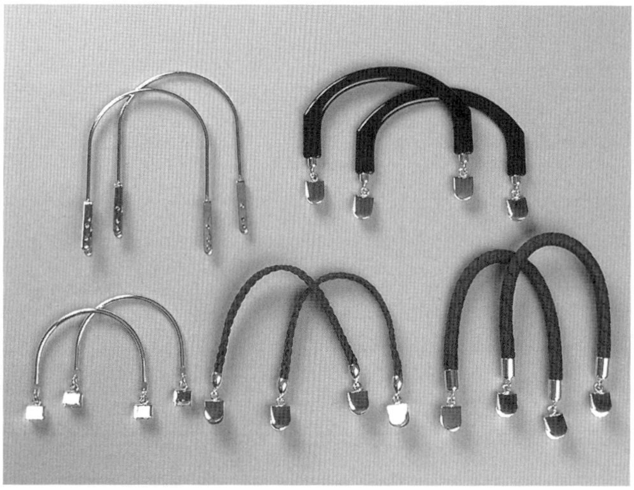

持ち手（ループにひっかけるタイプ）

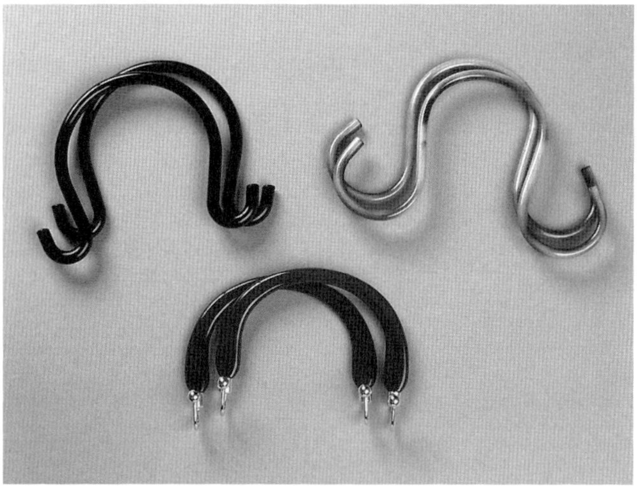

持ち手（その他のデザイン）

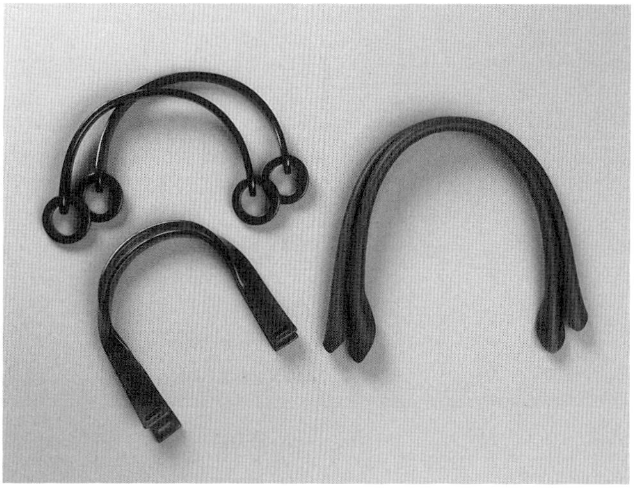

6　バッグの製作

(1)　トートバッグ

口が大きく開いて2本の持ち手がついた大型でカジュアルタイプのバッグ。年齢を問わず幅広く使用でき、タウンはもちろん、小さくたためるので旅行にも最適である。服とおそろいでコーディネートしても楽しい。

■材料
表布＝150cm幅50cm
裏布＝90cm幅100cm
接着芯＝90cm幅100cm
接着ベルト芯＝2.5cm幅90cm
手ひも（ナイロンテープ）＝3cm幅70cm
ファスナー＝43cmを1本

パターン

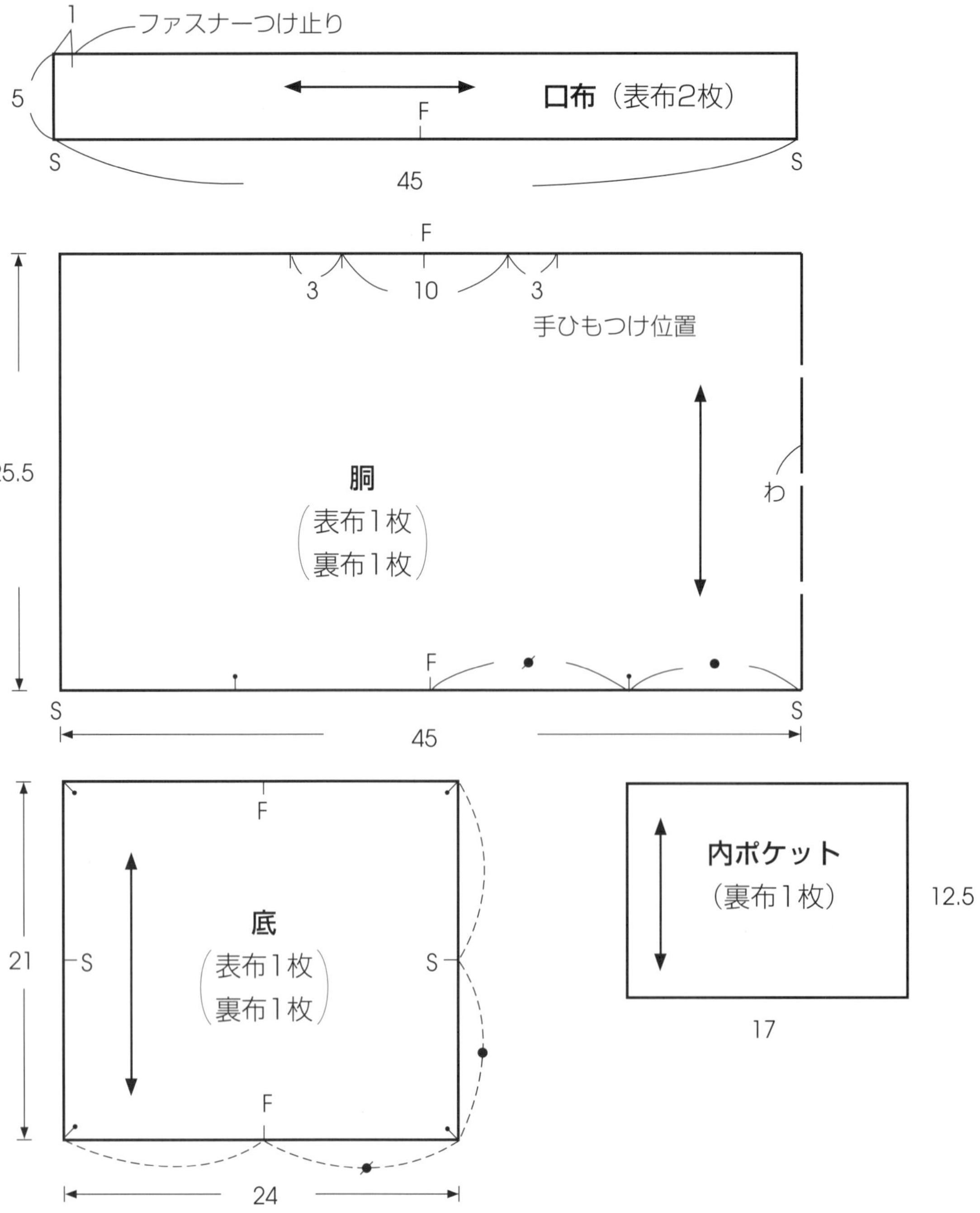

① ファスナーと口布を合わせてステッチで止める

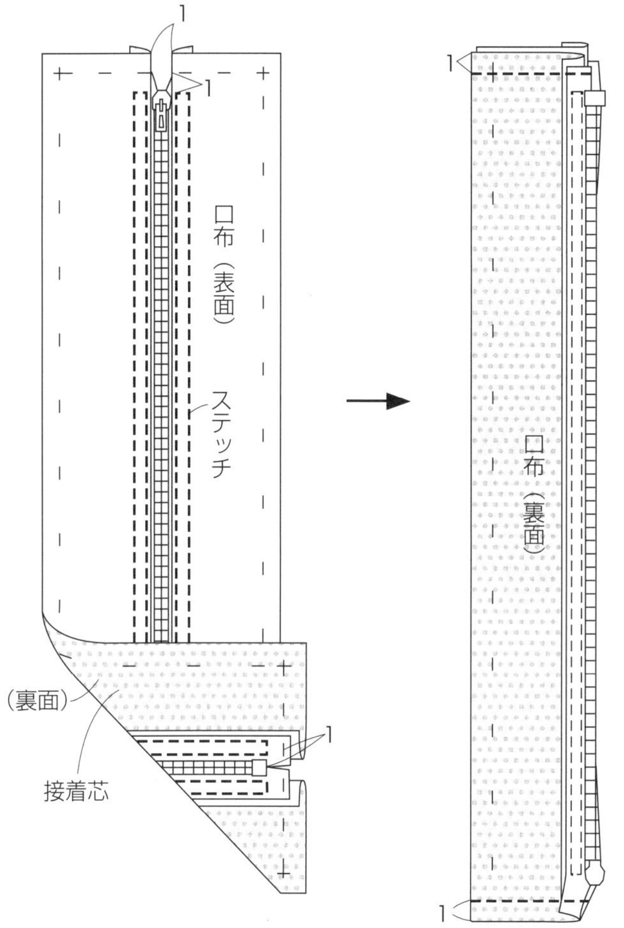

② 持ち手を作る

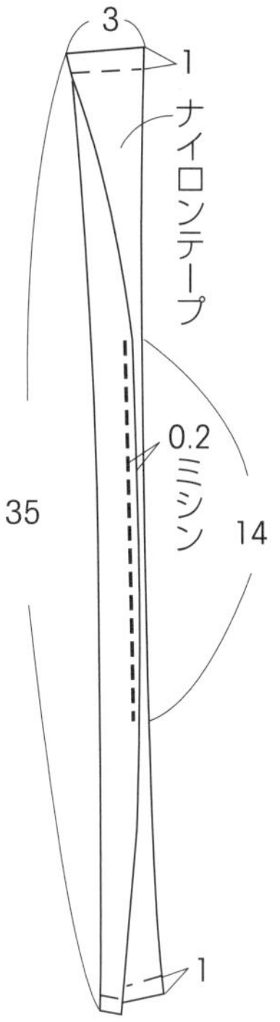

③ 裏布に内ポケットをつける

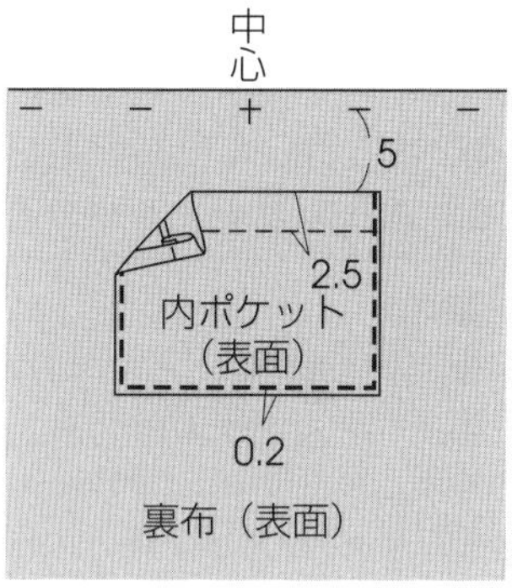

④ 表布、裏布それぞれ脇を縫い、底を縫い合わせる

⑤ 表布と裏布の底の縫い代を中とじする

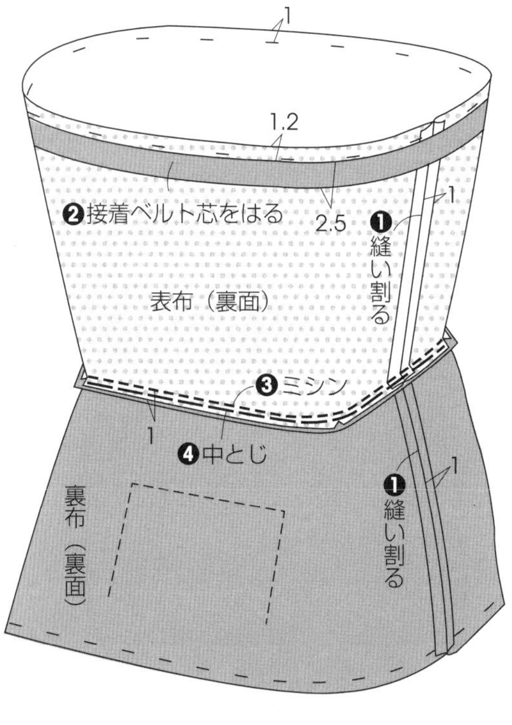

⑥ 持ち手をはさんで口布をつける

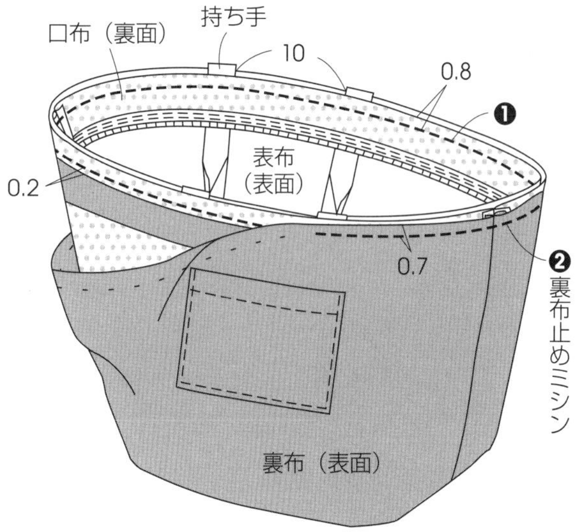

(2) 口金を使用したバッグ

口金を使用したバッグは洋装にも和装にもコーディネートしやすく、ビーズ刺繍をほどこしたショルダータイプは、フォーマルな場面に華やかさを添えることができる。落ち着いた色調の素材で手提げにすれば、場面を選ばずコーディネートができる。

■材料
表布＝90cm幅20cm
裏布＝90cm幅20cm
接着芯＝90cm幅20cm
紙ひも＝25cmを2本
口金＝口金幅12cmを1個
チェーン＝34cmを1本
〈外回りにレースのついたバッグの場合〉
上記の材料（チェーンを除く）のほかに
レース＝1.5cm幅40cm
革ひも＝太さ0.3cmを150cm

① 胴を縫い合わせる

●裏布は片方に内ポケットをつけ、同様に縫い合わせる

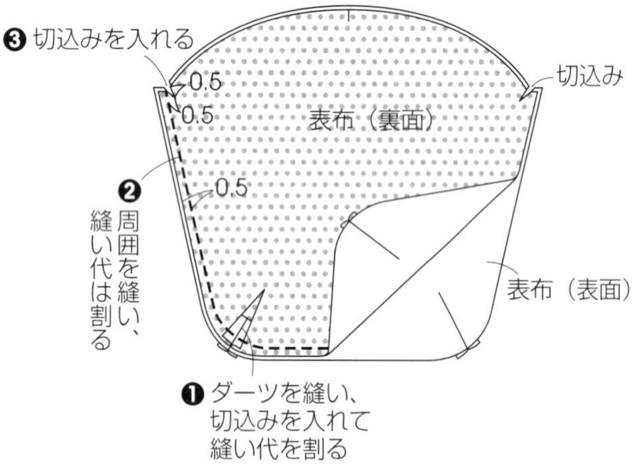

〈外回りにレースをつける場合〉

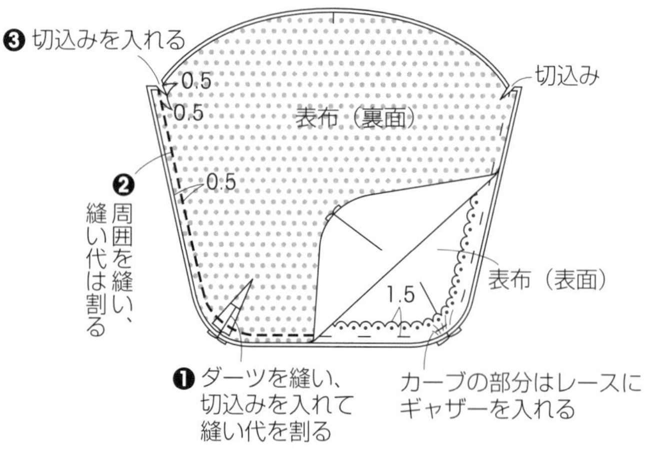

② 表布と裏布を中表に合わせ、バッグの口の脇の部分を縫う

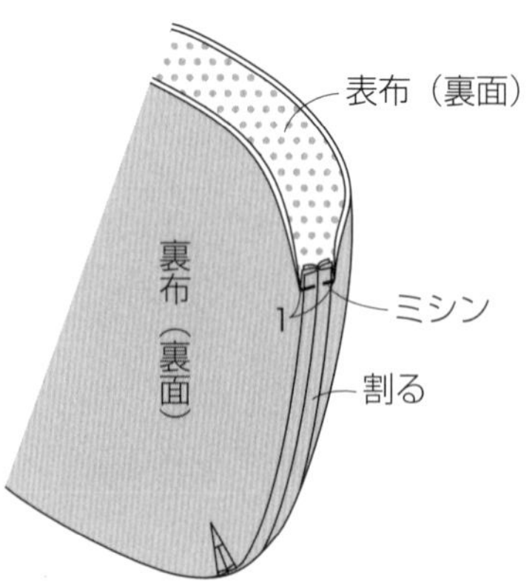

③ 表布と裏布の縫い代を中とじして表に返し、バッグの口にギャザーを寄せるための並縫いをする

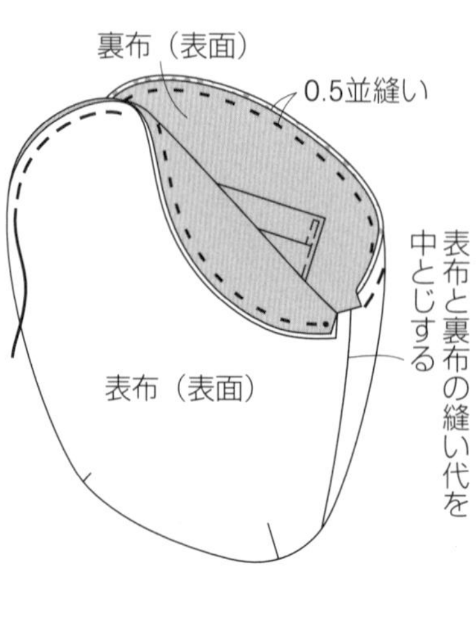

④ バッグの口に紙ひもをつける

実物大（このパターンは縫い代つき）

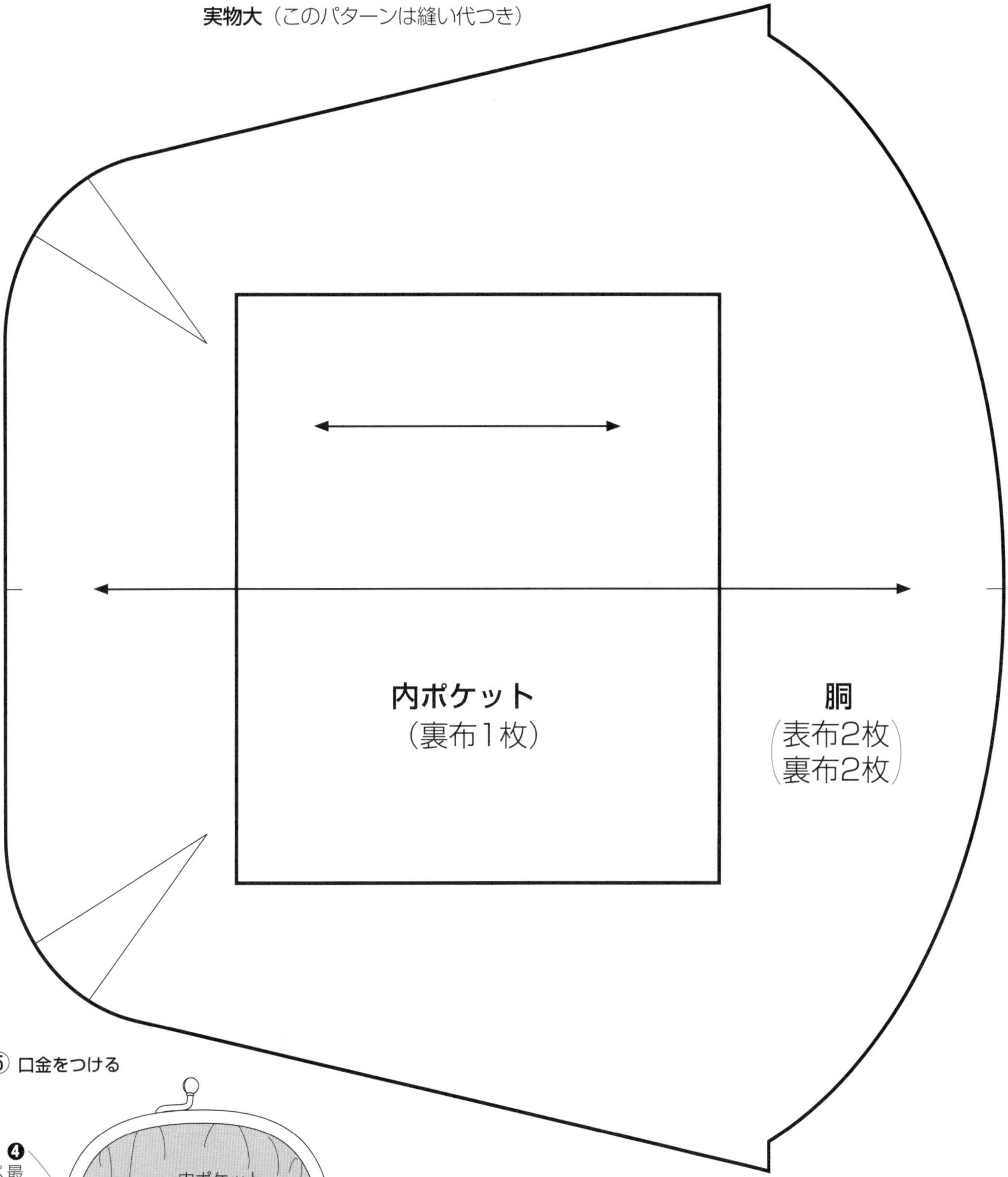

⑤ 口金をつける

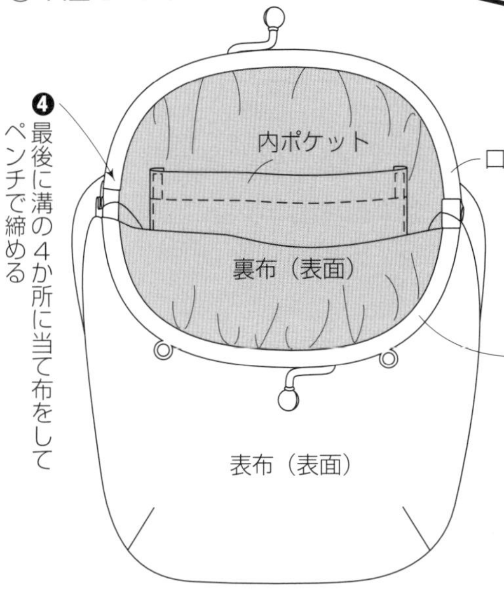

❶ 細い棒などを使って口金の溝にボンドを均一につける

❷ 先の細いドライバーや目打ちなどで溝の天井まで布を差し込む

❸ 口金の溝が浮くようなら紙ひもをさらに入れて固定する

口金

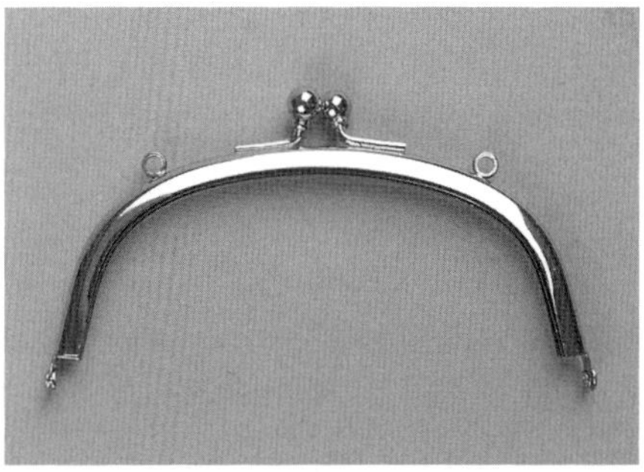

(3) リボンを使用したバッグ

リボンを市松模様に織って作る簡単なバッグ。サテンリボンで作ると光沢があり、おしゃれな感じに仕上がる。また2色づかいにしたり、素材や幅を変えて織ったり、布で作るなど、いろいろなバリエーションが楽しめる。ここではポシェットタイプと、口金を使用した巾着タイプを紹介する。

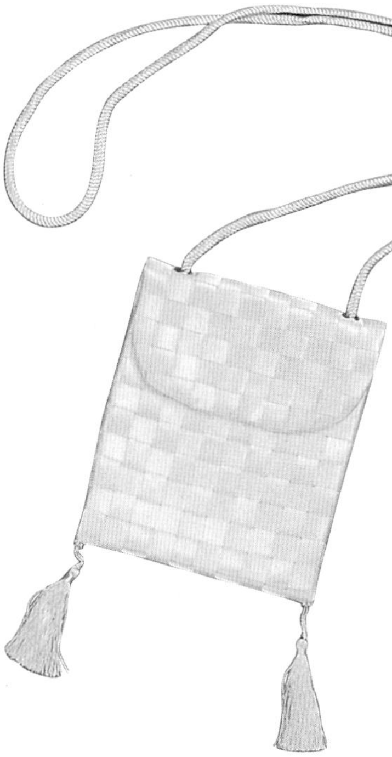

ポシェットタイプ

■材料
横リボン＝1.4cm幅560cm（20cm×28本）
縦リボン＝1.4cm幅450cm（45cm×10本）
（布で作る場合は横20cm×縦50cm）
裏布＝横20cm×縦40cm
接着芯＝横20cm×縦50cm
接着ベルト芯＝2.5cm幅15cm
はと目かん＝直径1.2cmを2個
コード＝太さ0.5cmを150cm
タッセル＝2個

① 接着ベルト芯をはる

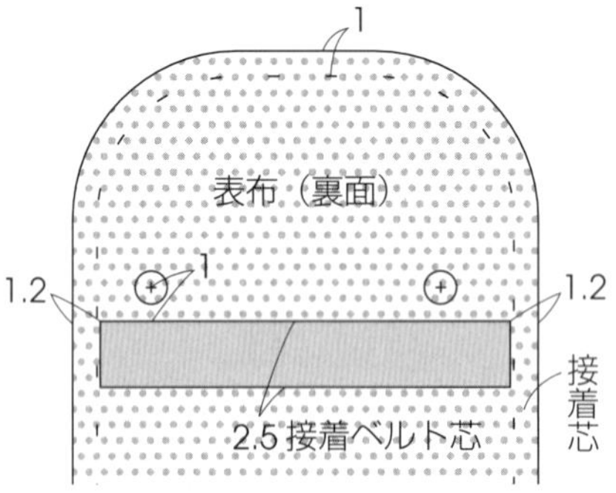

② 見返しと裏布を縫い合わせる

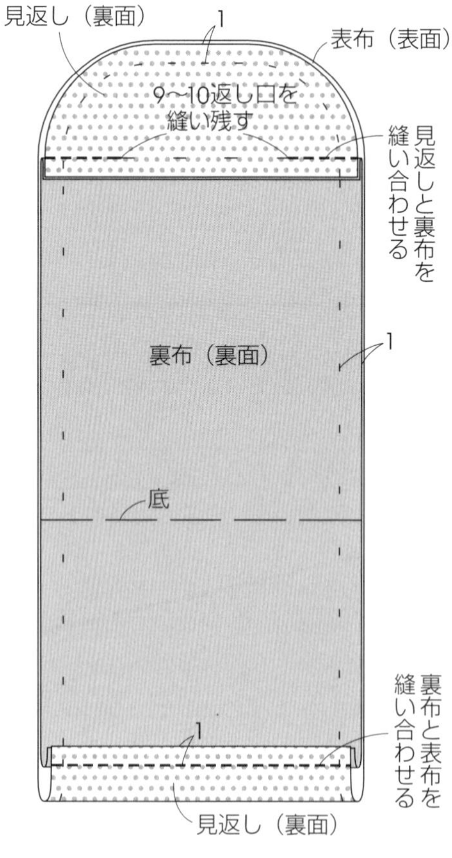

③ 表布、裏布それぞれ中表になるように底から折り、合わせて周囲を縫う

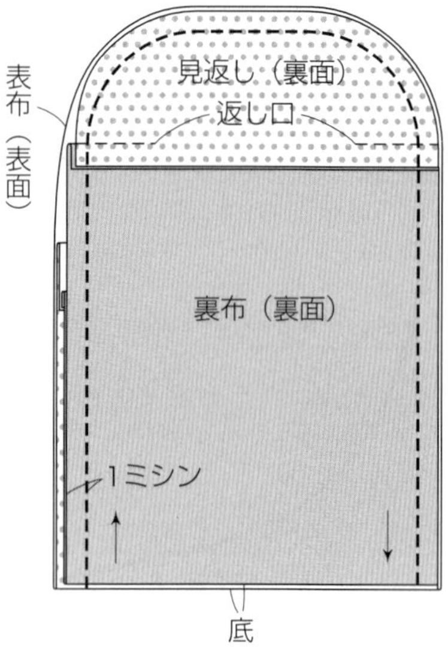

④ 表に返し、返し口をまつる

⑤ はと目かんをつけてコードを通し、タッセルをつける

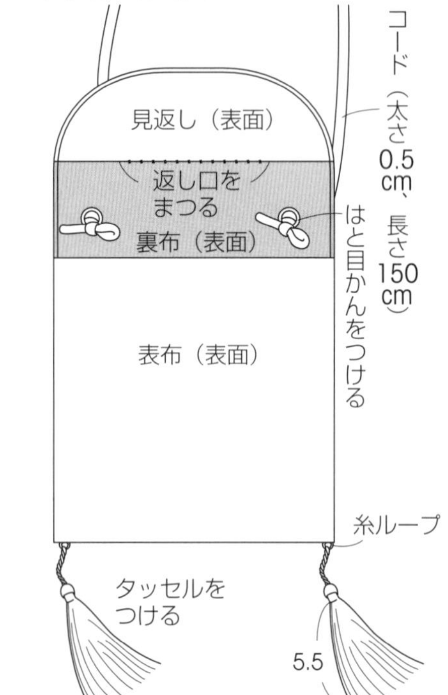

実物大

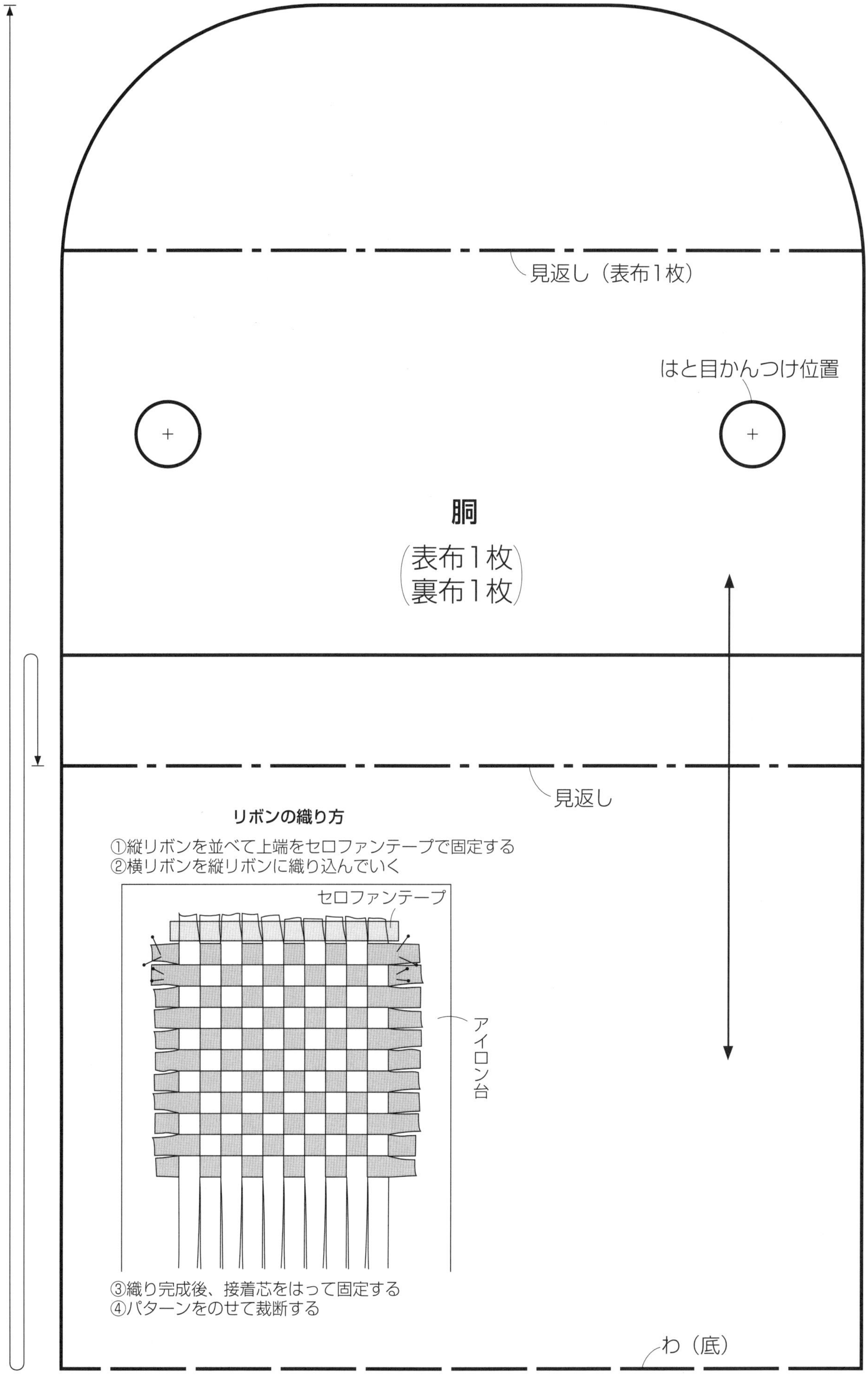
見返し（表布1枚）
はと目かんつけ位置
胴
表布1枚
裏布1枚
見返し
リボンの織り方
①縦リボンを並べて上端をセロファンテープで固定する
②横リボンを縦リボンに織り込んでいく
セロファンテープ
アイロン台
③織り完成後、接着芯をはって固定する
④パターンをのせて裁断する
わ（底）

巾着タイプ

■材料

横リボン＝1.4cm幅490cm（23cm×21本）
縦リボン＝1.4cm幅420cm（35cm×12本）
口布用リボン＝4.5cm幅85cm
（布で作る場合は横30cm×縦35cm）
裏布＝横25cm×縦35cm
接着芯＝横25cm×縦35cm
口金＝チェーンつき1個

① 表布、裏布それぞれ脇を縫う
リボンの織り方は45ページ参照

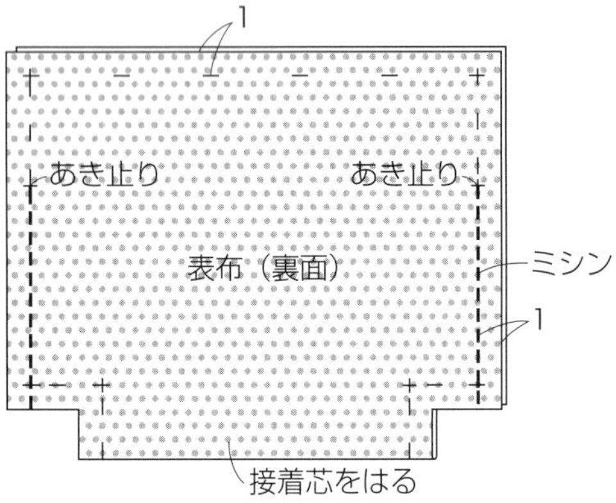

② 表布と裏布を合わせてまちの部分を縫う

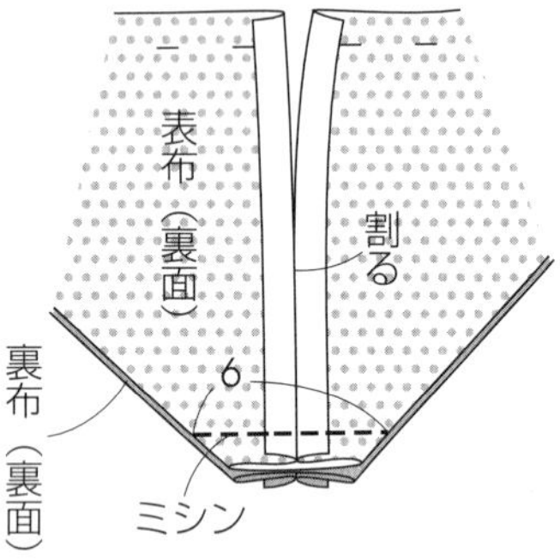

③ 脇のあき部分の裏布をまつり、口布をつける

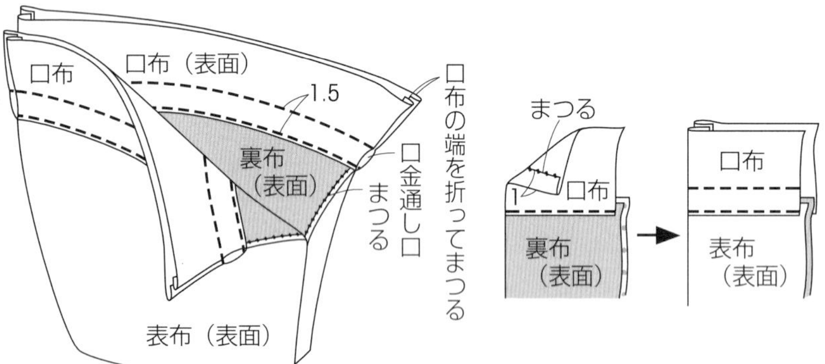

〈口布を布で作る場合〉

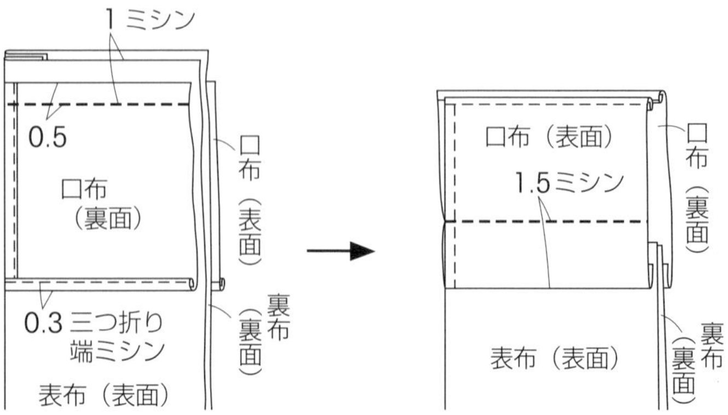

口金

④ 口金を通す

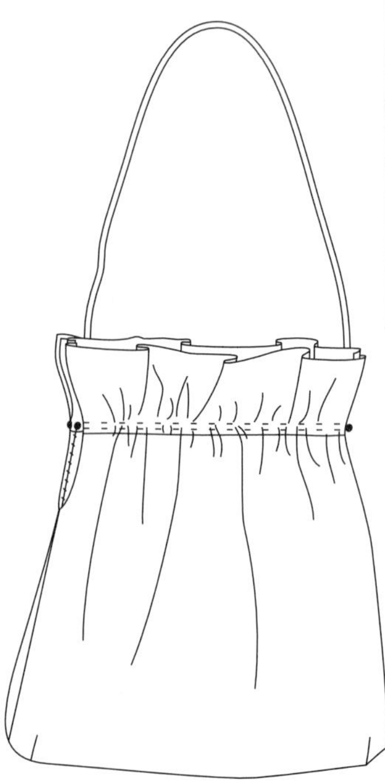

実物大

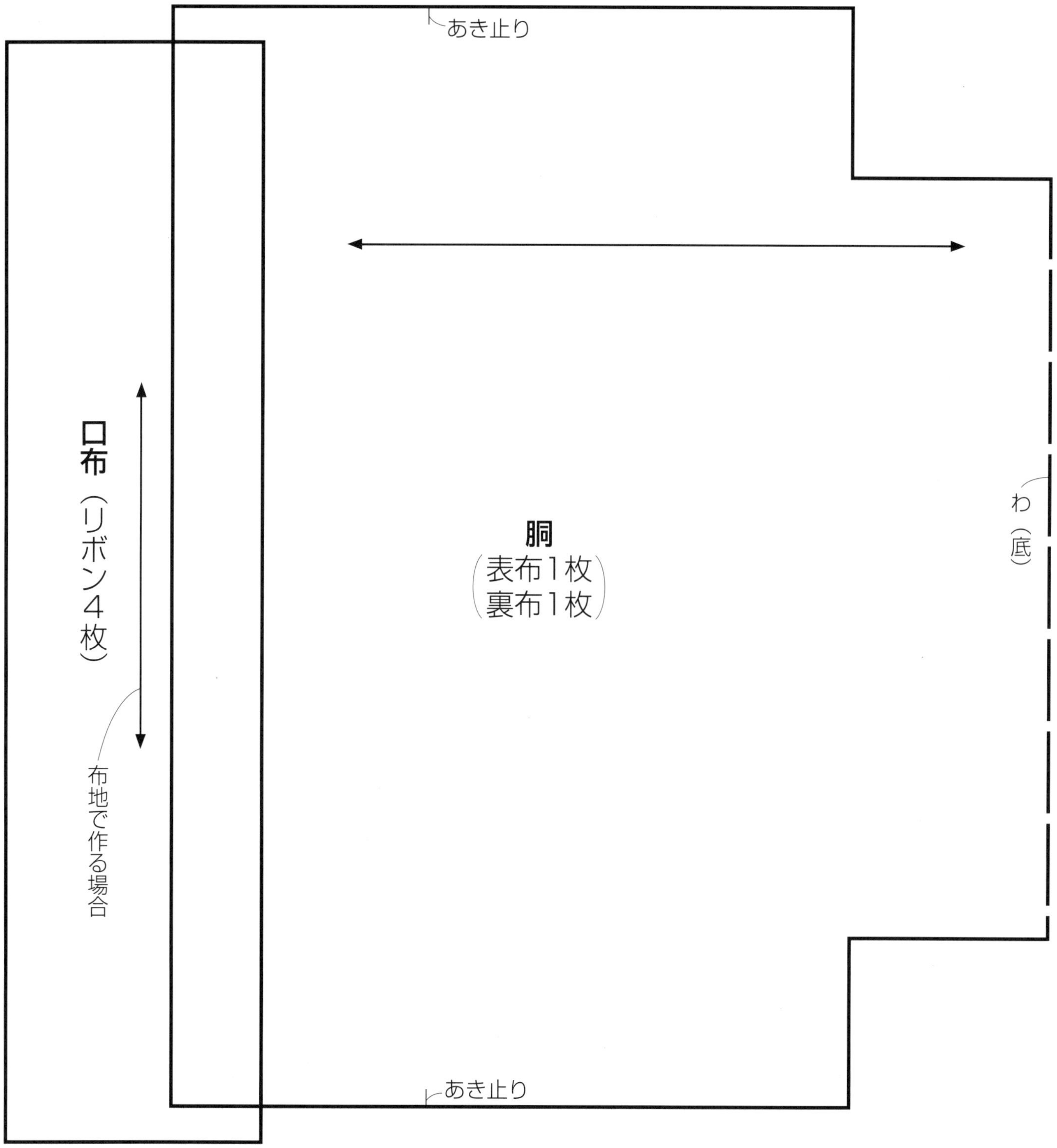

あき止り
口布
（リボン4枚）
布地で作る場合
胴
（表布1枚
裏布1枚）
わ（底）
あき止り

(4) ゴブラン織りのバッグ

幅の広いまちのついたバッグ。たくさん物が入るのでしっかりとした素材を用いるとよい。プラスチックやバンブー、チェーンなど、使用する既製の持ち手の種類によって、フォーマルにもカジュアルにもイメージを変えることができる。

■材料
表布＝100cm幅60cm
裏布＝90cm幅50cm
接着芯＝90cm幅60cm
接着ベルト芯＝3cm幅40cm
持ち手＝1組み

① 見返しと胴の裏布を縫い合わせ、片方に内ポケットをつける

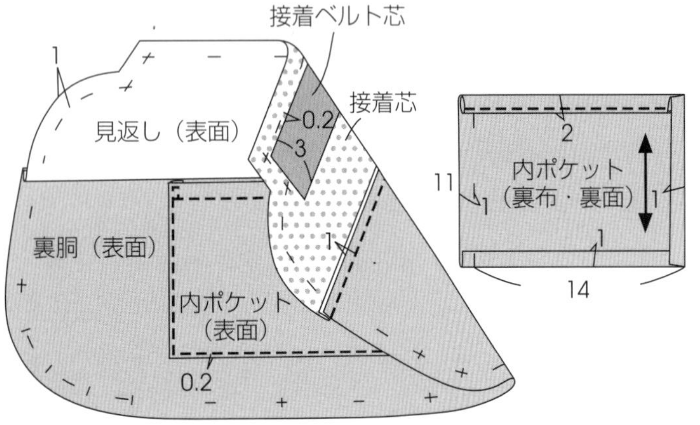

② まちを作る

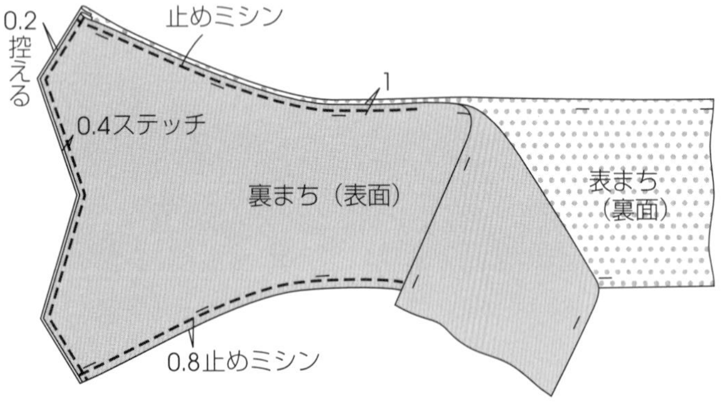

③ 胴の表布と裏布の間にまちをはさんで縫い返す

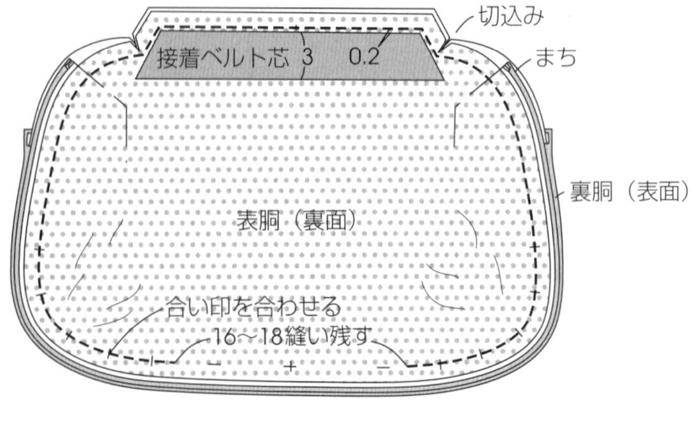

④ 底の縫い残した部分をまつり、バッグの口にステッチをかける

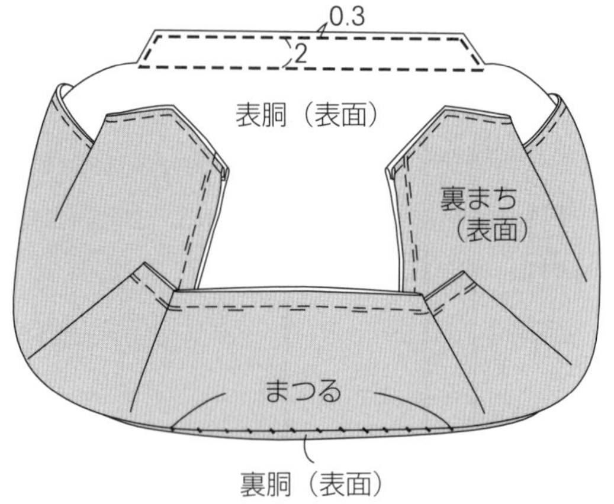

⑤ もう一方の胴の表布と裏布の間に④のまちをはさんで縫い返す

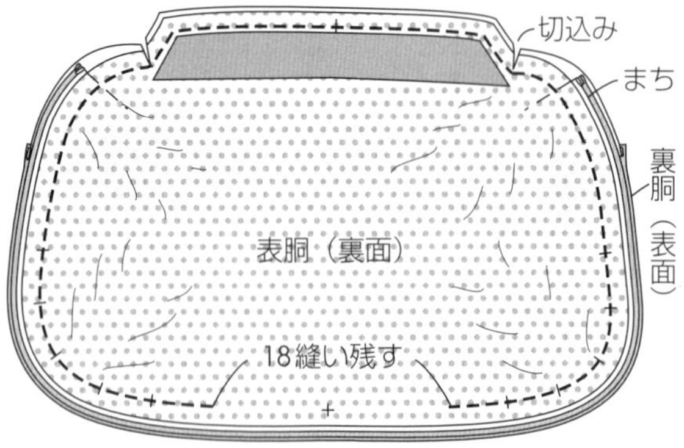

⑥ 底をまつり、まちの上部を縫い合わせる

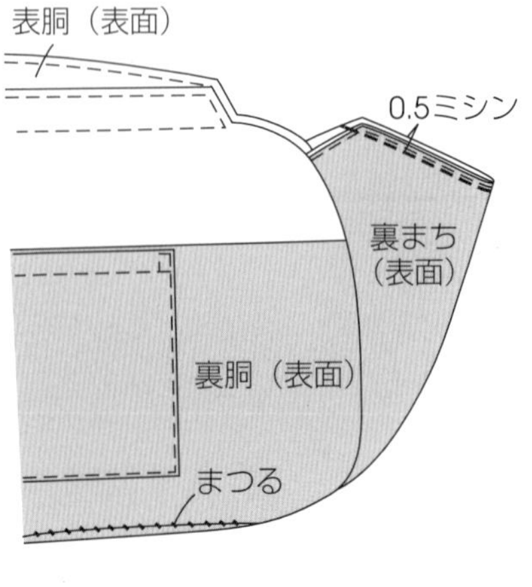

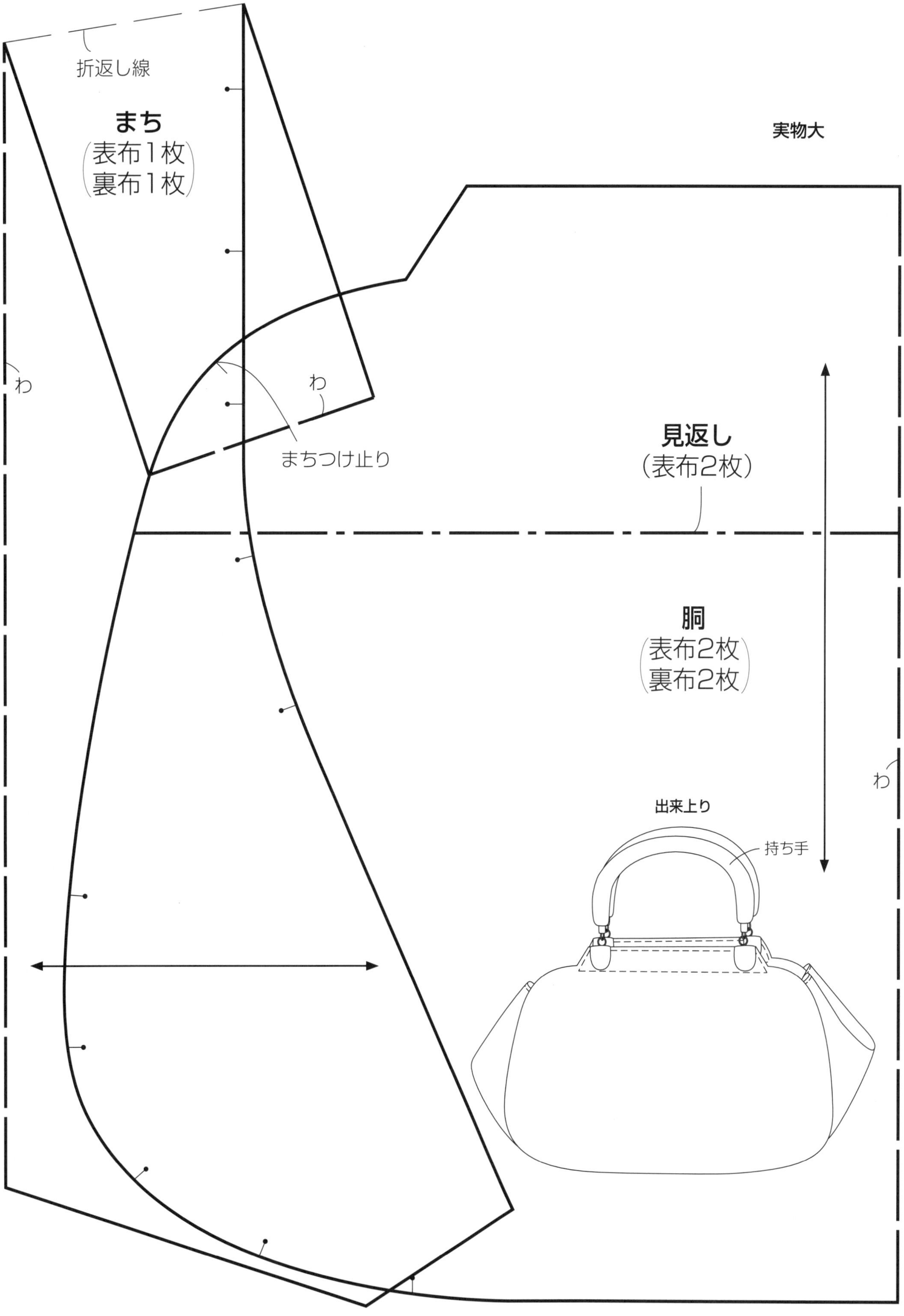
折返し線
まち
（表布1枚
裏布1枚）
実物大
わ
わ
まちつけ止り
見返し
（表布2枚）
胴
（表布2枚
裏布2枚）
わ
出来上り
持ち手

(5) 持ち手が共布のバッグ

大型でたっぷりとした実用的なバッグ。厚地のウールや綿素材をさらに接着芯で補強し、ややかために形作りたい。持ち手を長くしてショルダーバッグにし、重量感のあるコートにコーディネートしてもよい。

タウンや旅行などに便利なバッグである。

■材料
表布＝150cm幅55cm
裏布（綿ブロードなど）＝90cm幅50cm
接着芯＝90cm幅70cm

① 胴の表布と裏布の間にまちをはさんで周囲を縫う

・内ポケットの大きさ48ページ参照
・まちの作り方48ページ参照

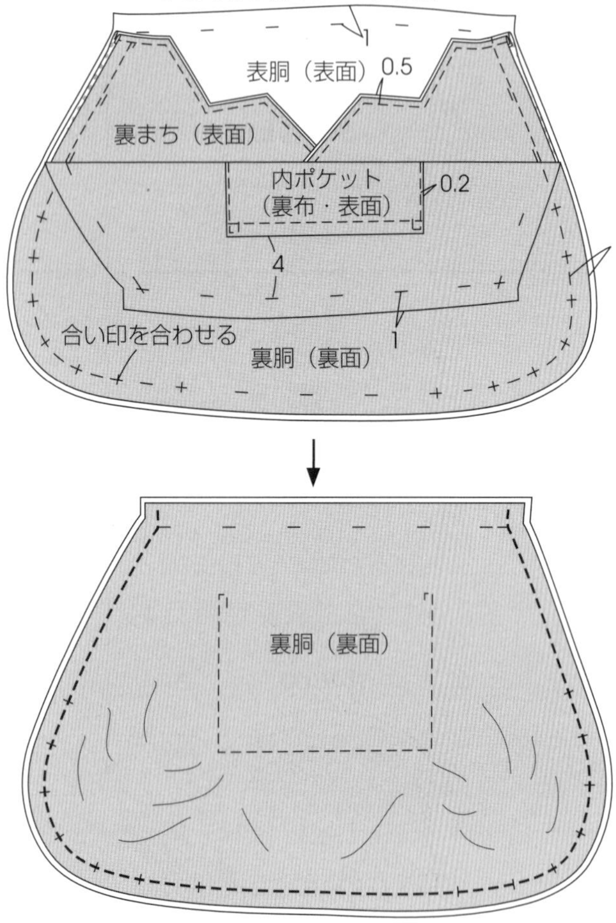

② 表に返して整える

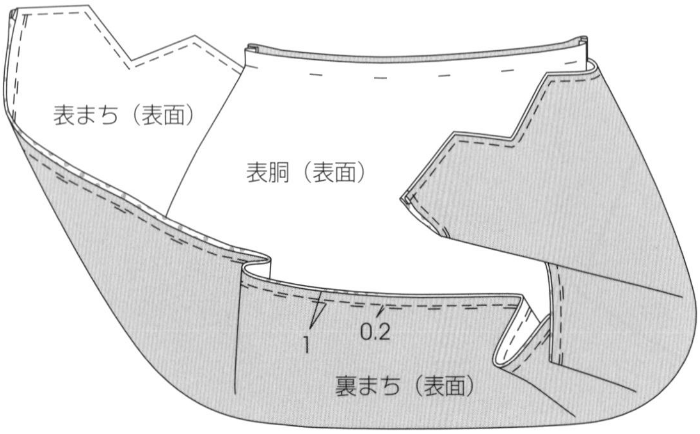

③ もう一方の胴の表布と裏布の間に②のまちをはさんで縫い返す

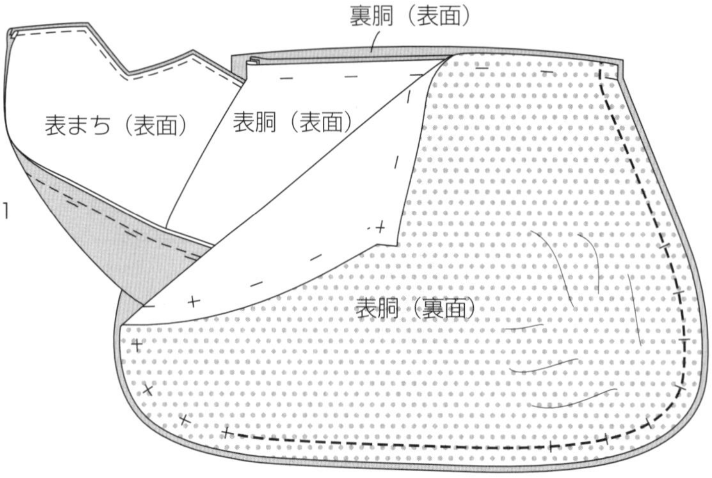

④ 口布と手ひもをつける

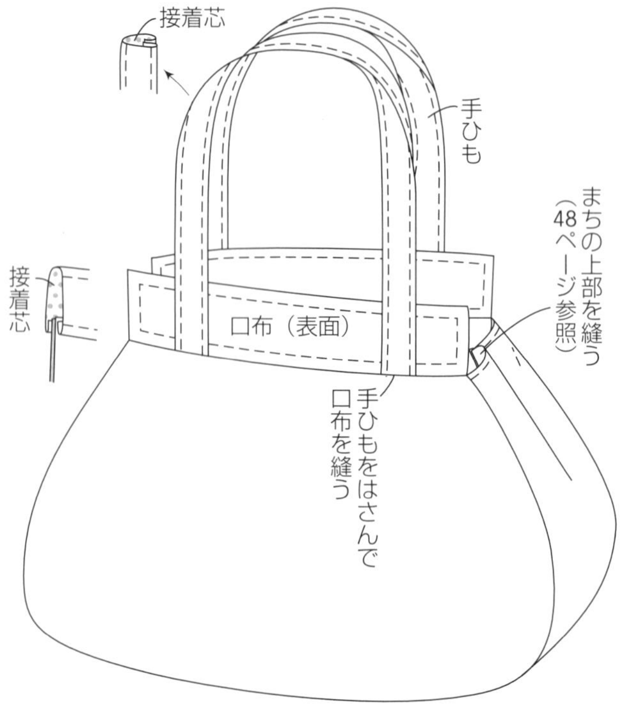

実物大

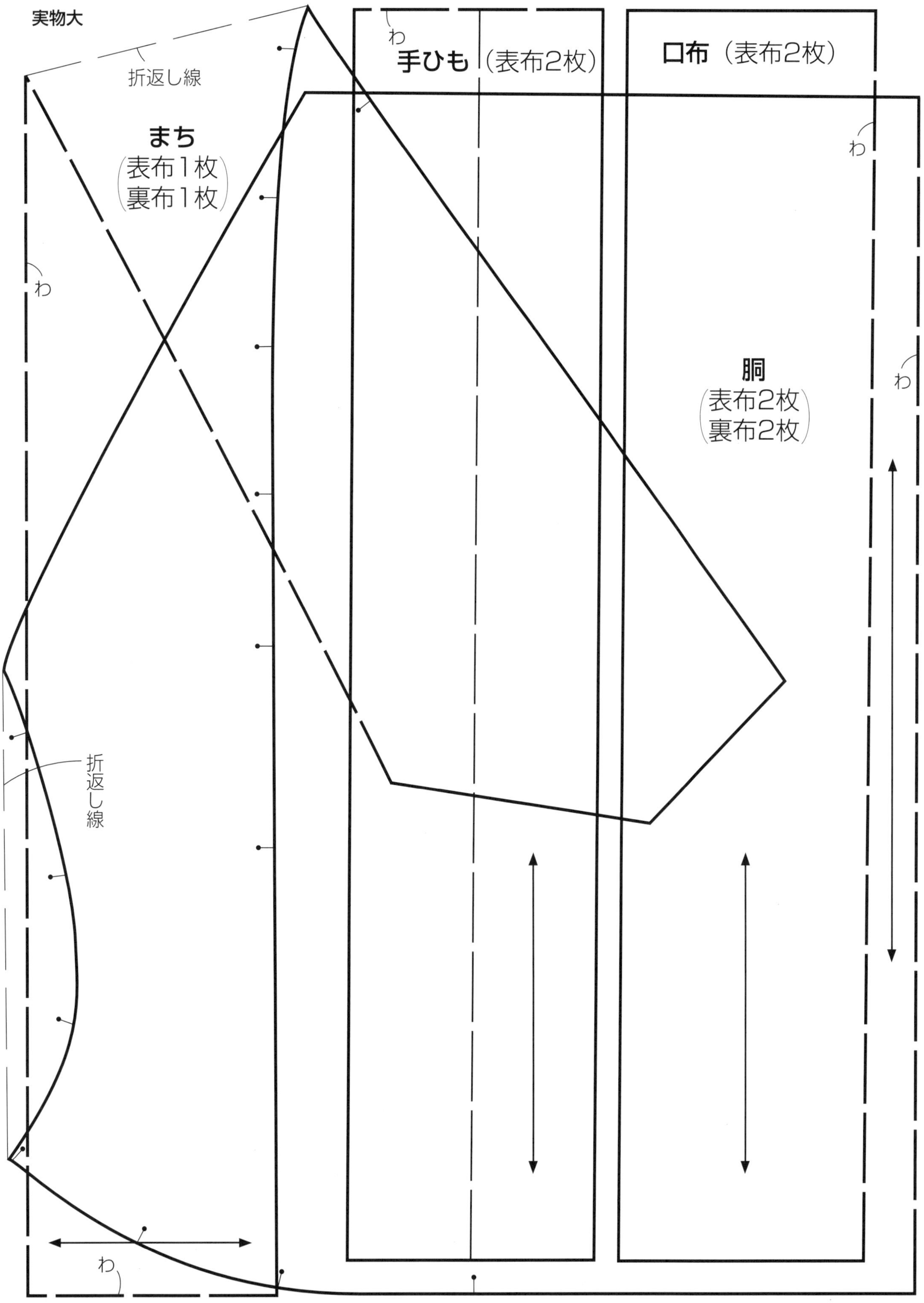

折返し線
まち
（表布1枚
裏布1枚）
わ
手ひも（表布2枚）
口布（表布2枚）
胴
（表布2枚
裏布2枚）
折返し線

Ⅴ　靴

1　靴のデザインと名称

靴のデザインと名称は靴を着用する場所や用途（目的）また年齢および性別など、観点のおきかた次第で変わる。一般的にはトップラインがくるぶしより下にあって、甲までを包む閉鎖性の履き物をシューズ、履き物の中で最も歴史の古いものの一つで、比較的温暖な地方で発生した開放性の履き物をサンダル、寒さを防ぐ目的から発達したくるぶしから上を包む履き物をブーツと三つに大別する。

シューズ

カッターシューズ

ディオルセイ

セパレート

スリングバックパンプス

オープンサイドパンプス

オープントーパンプス

ゴンドラトーパンプス

アンクルストラップパンプス

ストラップパンプス

Tストラップパンプス

クロスストラップパンプス

オペラパンプス

ギリー
舌革のない編上げ

キルトデザインパンプス

シューズ

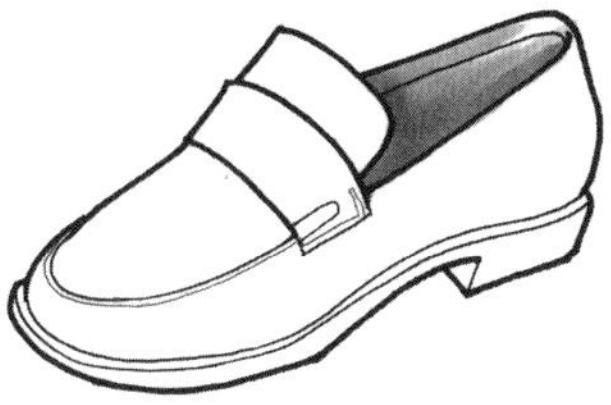

ローファーシューズ

モンクストラップ・シューズ
バックル留め式の靴

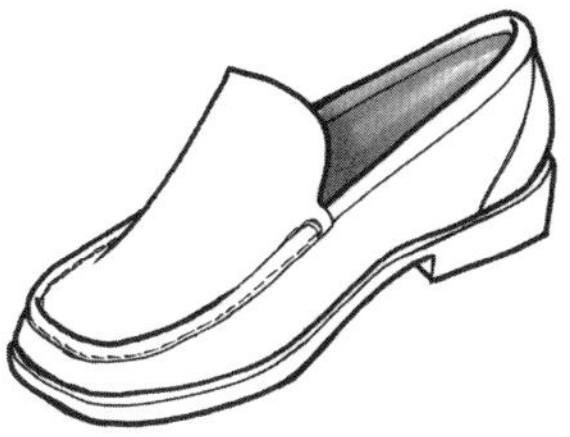

スリッポン

ブラッチャー
ひも結びの部分が外側に縫いつけられた形式（外羽根式）の靴

バルモーラル
ひも結びの部分がつま先革に縫いつけられた形式（内羽根式）の靴

サドルシューズ

ブローグ
穴飾りのあるオクスフォードタイプの靴

コインローファー
甲部にコイン・ストラップと呼ばれるコインをはさみ込むことのできる切抜き飾りがついたモカシン

タッセルモカシン

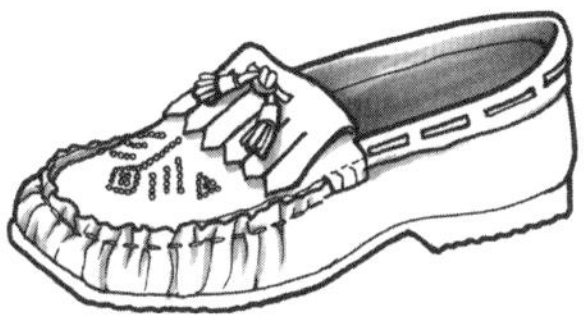

インディアンモカシン

エスパドリーユ
キャンバス製で、底は麻ひもやジュートで編まれている

デッキシューズ

スニーカー

ワラビー

サンダル

サンダル

サンダル

ミュール

ブーツ

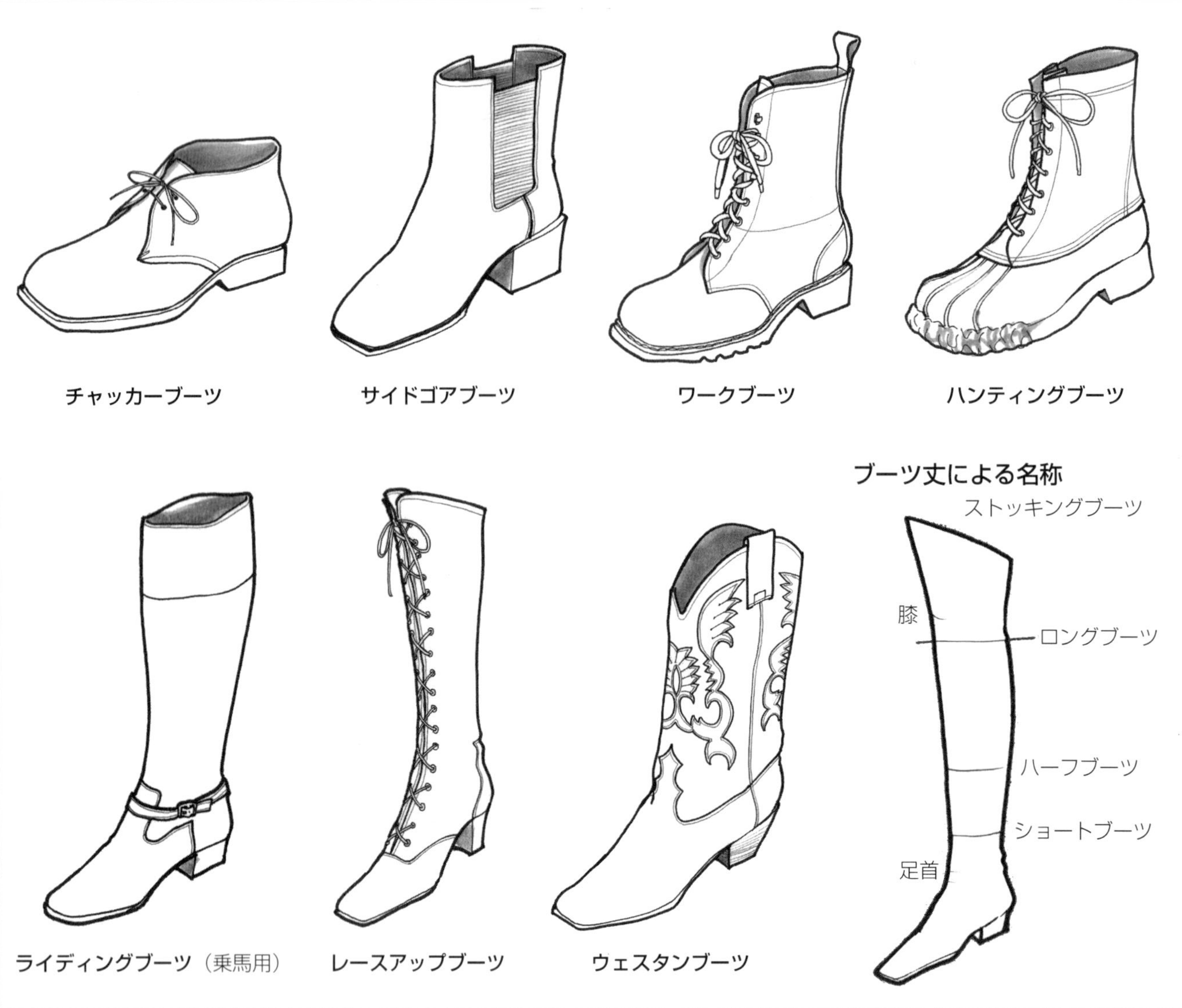

チャッカーブーツ
サイドゴアブーツ
ワークブーツ

ライディングブーツ（乗馬用）
レースアップブーツ
ウェスタンブーツ

2　靴の各部の名称

靴は小さい面積でありながらその構造は複雑で、いくつもの部品と副資材などの組合せでできている。

靴の各部分の名称を正しく把握するために一般的な2タイプのデザインを紹介する。

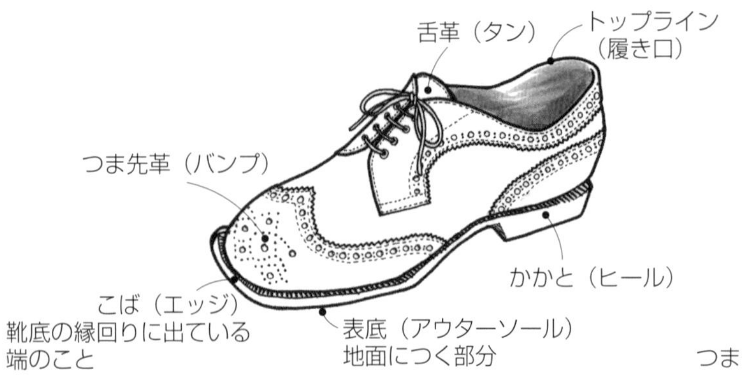

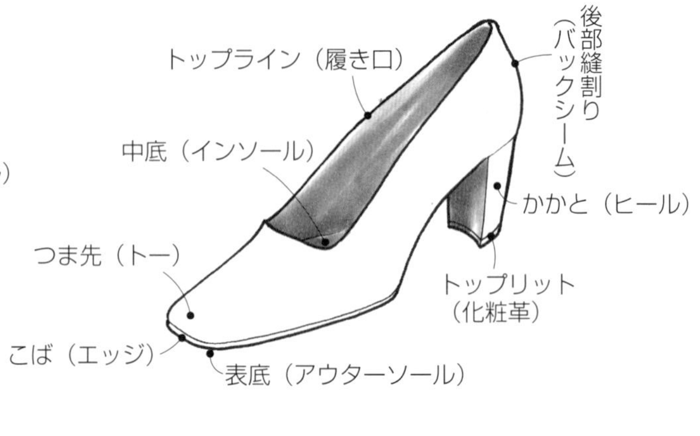

3　各部のデザインと名称

靴はトーラインの形状、チップのスタイル、ヒールの高さとスタイルといったディテールのバリエーションの組合せによってデザインされる。

また、トーラインとヒールのデザインは流行に左右され、時代によって表現が変わる。靴は時代を表現するのに欠かしてはならない顔でもある。

トーラインの形による名称

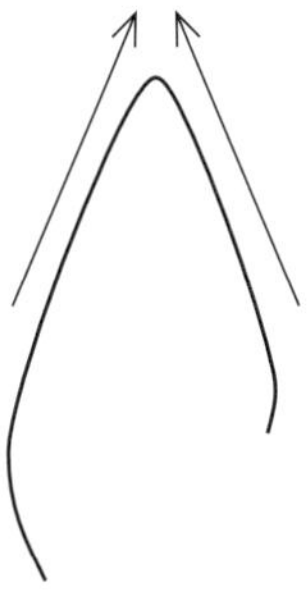

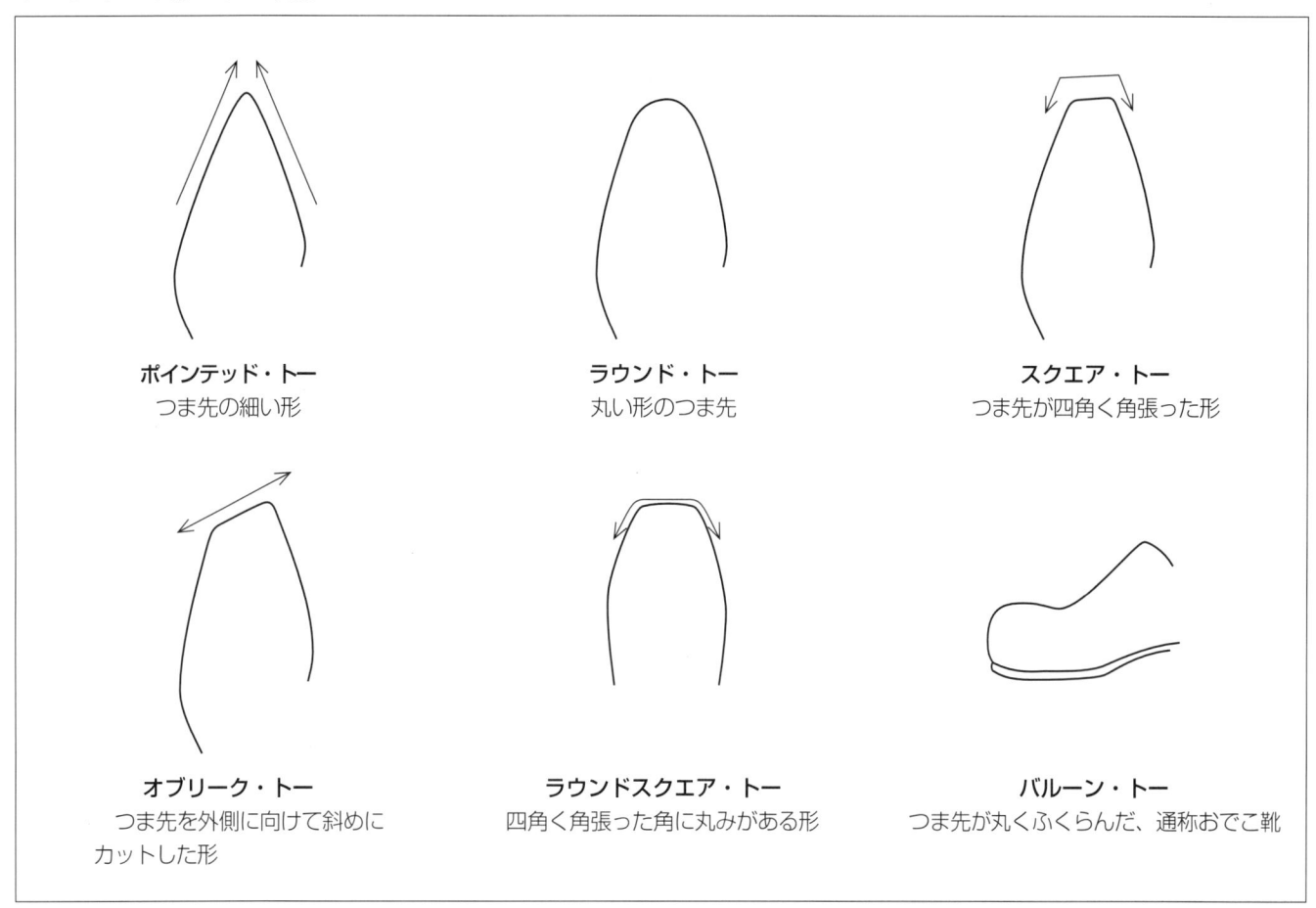

ポインテッド・トー
つま先の細い形

ラウンド・トー
丸い形のつま先

スクエア・トー
つま先が四角く角張った形

オブリーク・トー
つま先を外側に向けて斜めにカットした形

ラウンドスクエア・トー
四角く角張った角に丸みがある形

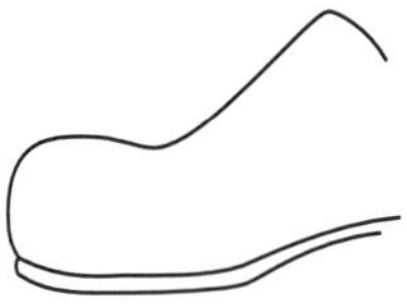

バルーン・トー
つま先が丸くふくらんだ、通称おでこ靴

チップのスタイル

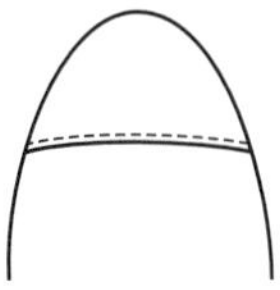

ストレート・チップ

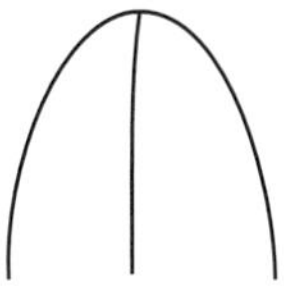

センターシーム・チップ

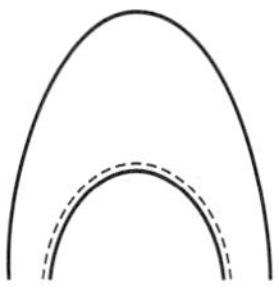

Uチップ

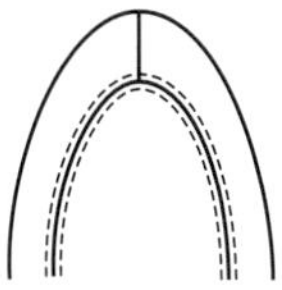

モカシン・チップ

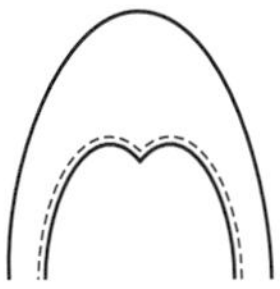

ウィング・チップ

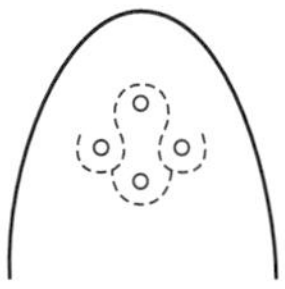

メダリオン・チップ

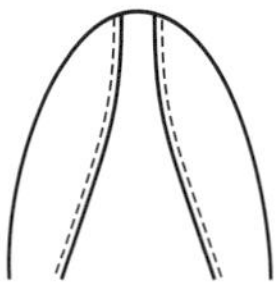

スワールモカ・チップ

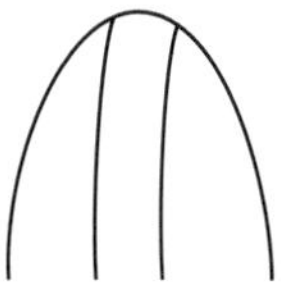

タイトシーム・チップ

ヒールのデザインと名称

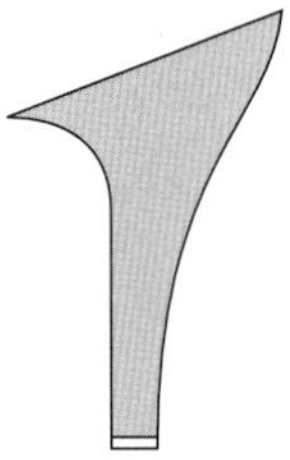

フレンチ・ヒール
ヒールの前部が前方向へカーブした形のヒール

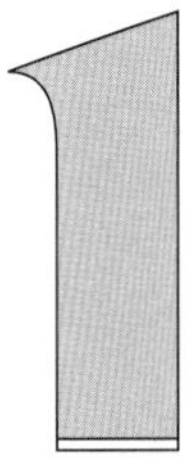

セットバック・ヒール
ヒールの前部がやや後ろに傾斜し、かかとの後ろ寄りにつけた形のヒール

コンチネンタル・ヒール
ヒールの前部が垂直に角張り、後部が先端に向かって細くなった形のヒール

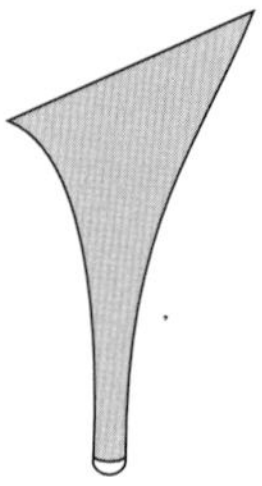

ピン・ヒール
針を連想させる極端に細い形のヒール

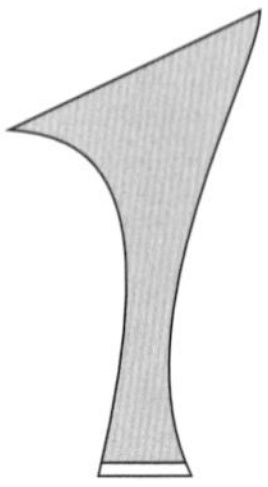

スプール・ヒール
ヒールの上部と底部が広く、中央がくびれたスプール（糸巻き）に似た形のヒール

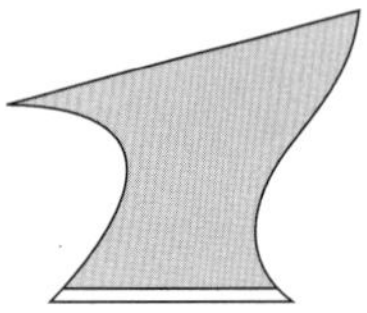

ルイ・ヒール
ヒールの前後が大きくカーブし中央がくびれた、4～5cmほどの高さのヒール

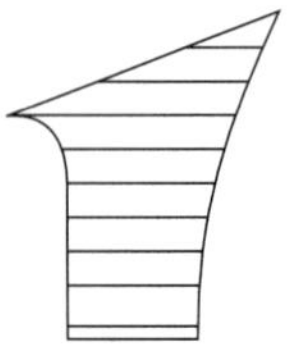

スタックド・ヒール
スタックは“積み重ねる”の意で、木の板や革を何枚も重ねて積み上げたヒールのこと

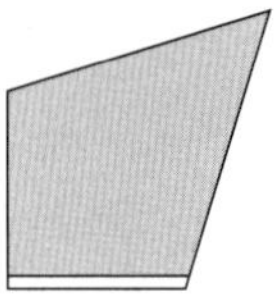

キューバン・ヒール
ヒールの前部が垂直になった高さ4.5cmほどの安定感のある形のヒール

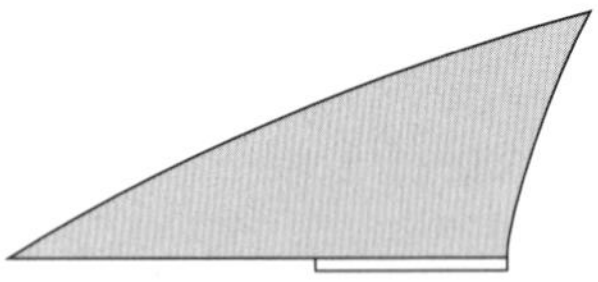

ウェッジ・ヒール
ヒールの前方から後方に高くなったくさび形のヒール

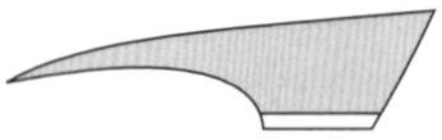

ピナフォア・ヒール
土踏まずをアーチ形にえぐったウェッジ・ヒール

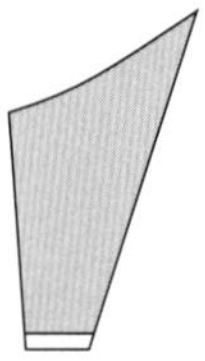

ストレート・ヒール
ヒールの前部、後部とも直線的でやや太めのヒールの総称

コーン・ヒール
ソフトクリームのコーンのような形状で、横から見て逆三角形になったヒール

ヒールの高さによる名称

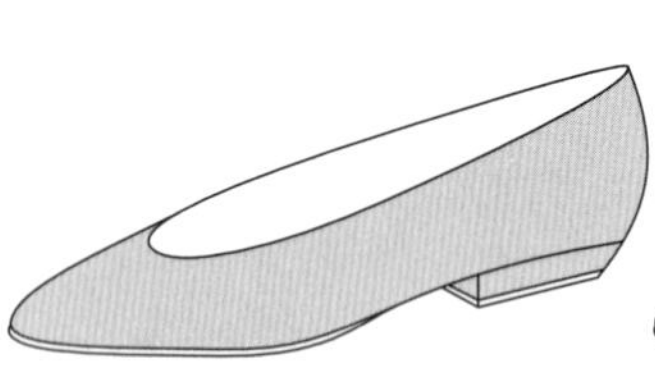

フラットヒール
（1cm以下）

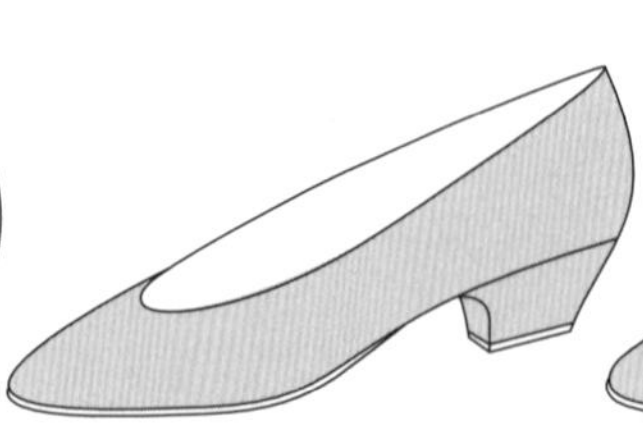

ローヒール
（2～3cmくらい）

ミドルヒール
（3.5～6cmくらい）

ハイヒール
（7cm以上）

4　靴のサイズと足の形

正確な足のサイズを知るのはたいへん難しい。JIS規格に基づいて足長と足囲で示した日本の靴サイズ表を下記に示しておく。足長は足の長さで0.5cm刻み、足囲は足の太さで6mm刻みになっている。足囲は母趾と小指のつけ根部分の周囲をはかった寸法のこと。EEE表示の靴が幅広とは一概にいえず、幅が狭くても甲高な足と、幅が狭くて甲の薄い足が同じ足囲という場合もある。サイズはあくまでも目安であり、足の形（下図参照）には個性があることを知っておく必要がある。足の悩みが深刻な場合はシューフィッターに相談するのがベストである。

女子用（足幅は省略）

単位mm

足長(㎝)＼足囲	A	B	C	D	E	EE	EEE	EEEE
22	198	204	210	216	222	228	234	240
$22\frac{1}{2}$	201	207	213	219	225	231	237	243
23	204	210	216	222	228	234	240	246
$23\frac{1}{2}$	207	213	219	225	231	237	243	249
24	210	216	222	228	234	240	246	252
$24\frac{1}{2}$	213	219	225	231	237	243	249	255
25	216	222	228	234	240	246	252	258
$25\frac{1}{2}$	219	225	231	237	243	249	255	261
26	222	228	234	241	246	252	258	264
$26\frac{1}{2}$	225	231	237	243	249	255	261	267
27	228	234	240	246	252	258	264	270

【足長・足囲の正しいはかり方】

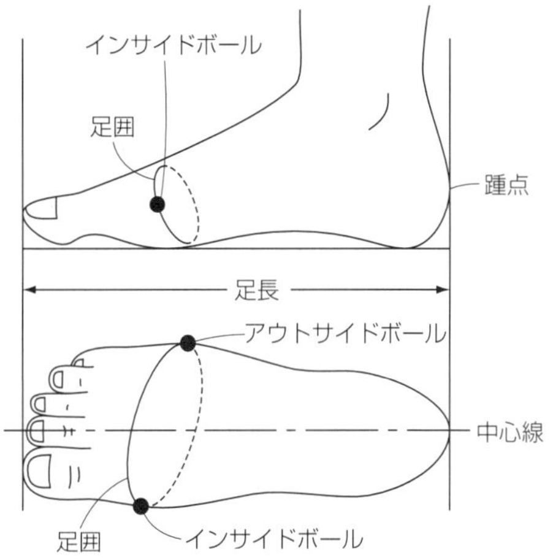

【いろいろな足の形】

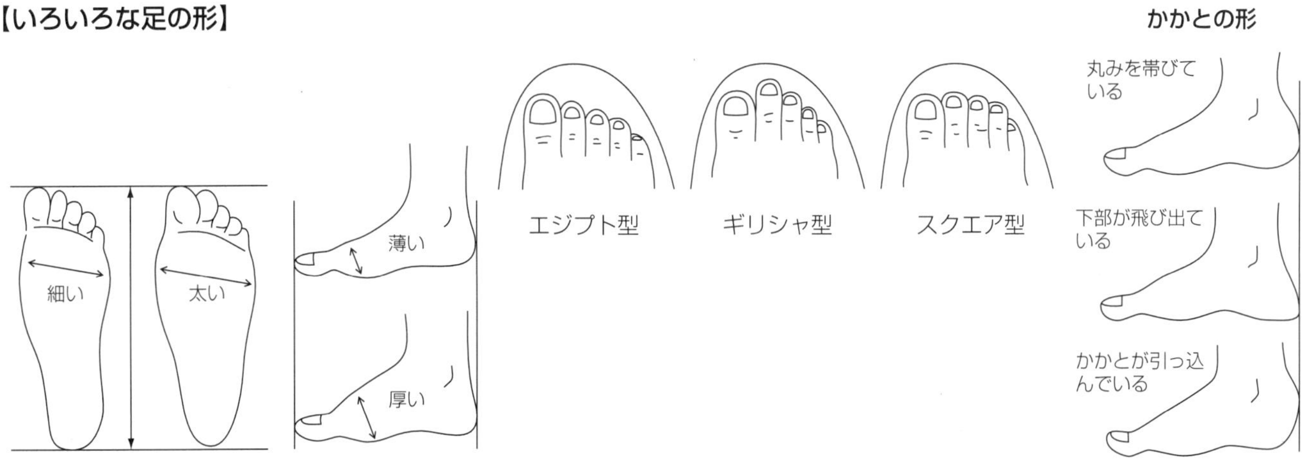

シューフィッターとは

シューフィッターとは、足に靴を正しく合わせる技術者の総称で、足と靴の調整役である。健康志向が高まるなか、特に靴と健康に関する情報はさまざまなメディアを通して消費者に伝わっているものの、今やシューフィッターの存在は販売に不可欠なセクションとして注目されている。シューフィッターは足と靴に関するあらゆる知識を備え、足に合った靴を選ぶ販売のプロフェッショナルである。

「足と靴の健康協議会」（FHA）が認定制度を設けており、プライマリー（初級）、バチェラー（上級）、マスター（最上級）のランクがある。認定者には認定証とワッペンが授与される。

5　靴選びのポイント

健康で快適な歩行に欠かせない靴選びは、履き心地のよさとファッション性が求められる。現在ではファッションのカジュアル化や健康志向の高まりを背景に、足に負担をかけない健康を重視したコンフォートシューズが関心を集め、今やファッションのなかで重要な位置を占めている。靴選びのポイントは、靴を実際に履いてフィット感を確かめるフィッティングチェックが最も大切である。かかとを靴に目一杯つけて履き、ある程度の距離（20歩以上）を歩いてみることから始まる。

オクスフォードやパンプス、ブーツ、サンダルなど靴の種類によって微妙な感触の違いはあるものの、ここでは基本的なフィッティングのポイントを具体的に挙げて説明する。

1　つま先の余裕があるか

指の位置での厚みが適当で「捨て寸法」10mm以上あるか。

2　足囲や足幅は合っているか

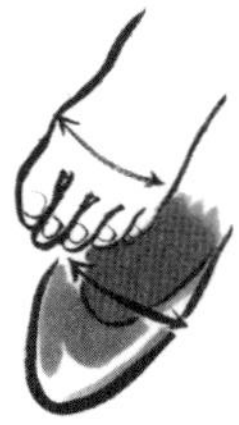

3　トップライン（履き口）が外くるぶしに当たらないか

ひも靴の場合は痛い一歩手前までしっかりと結ぶ。

4　足の裏と靴のアーチラインが合っているか

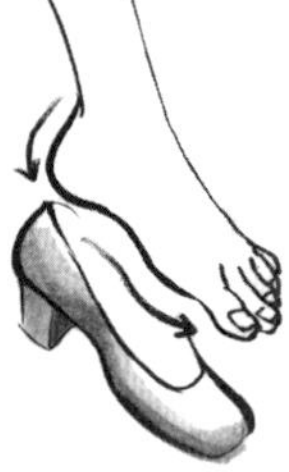

5　重心が真っすぐで安定しているか

6　甲のゆとりがあるか

アッパーが甲を圧迫したり食い込んでいないか。

7　靴のヒールカーブと足のかかとのカーブが正しく合っているか

8　指のつけ根がスムーズに曲がるか

6　靴のメンテナンス

靴を長持ちさせるには普段の手入れと保存の仕方に左右される。靴は雨や汗などの湿気に弱く、特に足の汗の量は両足で1日コップ1杯分にあたるといわれる。同じ靴を続けて履くと水虫や臭いの原因にもなる。3〜4足を交互に用いて靴に休息を与えるのが望ましい。

普段の手入れは

①靴についているほこりやごみをブラシで取り除いてから、柔らかな布にクリーナーをつけて軽く磨く。

②クリームを塗る。乳化性のものが優れている。

③防水性とつやを望むなら、缶入りの油性クリームを薄く塗って水を2〜3滴落として磨くと、ワックスが早く固まり、つやの出方が早い。

④ブラッシングしてクリームを革にしみ込ませ、柔軟性を保たせる。仕上げは必ず布で磨く。

また革靴を雨にぬらした場合は、新聞紙などの吸水性のある紙を薄紙で包み、靴の中に入れ、湿気を逃がして風通しのよいところで陰干しする。半乾きの状態で乳化性クリームをすり込む。普段履かない靴はシュー・ツリーなどの保存型を靴の中に入れて湿気の少ないところに保存する。

スエードの場合

こしのある毛ブラシやナイロン製ブラシで毛を起こすように入念にほこりを取り除く。

軽い汚れは消しゴムで落とす。色を保つにはスエードインクを使用して仕上げる。

エナメルの場合

エナメル専用のクリームを柔らかな布でのばしながら、まんべんなく塗り込むことで光沢度が増す。

7　シューズカバーの製作

スパッツを応用したシューズカバー

スパッツは靴の上から足首にかぶせるカバーのことで、足もとを演出するのに役立つアイテムである。ここではスパッツを応用し、靴の甲部分から膝あたりまでを覆い、ブーツに見立てた作品を紹介する。

素材はウール、ファー、レザー、ビニールなど幅広く使用でき、服の共布を使えばトータルコーディネートができる。

■材料
表布＝150cm幅50cm
裏布＝90cm幅50cm
接着芯＝90cm幅60cm
オープンファスナー＝43cmを2本

●パターンは60ページ参照

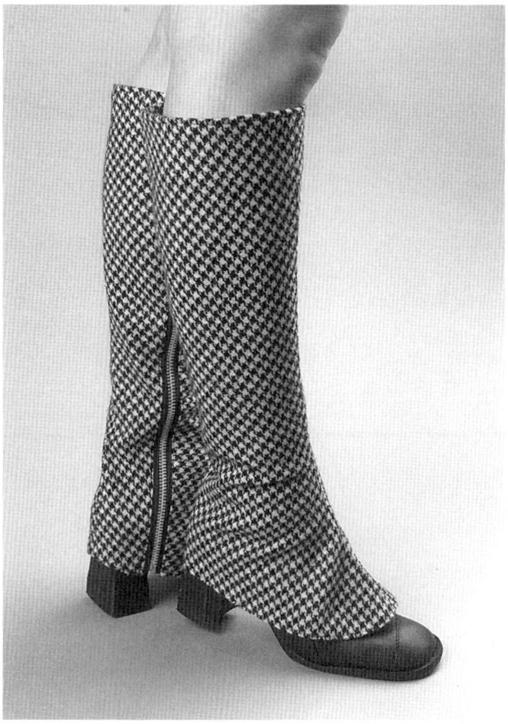

① 表布と見返しに芯をはり、外側と内側を縫い合わせ、ファスナーをつける

② 裏布を縫い合わせ、見返しをつける

③ 表布と裏布を中表に合わせて縫う

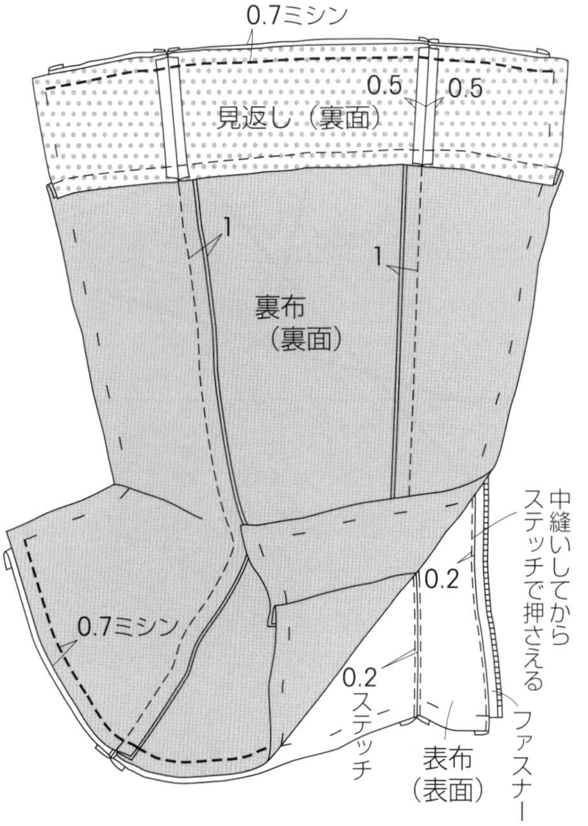

④ 表に返して整え、裏布をまつる

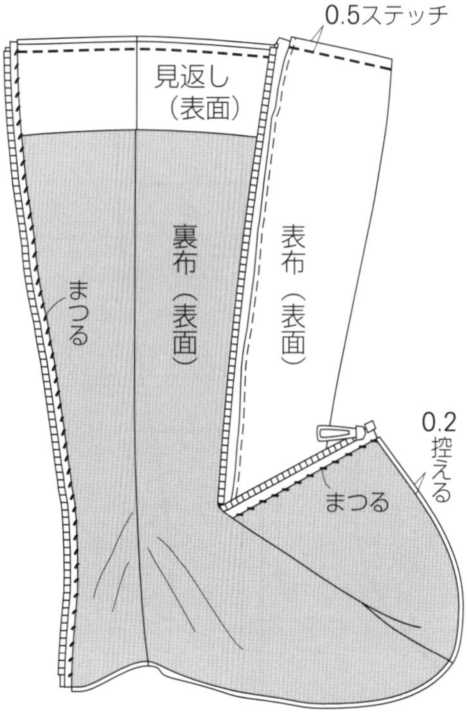

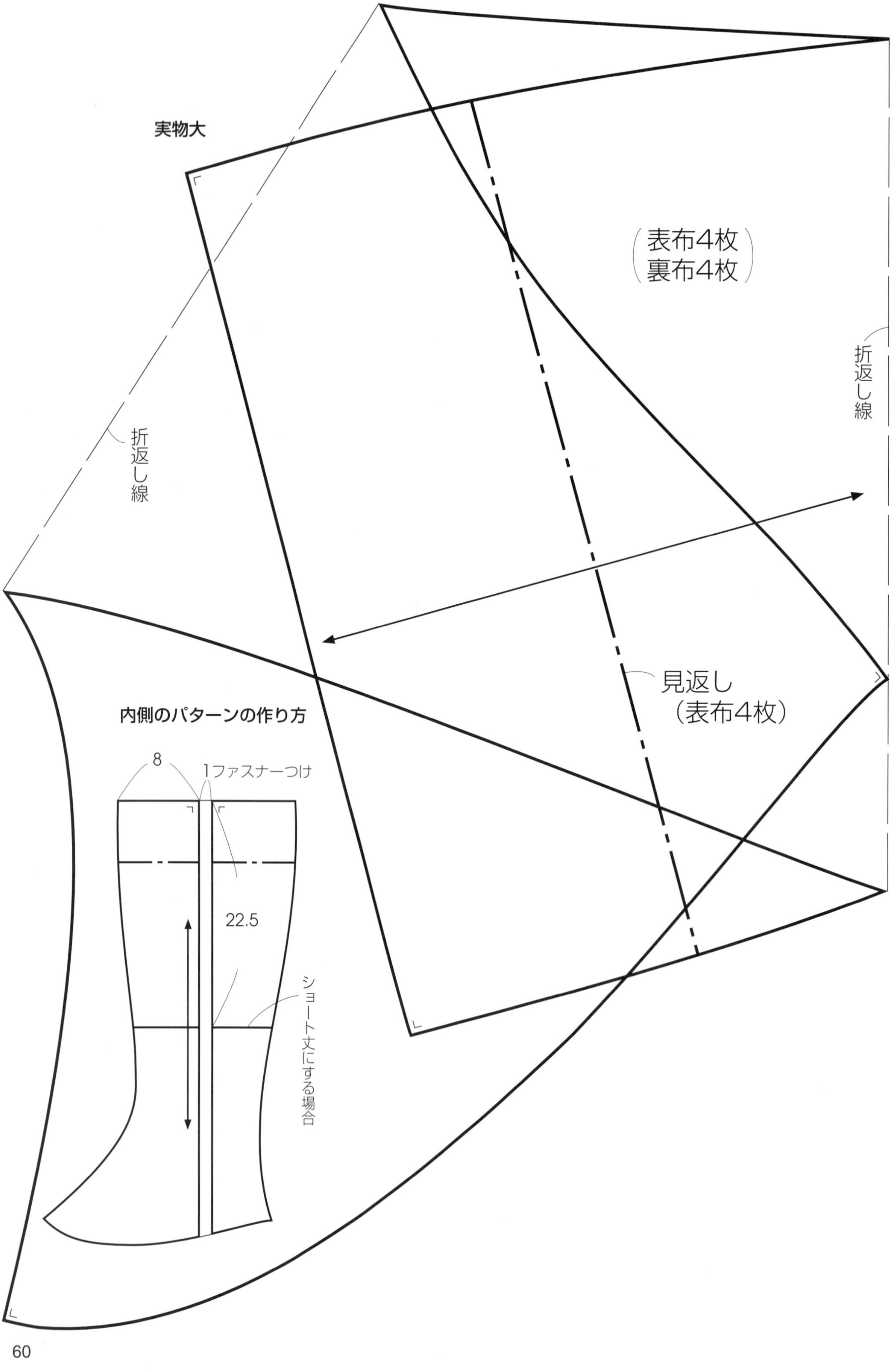
実物大
（表布4枚
裏布4枚）
折返し線
折返し線
見返し
（表布4枚）
内側のパターンの作り方
8
1ファスナーつけ
22.5
ショート丈にする場合

第3章

ストール・スカーフ

エルメス

イリエ

ドリス・ヴァン・ノッテン

I　ストール・スカーフとは

寒さや暑さをしのぐために肩や頭からかぶった布も、時代を経るにしたがってストールやスカーフへと変化し、女性の装いを演出するためのアクセサリーとして用いられるようになった。

ストール（stole）とは、細長い肩かけのことで、語源は古代ローマの既婚婦人が着用したゆったりとした丈の長い服のラテン語、ストラ（stola）に由来する。

ストールの幅や長さは一定でなく、素材もさまざまで、レース、ミンク、羽根、ベルベットなどで作られたものはフォーマルな装いに用いられる場合が多い。防寒用としてはウールや毛糸などで作られている。

スカーフは、中世以前に北欧で防寒のために用いられたのが始まりで、フランス革命以後、首に巻いたり、頭を覆ったり、男女を問わずさまざまな用い方がなされた。

形は正方形、長方形、三角形、楕円形などがあり、素材も多種多様である。

スカーフは防寒用としてよりも、洋服に華やかさと品格を添えるアクセサリーとして、シーズンを問わず愛用されている。

また最近では、素材や形によってはスカーフとストールを区別することが難しい場合もある。

Ⅱ　ストール・スカーフの装い方のポイント

女性の社会進出も顕著になり、職場とアフターファイブとの装いもおのずから違ってきている現在、自分のワードローブを念頭におき、アクセサリーを効果的に使って装うことが大切なポイントである。

1枚のスカーフでも、用途、目的、結び方によってそれぞれ違う表情になる。すなわちTPOに合わせて用いることによって、おしゃれの演出法も広がってくる。

パリ・コレクションなどのショーでは、和服やイブニングドレスなどに用いる豪華な毛皮のストールを、カジュアルなドレスにさり気なく肩からかけて見せるなど、従来のフォーマルなイメージにとらわれず、自由におしゃれを演出する傾向になってきた。

ユキ・トリヰ

イザベル・マラン

職場での装い

職場では、ブラウスやジャケットの衿もとにスカーフを巻いたり、下げたり、結んだり、またブローチでさり気なく留めるなど、あまり目立たずアクセント的に華やかさをだして演出するとよい。何枚かのスカーフを上手に使って、気分を変えるのもポイント。

マニッシュなパンツスーツなどには、スカーフをホールターネックのブラウス風に首と背中で結んだり、ビュスチエ風に巻くなどして用いると、硬い雰囲気が和らぎ、アフターファイブの装いにも効果的である。また、ジャケットのボタン穴に通して、片方をショールのように肩にかけるとエレガントになる。

セーターなどのラフな装いには、高級感のあるシルクサテンのスカーフを用いると、ミスマッチの効果を上げることができる。

ハンカチ風の小さいスカーフは、首に巻いたり、ベルトやバッグに結ぶと、装いに彩りを添える効果がある。

このようにスカーフは貴金属のアクセサリーとは異なり、素材が布地であるため洋服になじみやすく、形を変化させることによって、その日の気分や場面に応じて自由に演出することができる。

イザベル・バリュー

ケンゾー

ブルーンズ・バザール

リゾート・旅行での装い

軽くてたたむと小さくなるスカーフは、持運びも便利で、旅行などには最適である。日常の生活空間とは違った雰囲気を存分に味わうためにも、スカーフを上手に使って演出するとよい。

たとえばビーチでは、ブラウスやスカート風に体や腰に巻いてみたり、髪を束ねたり、ターバンのように巻いてエスニックに。リゾートや旅先での突然のパーティにもエレガントに装え、便利である。

またスカーフは、暑い太陽の光から肌を守ったり、冷房のきいた車内やホテルでの防寒用にも最適である。

リゾートでは、いつもより少し華やかな色や柄のスカーフで楽しむとよい。

ヴェロニク・ルロワ

トム・ヴァン・リンゲン

イザベル・バリュー

イザベル・バリュー

ユキ・トリヰ

イザベル・マラン

イネス・ドゥ・ラ・フレサンジュ

パーティでの装い

パーティなど少し華やかさを必要とする場合は、アクセサリーにスカーフを用いるとエレガンスに演出できる。

フォーマルな場面では、シンプルなベアトップのイブニングドレスに大判のシフォンのスカーフをふんわりと肩にかけたり、ラメ入りの光る素材やフリンジのついた豪華なスカーフで彩りを添えると華やかになる。

またレースのストールや大判のシフォンのスカーフなどをショールのように肩からはおり、ドレープやギャザーを寄せ、光るブローチで留めて装うのも効果的で、よりエレガントさを強調することができる。また、ウエストにサッシュ風に巻いて見せるのもポイント。

パトリック・ヴァン・オンメスラーゲ

カルヴァン

イリエ

ニナ・リッチ

ドリス・ヴァン・ノッテン

Ⅲ　ブランドのスカーフについて

1837年、フランスで馬具商として誕生したエルメスのスカーフは、長い伝統と歴史にはぐくまれた芸術的な美しさをもち、品質とすぐれた技術は時代を超え、洗練された優雅さは世界中に多くのファンをもっている。

馬蹄柄や狩猟、歴史的な人物、自然界の動物や風景など、柄のモチーフの豊富さにも定評がある。

1枚1枚に物語があり、品質と美にこだわり続けた職人気質が感じられる。

ブランドマークの「LE CARRE」は、フランス語で正方形の意味で、各自の個性で正方形の布を使いこなしてほしいという願いがこめられている。

エルメスのほかにも、イタリアでやはり馬具商からバッグ、靴、スカーフ、さらに洋服の分野までアイテムを広げていったグッチもスカーフでは馬具柄や花柄などに定評があり、上質のモスリンやシルクサテンなど、吟味した素材と色、柄は年月を経ても飽きることがない。

また靴で有名なイタリアの老舗、フェラガモのスカーフも動物柄が主で、時代を超えた柄や色づかいは洋服の演出に欠かすことのできないアイテムである。

その他、オートクチュールやプレタポルテのメゾンから、デザイナーブランドの個性的なスカーフが数多く作り出されている。

Ⅳ　大きさの種類と素材

スカーフの大きさは大小さまざまであるが、基本の大きさは90cm正方で、ブランドのスカーフもこの大きさが主流である。130～150cm正方のビッグサイズのスカーフは、体や腰に巻いてブラウスやワンピース、スカート風に装うこともできる。三角形に折り、頭や首に巻いて結ぶネッカチーフは40～60cm正方、ポケットチーフは20 ～30cm正方が一般的である。

ストールは長さも幅も多様である。120cmから250cmのロングストールまであり、幅も20cmから60cm の広幅までさまざまである。

ストール・スカーフの素材は、シルク、ウール、木綿、化合繊など。シルクサテン、シフォン、クレープデシン、ジョーゼットなど、薄く透明感のあるものや、柔らかい素材のものは柄や染色法も多種多様で、エレガントにもカジュアルにも装うことができる。ウール素材のカシミアやモスリン、ニットなども日常に気軽に用いることができる。また豪華な毛皮のストールが多くのデザイナーによって発表され、本物のよさが見直されている。おしゃれや防寒用として用いられることが多い。

Ⅴ　保管と取扱い方の注意

シルク素材は吸湿性があり、水じみができやすいのでドライクリーニングが最適であるが、小さな汚れがついた場合は応急処置をするとよい。

ファンデーションや口紅、汗などの汚れがついた場合は、汚れのついたほうにハンカチやティッシュペーパーなどを当て、裏側からベンジンかアルコール（消毒用、燃料用）を含ませた脱脂綿やハンカチでたたいて、汚れを当て布に吸い取らせるようにする。

また食物や飲物などの水性のしみは、ハンカチに洗剤液や固形の石けんを少量つけ、同様にたたき出すようにして当て布に汚れを吸い取らせる。こすったりすると布がけば立つこともあるので注意する。

大量の汚れの場合は、この方法では布が縮むおそれがあるので早急に専門のクリーニング店に頼むほうがよい。

また応急処置をした後も、しみや色むらができるおそれがあるので、汚れの箇所を指摘し、クリーニング店に出すほうが賢明である。

折りたたみなどのしわは、裏側から軽く霧を吹き、光沢や色の美しさを失わないように当て布をし、温度に注意してアイロンをかける。

普段の保管はしわにならないように、ハンガーなどにかけておくとよい。

Ⅵ　スカーフの装い方

スカーフをエレガントに装うためには、基本的な折り方や結び方をマスターすることが大切である。

1　基本の折り方

バイアス折りA

四隅の好みの柄を見せることができる。

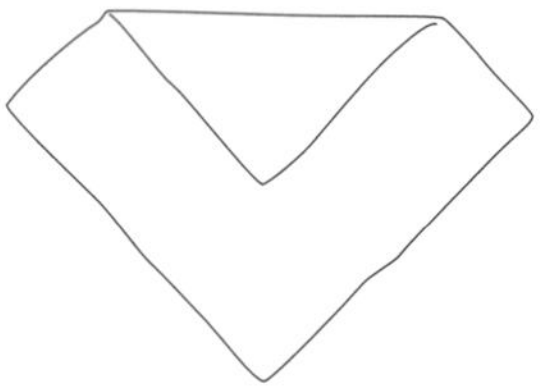

①スカーフの裏面を上にして、上から$\frac{1}{3}$ぐらい折る。

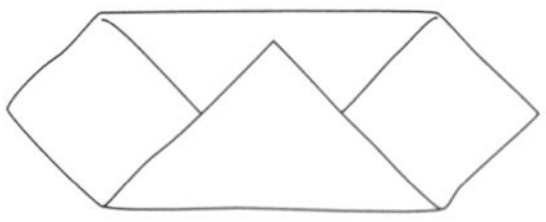

②下側を同じく折る。

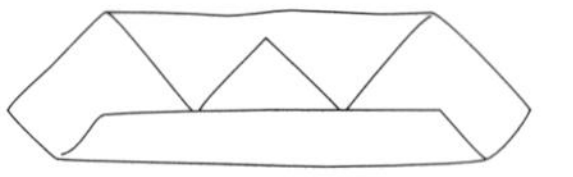

③下側を両端の先端の位置にそろうように折る。

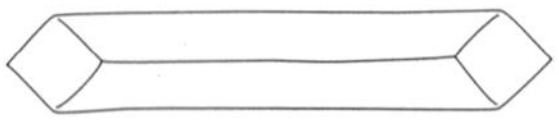

④上側を突合せに折る。

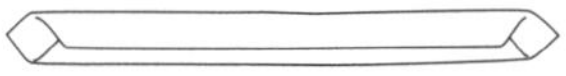

⑤3等分になるように下側を折り、上側を折って重ねる。

バイアス折りB

Aの折り方より幅が広くなり、両端が斜めになるのでシャープな感じになる。

⑤ ①～④はAと同じ。二つ折りにする。

プリーツ折りA

結ぶとボリュームのあるフリルになる。

①裏面を上にして、下側からひと折りし、幅（6～7cm）を決める。

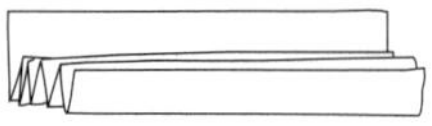

②最後に表側が出るようにアコーディオンプリーツに折っていく。

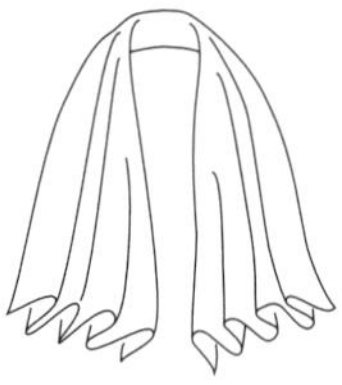

③両端を引っ張って整え、プリーツをくずさないように結び方に入る。

プリーツ折りB

2枚重ねで折るため、厚みが加わり、Aの折り方より控えめなフリルになる。

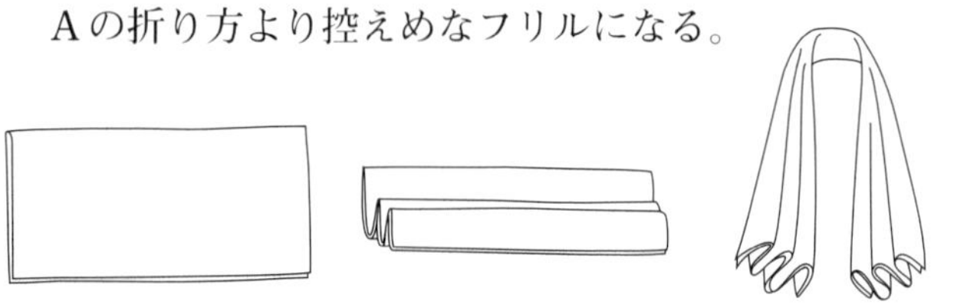

①輪が上側になるように二つ折りにする。

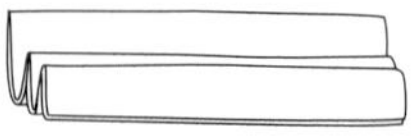

②下側から6～7cm幅でアコーディオンプリーツに折っていく。

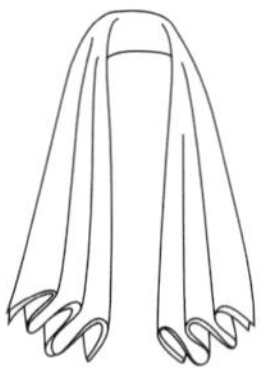

③両端を引っ張ってプリーツを整える。

2　基本の結び方

本結び

結び目が葉っぱのようになることからリーフノットとも呼ばれている。

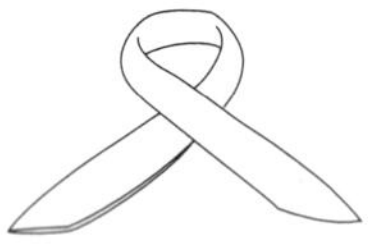

①右側を左側に重ねる。

②ひと結びする。

③左側を右側に重ねて結ぶ。

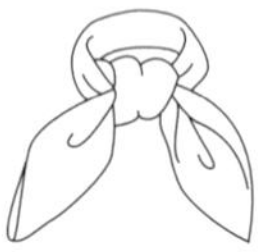

④出来上り。

片結び

結んだとき両端の広がりが本結びより少なく、結び目の下に自然に下がる。

①右側を左側へ重ねる。

②ひと結びする。

③右側を左側に重ねて結ぶ。

④出来上り。

輪結び

輪を作り、先端をくぐらせて引き締めるだけなので、ゆるやかな結び目になる。

アレンジするときは、一方の端を出来上がった輪の中にくぐらせて引き締める。

バイアス折りの場合

三角折りの場合

3　装い方

〈首に巻く〉

首に巻くスカーフは顔に華やかさを与えたり、結び方によってエレガントにもスポーティにも演出できる。

フリル結び

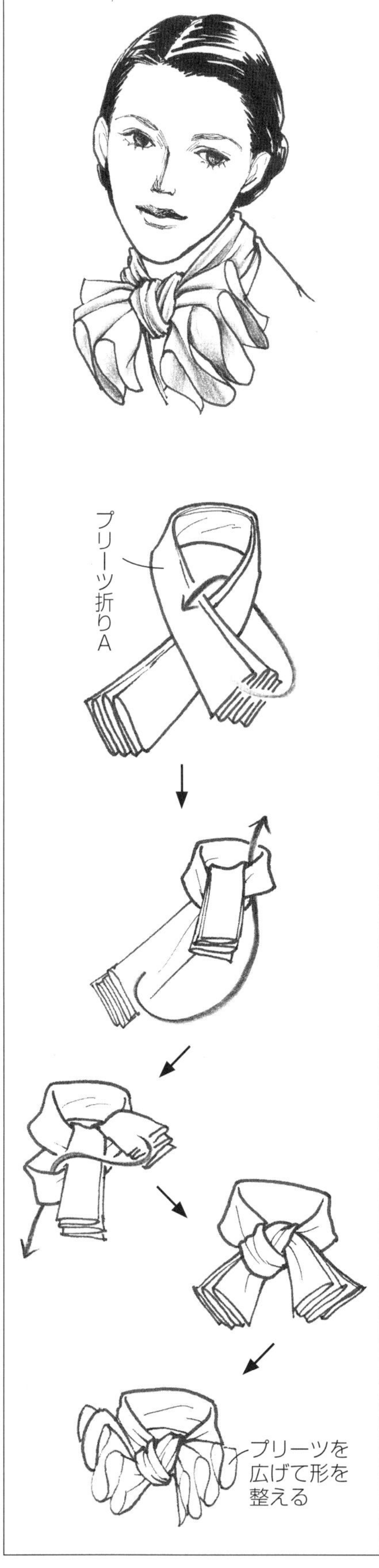

花びら結び

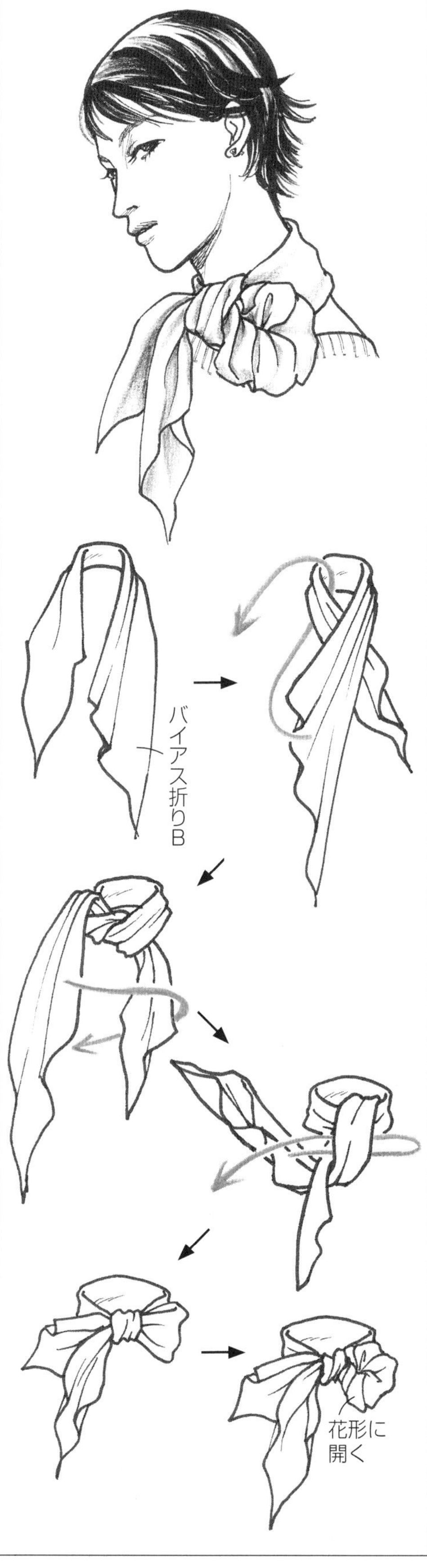

蝶結び

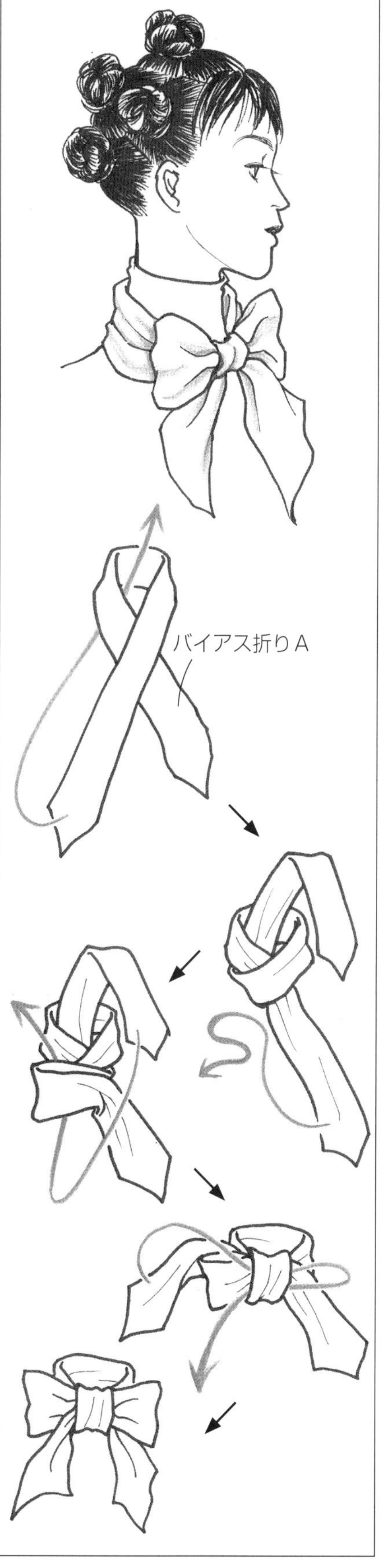

カウボーイ結び

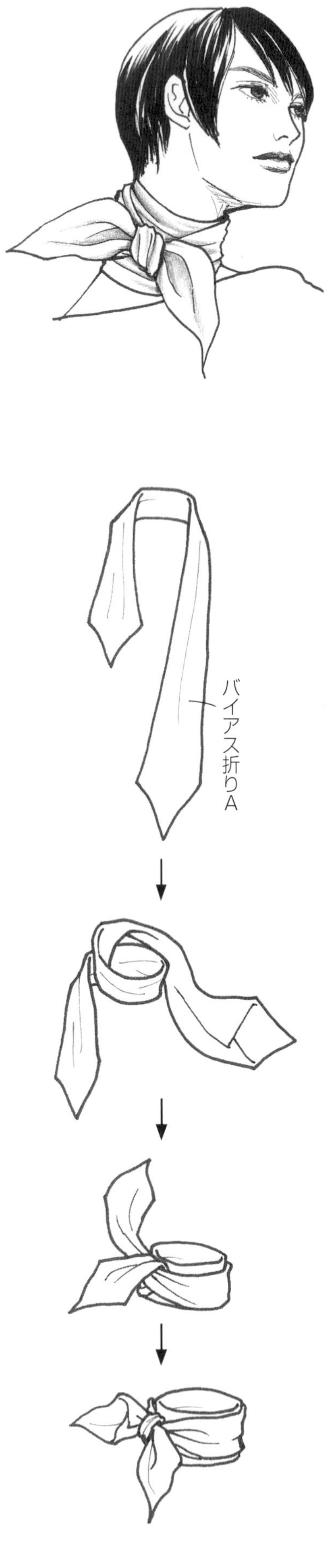
バイアス折りA

ねじり結び

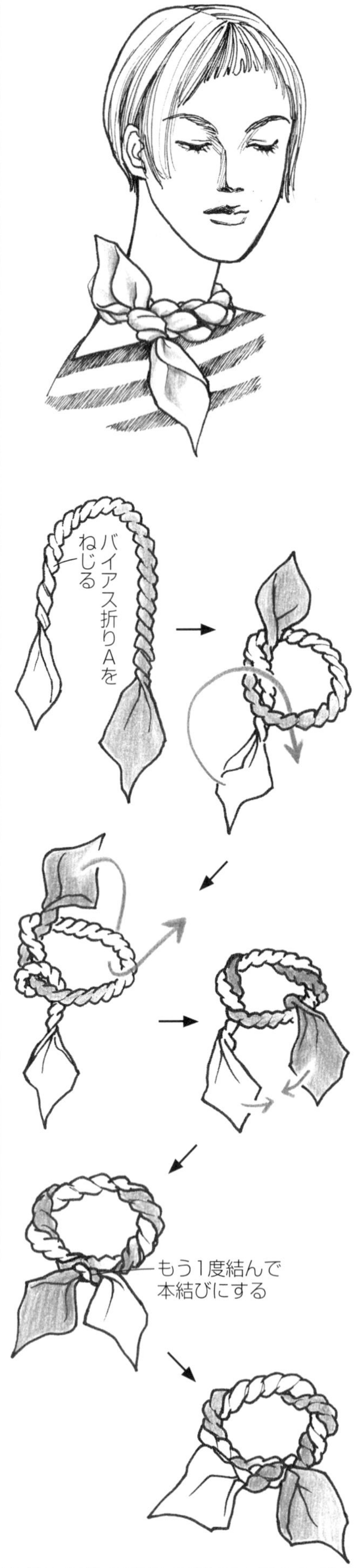
バイアス折りAを
ねじる
もう1度結んで
本結びにする

ウェスタン結び

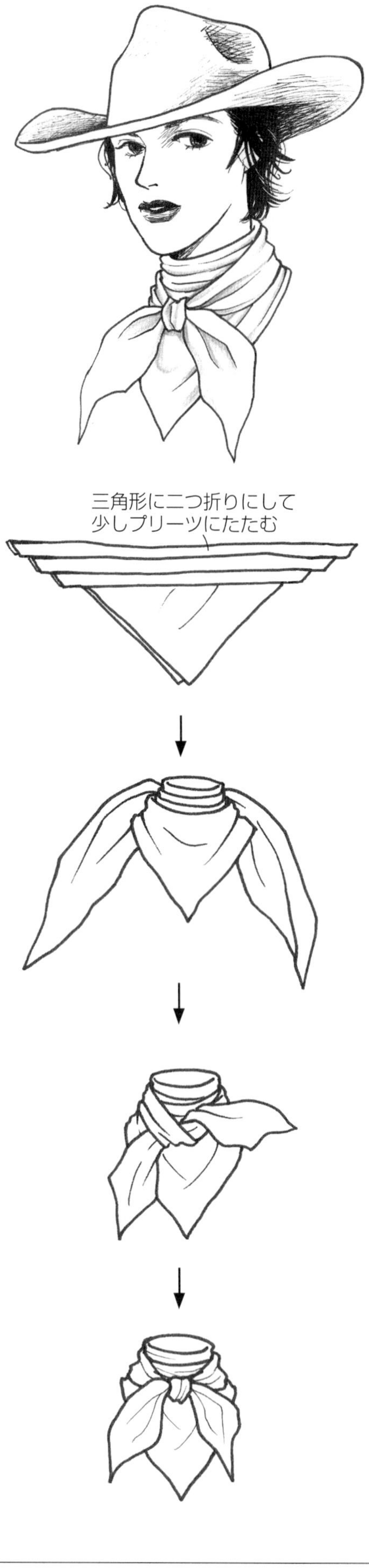
三角形に二つ折りにして
少しプリーツにたたむ

フロント結び

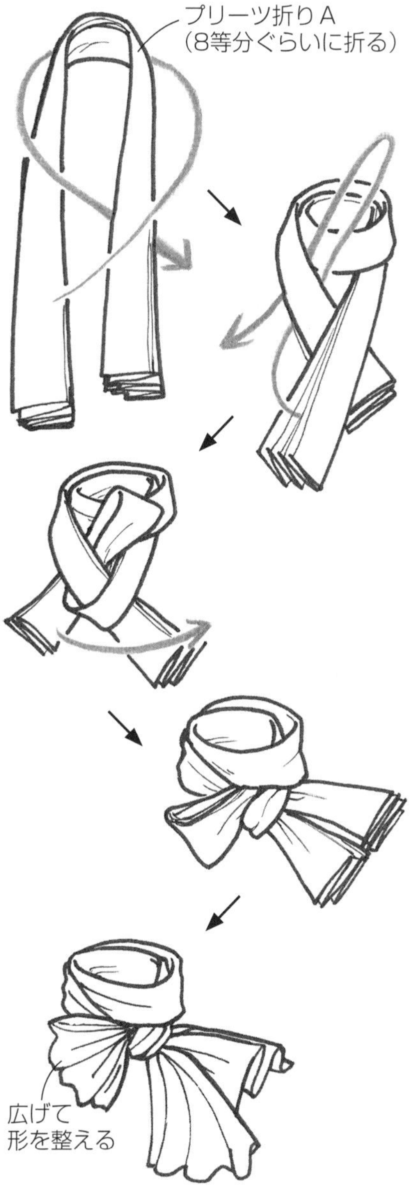

ワンショルダー結び

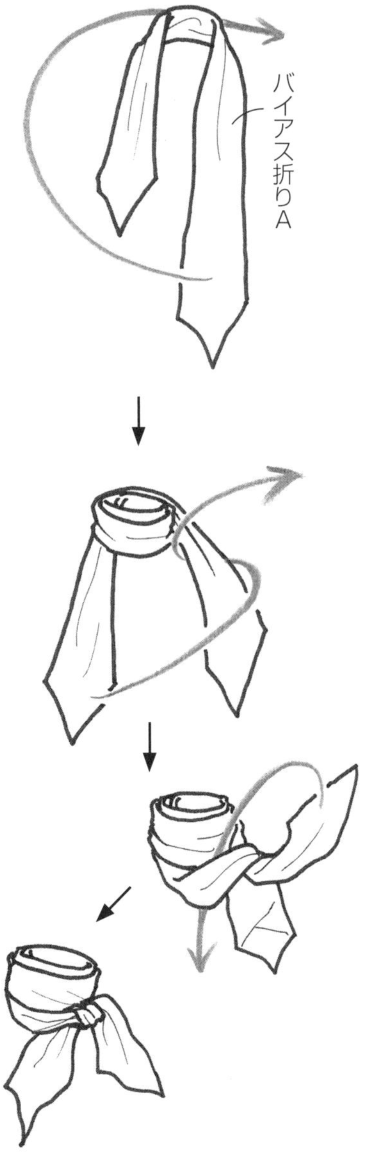

ネクタイ結び

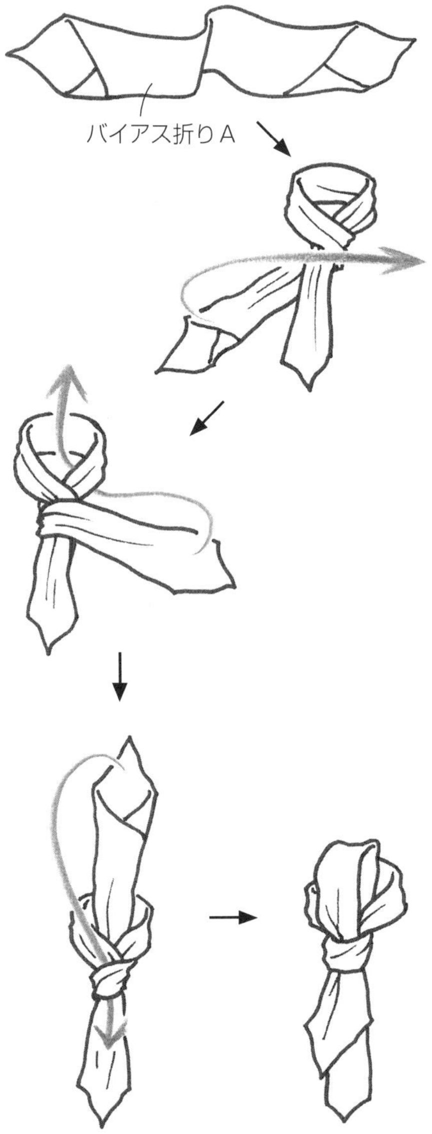

〈頭に巻く〉

髪飾りにしたり、ターバンのように巻いてエスニックなイメージに演出。髪の乱れを防ぎ、防寒にも効果的である。

ターバン風ねじり結び

ねじる

ターバン結び

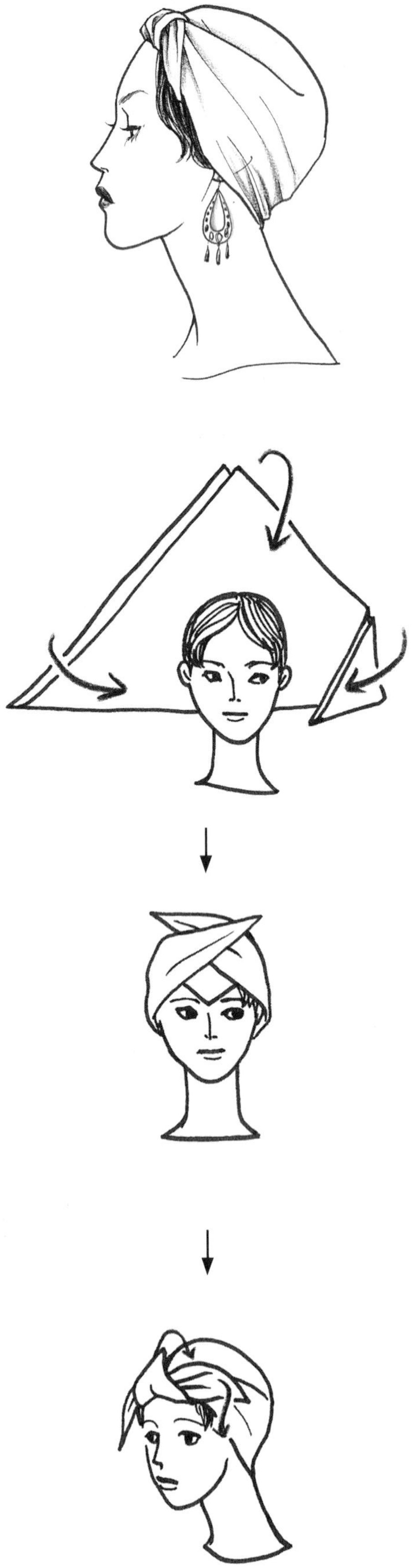

キャップ風結び

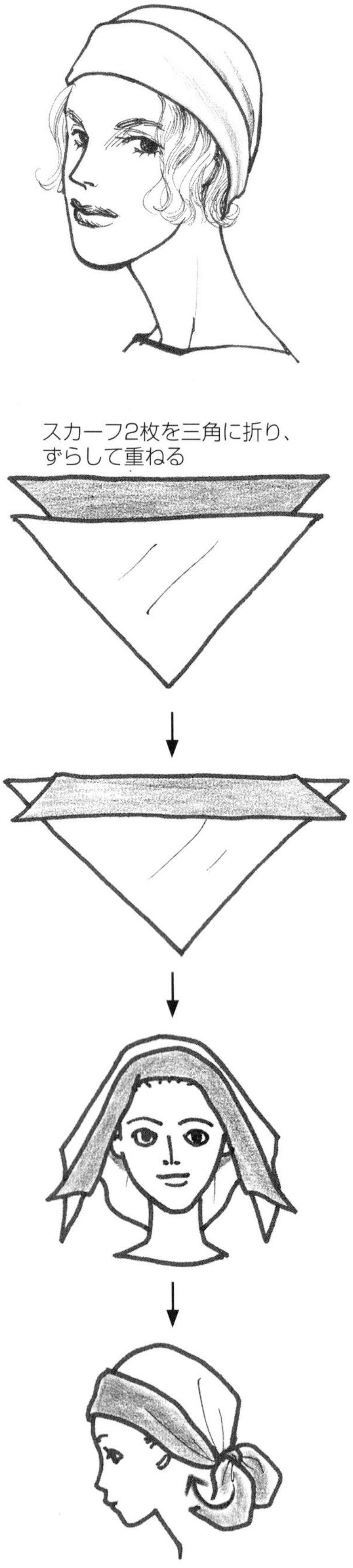

スカーフ2枚を三角に折り、
ずらして重ねる

ターバン風ひとひねり結び

ヘアバンド式蝶結び

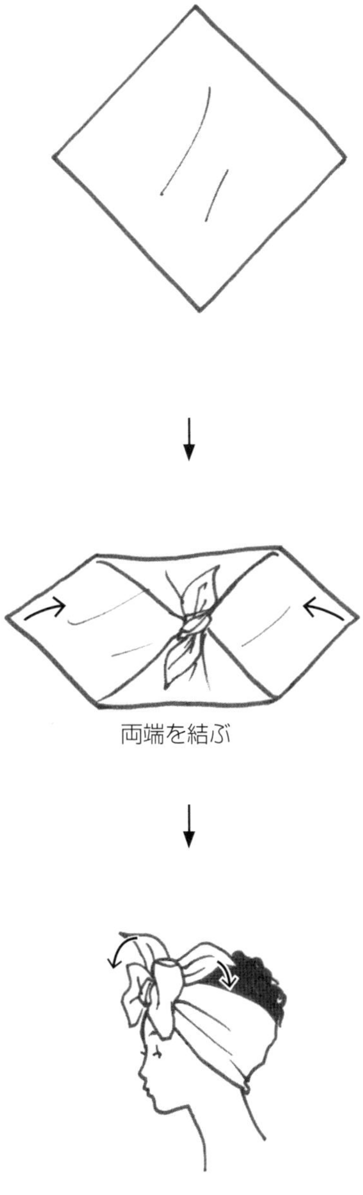

2色づかいのねじり結び

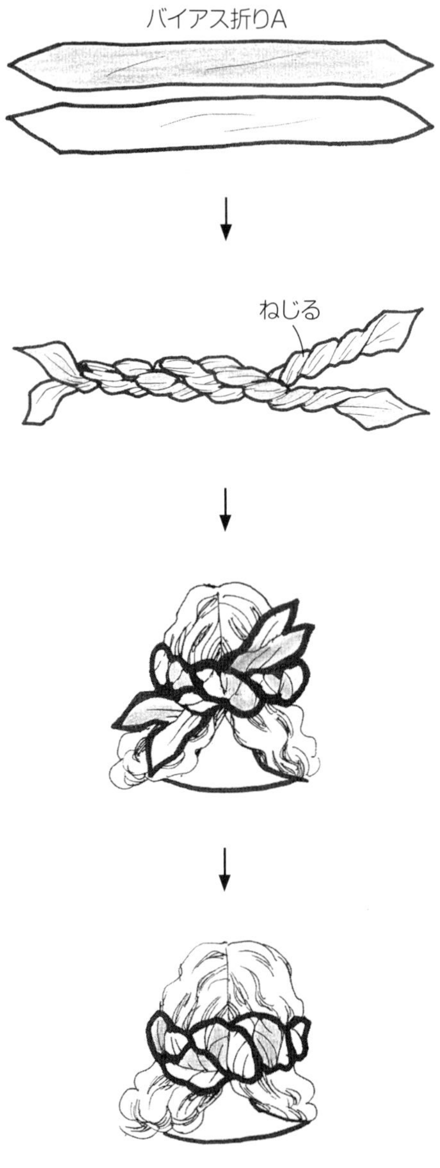

〈体に巻く〉

大判のスカーフを体に巻いてワンピースやビュスチエ風に装う。リゾート地での暑い太陽の下で映えるおしゃれな演出法である。

パレオ

ミドリフトップ

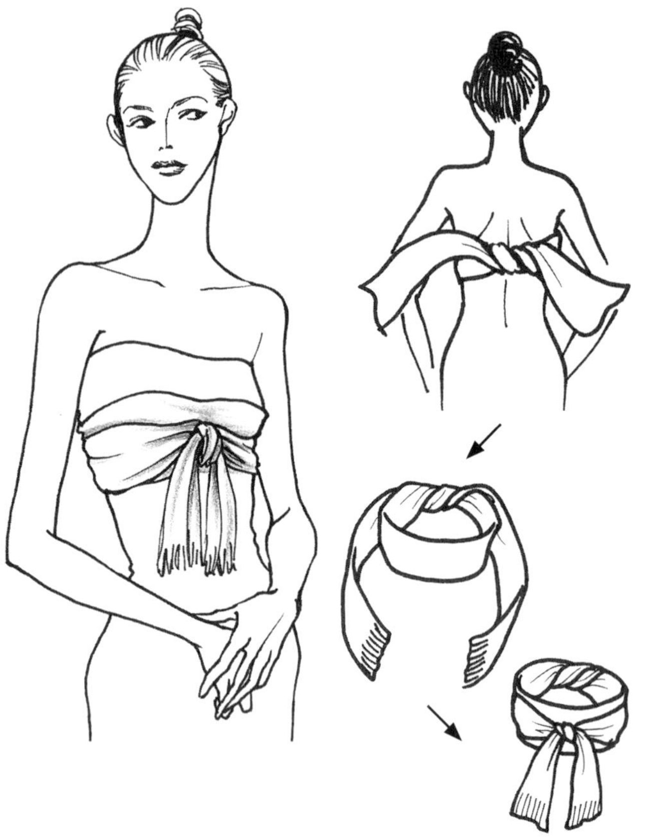

ホールタートップ

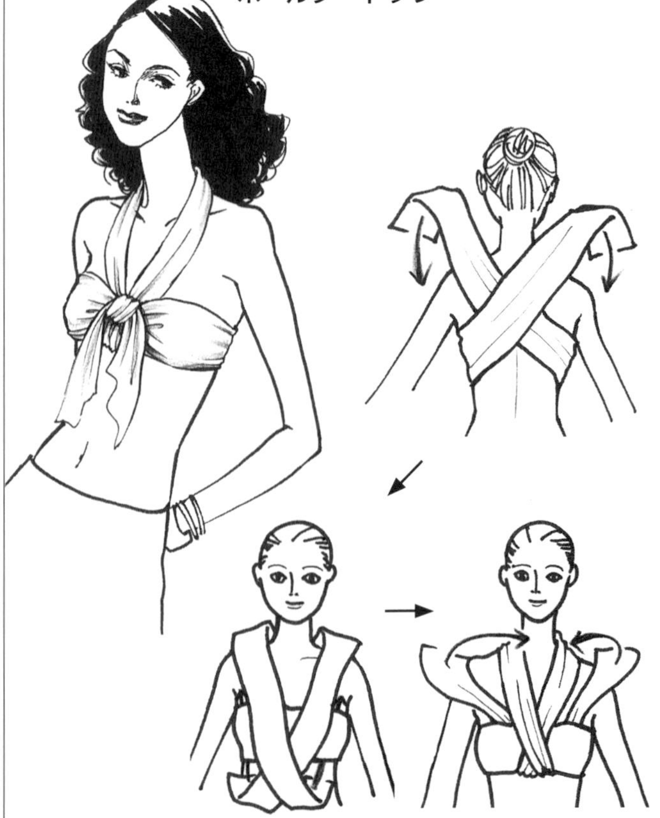

第4章

ネクタイ・ハンカチ 手袋・靴下

ティエリー・ミュグレル

ジバンシィ

ルイ・フェロー

I　ネクタイ・ハンカチ・手袋・靴下について

ファッションを効果的に演出するためには、ネクタイ、手袋、ハンカチそして靴下などもファッションコーディネートに欠かせない大切なアイテムである。手袋、靴下は本来身を守る必要性から考えられたものが多い。ネクタイは、首に巻くスカーフから、ハンカチは顔や手をふくための布片から礼装用のハンカチへとそれぞれ発達し、時代とともに装飾性が強調されるようになった。

最近では個性的な装いに重点が置かれ、どのアイテムもファッションに重要な役割を果たしている。トータルにコーディネートするための知識やテクニックなどを理解し、着る人のセンスや人柄をファッションを通して伝えたいものである。

Ⅱ　扱い方とコーディネート効果

1　ネクタイ・ハンカチの効果的な扱い方

衿もと、胸もとなどを飾り、さり気なく個性を表現できるアクセサリーの一つである。

ネクタイは、一般的に男性用ビジネススーツや礼装用に使われていたものが、今は多様化してカジュアルウェアやスポーツウェアの胸もとのアクセサリーに用いられるようになった。服のデザイン、色、または着て行く場所、目的に合わせてネクタイの色柄を選び、ネクタイを通して人柄を相手に伝えることも大切なコーディネートテクニックである。

男性のフォーマルウェアのネクタイは、正礼装から略礼装に至るまで基本的なルールを知ったうえで個性ある雰囲気をだし、その場の立場も踏まえながら効果的に装いたいものである。

ネクタイは女性のファッションにも多く取り入れられ、カジュアルからフォーマルに至るまで効果的に演出されている。ジャケットやブラウスの共布で作られたネクタイなどは素材や柄によって一味違った雰囲気を漂わせてくれる。

ハンカチは、実用と装飾の二面性を備えている。装飾用としては、ポケットチーフによく用いられる。

また、最近では夏の冷房用の膝かけ用に大判ハンカチを用いたり、おしゃれと紫外線防止を兼ねて首に巻いたり頭にバンダナを巻くなど、アクセサリーとして用いられるようになった。

ケンゾー

エマニュエル・ウンガロ

ランヴァン

ロベール・メルローズ

ゴルチエ

2　手袋の効果的な扱い方

手袋は単に手にはめるだけでなく、ベルトにはさんだり、バッグとともに持つなど、アクセサリーの一つとしておしゃれを演出することができる。

コレクションなどのショーでは、デザインを誇張するために用いられる場面が多くなった。たとえばアバンギャルドなデザインを誇張するために、男性的でハードなデザインの手袋にびょうを打ったり、指先のない手袋などで演出効果を上げている。またハイテク感覚の透明なナイロンなどで手を覆ってみせたり、アクセサリーとしてよりも洋服の演出効果をねらった用い方がなされている。

クロード・モンタナ

ケイタ・マルヤマ

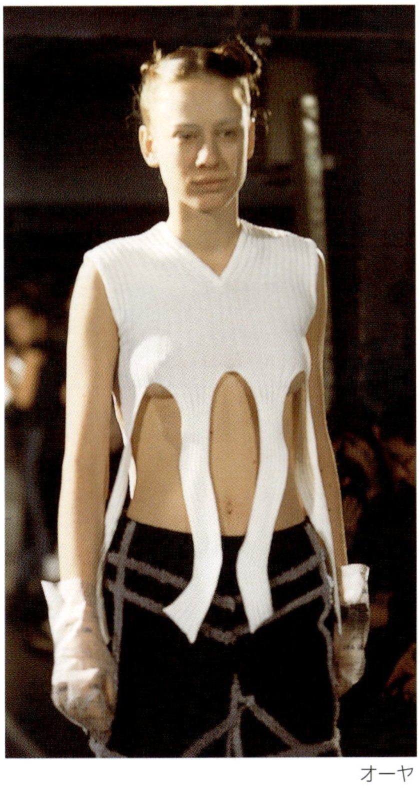

オーヤ

イッセイ・ミヤケ

3　靴下の効果的な扱い方

靴下は靴を履くとき足に履く内履きのことで、足の保護や保温などの機能性と、服を引き立てる装飾の二面性を備えている。イタリア・ルネサンスのころは男性のファッションとして用いられたが、1600年代に機械編みの靴下が作られてからはイギリスの女王エリザベス1世をはじめ、女性の間に広まり、今日では主に女性の服に合わせてデザインされているものが多い。

靴下は、色、柄、靴下の丈を変えることにより、カジュアルに、スポーティに、またエレガントな雰囲気にもイメージを変えてしまう力をもっている。

最近では靴下のデザインも既成概念にとらわれず、靴を覆う斬新なフットウェアに展開したり、また色をカラフルなドレスの色とそろえたり、セーターなどの柄の一部を取り入れるなど、トータルなコーディネートがパリ・コレクションやオートクチュールのコレクションなどに多く見られる。

このように靴下は元来生活の必需品であったのが服と一体化してファッショナブルに考えられるようになった。素材も豊富で、四季を通して自分の個性を上手に取り入れて効果的に演出するとよい。

ヴェロニク・ルロワ

マサキ・マツシマ

ロリータ・ランピッカ

ジュンコ・シマダ

Ⅲ　ネクタイ

1　ネクタイとは

ネクタイは、ネック（首）とタイ（結び）の組合せで、首の回りに巻いて結ぶひも状の装飾品の総称。略してタイともいう。

フランス語でクラバット（cravate）という。

ネクタイの歴史は古く、ローマ帝国時代に兵隊がフォーカルというスカーフのように首に巻いた布が始まりと考えられる（①）。

17世紀後半には片方の端をボタンホールに入れるステンカークスタイルへと変化し、18世紀には有名なクラバットスタイル（長い布を首に2〜3回巻きつけて前で端をたらしたもの）が確立した（②、③）。

のちに蝶ネクタイ、アスコットタイ、ネクタイ（結び下げ式）へと進展し、今日のネクタイ（④）になったのは1830年ごろ英国で使われるようになってからである。

今まで男性の必需品であったネクタイも今日では女性も服に合わせてコーディネートして楽しめるようになった。

2世紀　トラヤヌス帝の円柱の浮彫り（ローマ）

1693〜1695年　ボナール「男子服」版画
パリ国立図書館、版画室

1792年ころ　「ロベスピエールの肖像」
カルナヴァレ美術館（パリ）

ランヴァン

2　ネクタイの種類

ネクタイの種類は多く、柄だけでも何万種類もあり、形、色、素材も多種多様である。ここでは基本的な形、柄の種類とネクタイに必要なネクタイ留めの種類を紹介する。

素材は絹、ウール、綿、麻、化合繊などがあり、その中でも絹は光沢、感触がよいため主流になっている。最近では、絹の風合いをもつ化合繊や混紡素材などが軽くて形くずれしにくいことから注目され始めている。

形の種類

フォア・イン・ハンド・タイ（ダービータイ、幅タイ）

一般に普及している結び下げ式のタイのことで日本語で幅タイ、英語でフォア・イン・ハンド・タイ、またはダービータイともいう。

大剣の幅が8cm前後のものをレギュラータイ、10cm以上の幅広のものをワイドタイ、4〜6cmの細幅のものをスリムタイまたはナロータイと呼んでいる。大剣がとがってなく四角になっているものをスクエアタイと呼び、ニット編み地で作られているものが多い。また大剣が斜めにカットされているものをカットタイという。

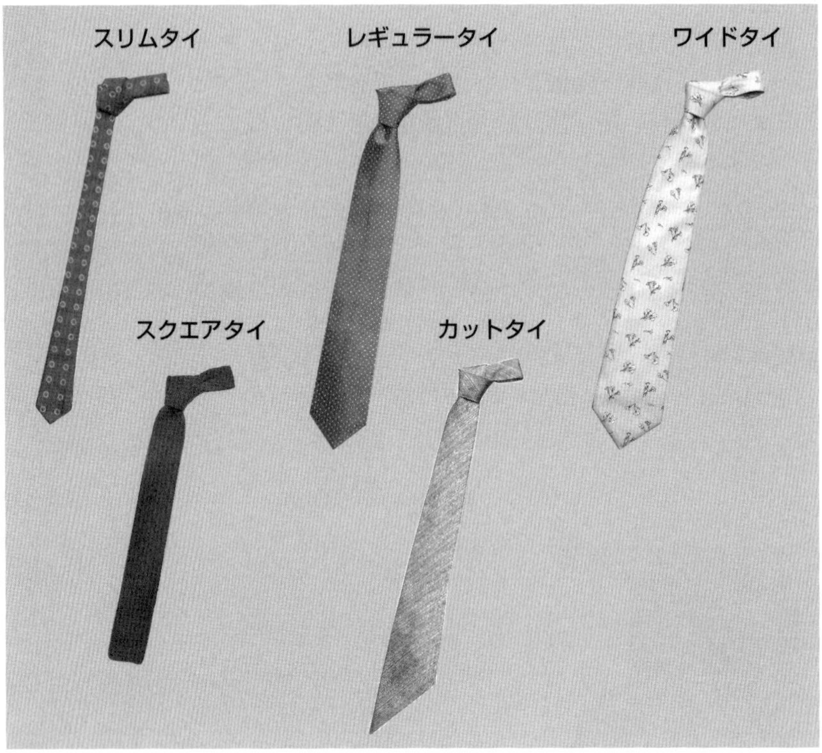

ボータイ（蝶ネクタイ）

蝶結びにしたもので蝶タイともいう。基本的には細長いひも状のものを結んで作るツータイ方式と、初めから結んであるピアネスタイ（略式ボータイ）の2種類がある。

主にフォーマルに用いられ、白、黒のほかに柄ものもあり、ベストの柄と同じにするのも効果的である。

また結び目の先の幅が4cmくらい開いてできているものをバタフライボーといい、2cm幅以下のものをチビ・タイという。

結び目の先がとがったものをポインテッド・エンド・ボーといい、バタフライのように先が開かず棒状になっているものをクラブボーと呼んでいる。

バタフライボー

ポインテッド・エンド・ボー

クラブボー

変形タイ

　フォア・イン・ハンド・タイやボータイ以外のタイのことで、カジュアルからフォーマルに至るまで幅広く用いられている。

　フォーマル用としてアスコットタイやクロスタイ、カジュアル用には略式アスコットタイやループタイなどがある。

　最初からネクタイの形に結んであるテックタイや既製のリボンを用いて作るリボンタイ、スカーフ風に巻いて結ぶストックタイなどもある。

クロスタイ

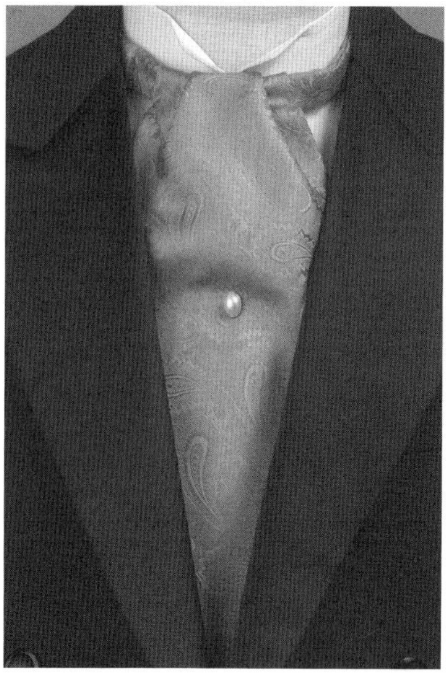
アスコットタイ

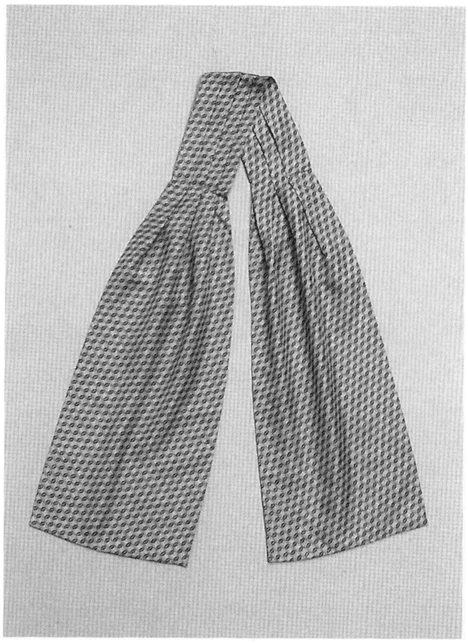
略式アスコットタイ

ループタイ

テックタイ

リボンタイ

ストックタイ

柄の種類

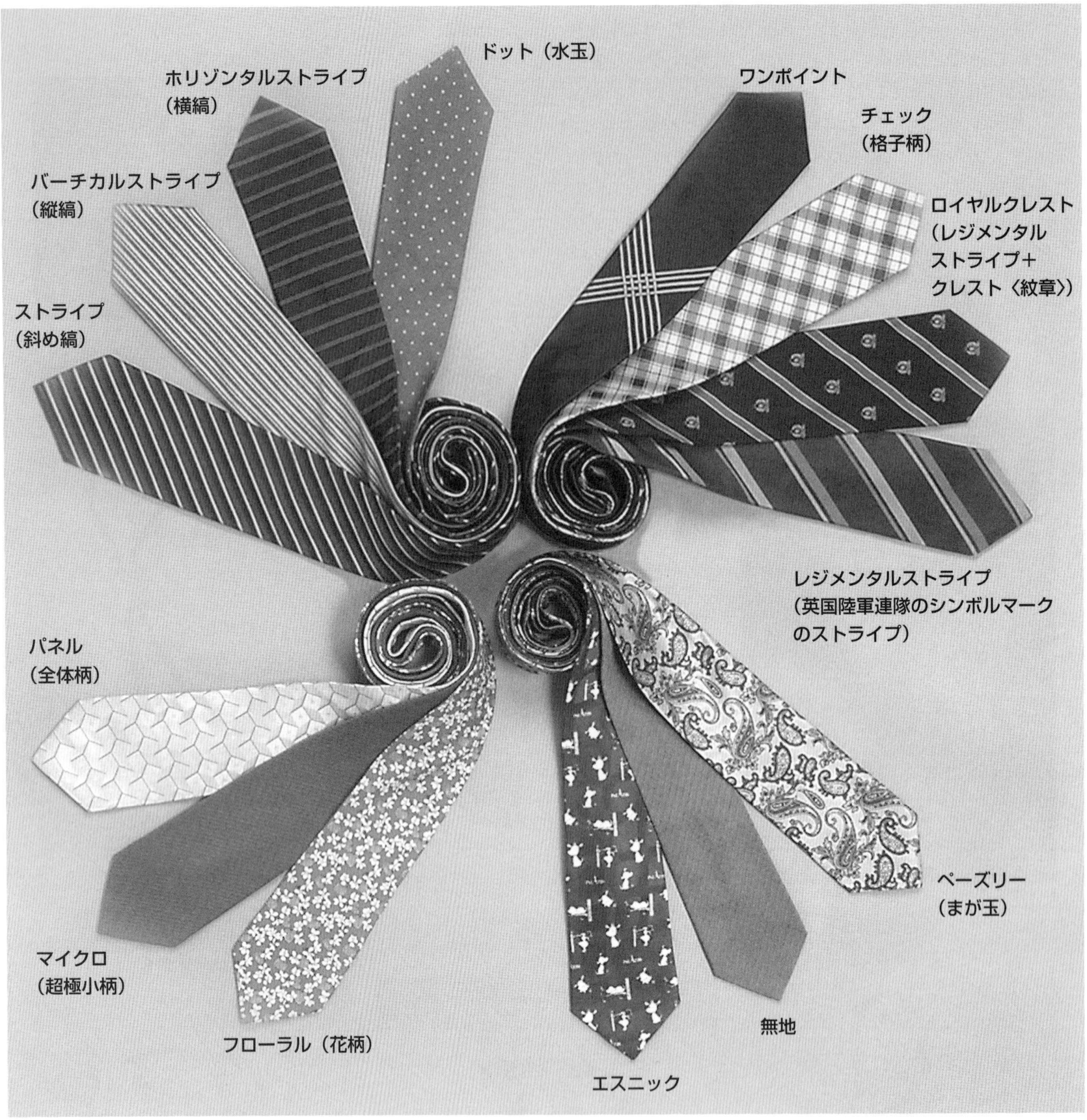

ネクタイ留めの種類

タイタック

タイバー

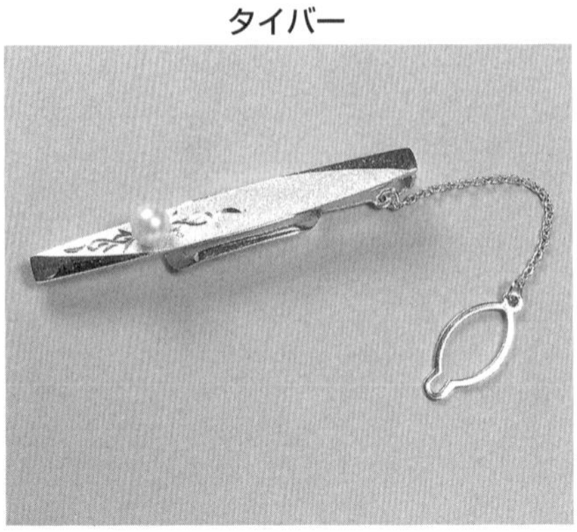

タイクリップ

3 コーディネートの仕方

男性のネクタイは一般的にビジネス用であるが、カジュアルなブレザーやカントリージャケット、セーターなどに合わせると雰囲気が変わり、胸もとのアクセントとしておしゃれに着こなすことができる。

フォーマル用の場合は正礼装、準礼装、略礼装などのスーツに合わせてネクタイの形、色などを選び、さらにベスト、カマーバンドなどを組み合わせて華やかさを演出するとよい。

弔事の場合のネクタイは黒無地または黒の織り柄を使用する。また小物類のポケットチーフ、靴、靴下なども黒で統一をして、気配りのある装いをしてほしい。

ネクタイの種類／オケージョン		柄タイ　レジメンタルタイ	クロスタイ　ボータイ（蝶タイ）	白黒の縞柄タイ　白シルバーグレーの織り柄タイ	アスコットタイ	黒無地タイ
			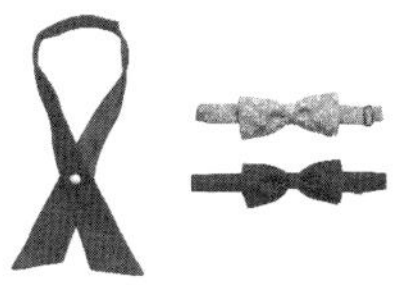	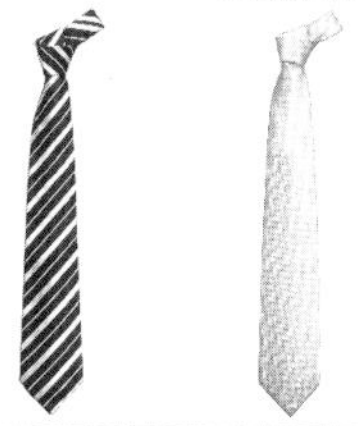	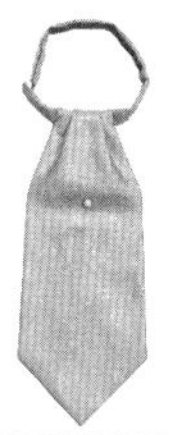	
タウン（ビジネス）						
カジュアル（スポーツ、リゾート）						
フォーマル	昼の正礼装（モーニングコート）			○	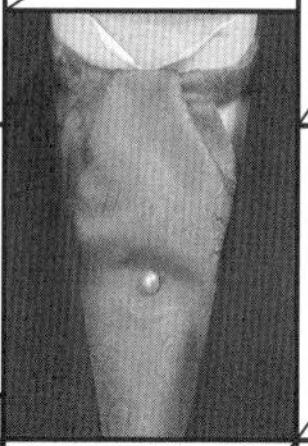	
フォーマル	昼の準礼装（ディレクターズスーツ）					
フォーマル	昼の略礼装（ダークスーツ）			○		
フォーマル	昼夜共通準礼装（ブラックスーツ）		○			
フォーマル	夜の正礼装（タキシード）					
フォーマル	（テイル・コート）		 ホワイト・タイのみ			
フォーマル	弔事					○

4　ネクタイの結び方

プレーンノット

最も基本的なネクタイの結び方。1980年代に登場したフォア・イン・ハンド（四頭立ての馬車の手綱さばきに用いられた結び）が締めやすく、簡素なスタイルとして好まれ、今日のネクタイの主流となっている。

結び方ポイント

結び目の下にできるひだを、中央に一つ（または二つ）美しく見せることがポイント。

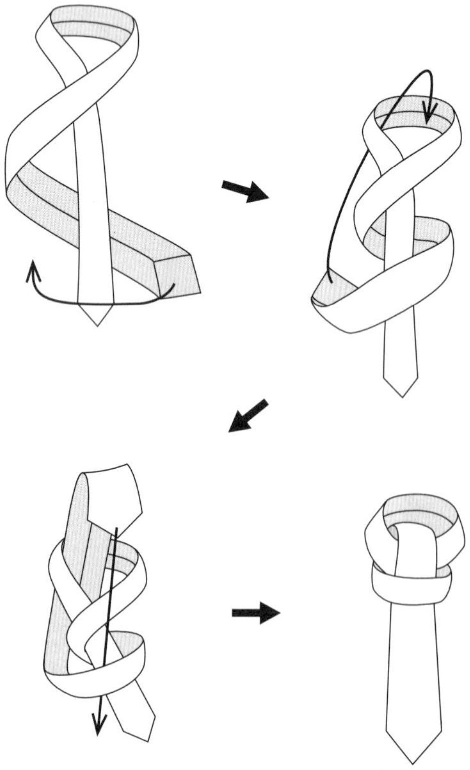

ダブルノット

プレーンノットの大剣の1回巻きを2回巻きにしたもの。

プレーンノットよりも少しボリューム感をもたせるときに用いたり、ネクタイの素材が柔らかすぎるときに用いると、きちんと結ぶことができる。

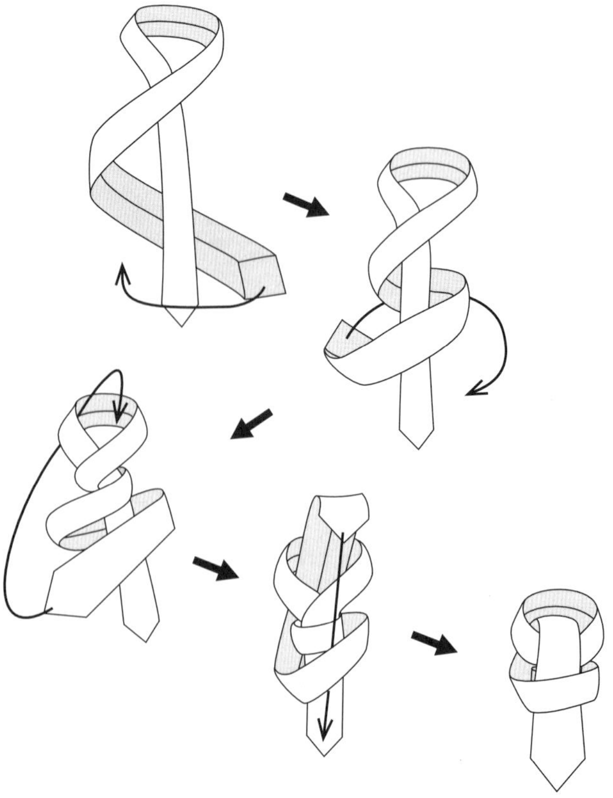

ウィンザーノット

英国王エドワード8世、後のウィンザー公が好んで結んでいたことからこの名がつけられ、一般的によく用いられる。

結び方ポイント

結び目がやや横に広がるので厚手のネクタイはボリュームが出すぎるので避ける。シャツカラーは大きめのほうがよい。外国製ネクタイが日本人に長すぎる場合にこの方法で結ぶと長さの調節ができる。

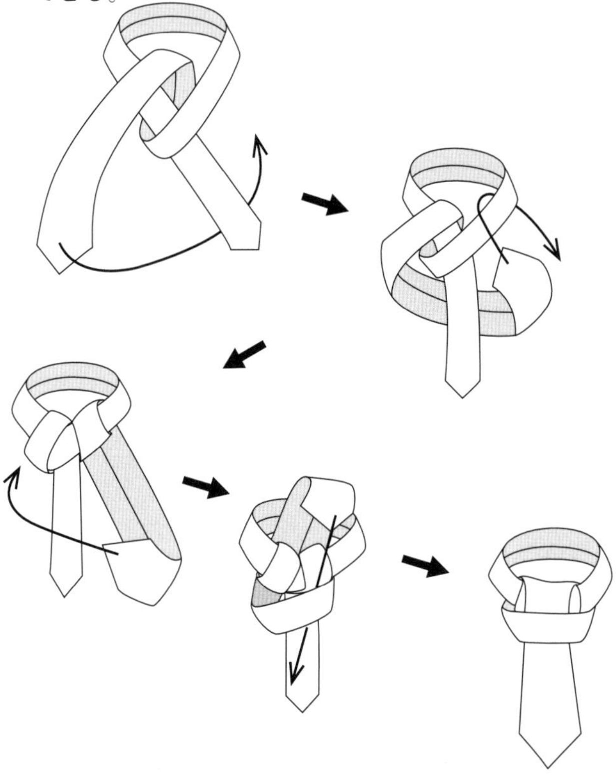

セミウィンザーノット

ハーフ・ウィンザーノットともいい、ウィンザーノットの大剣を左右に2回掛けるのを1回掛けにして結ぶ方法で、厚地のネクタイでも結ぶことができる。

結び方ポイント

ウィンザーノットよりもボリュームを少なくだすことができ、また均等に結びやすいことが特徴。

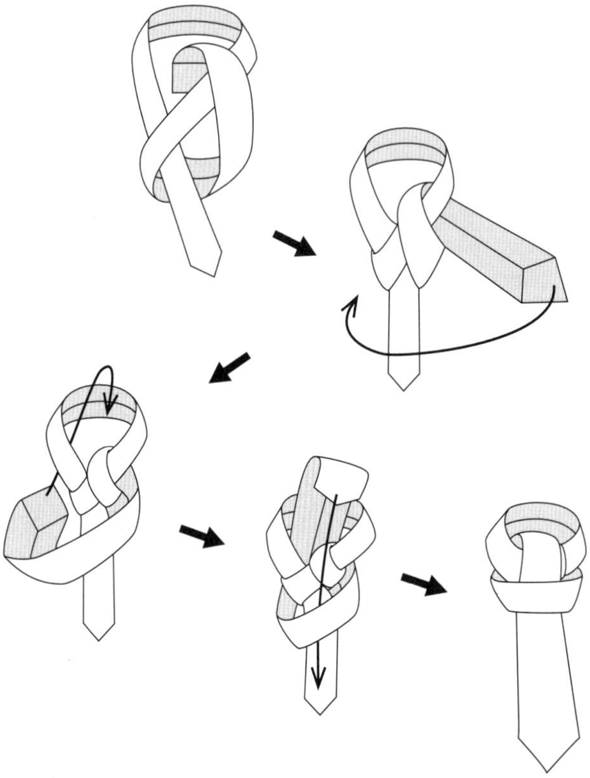

5　ネクタイの作り方

レギュラータイ

■材料
表布＝90cm幅60cm
裏布＝横30cm×縦40cm
芯＝ネクタイ芯地
リボン＝1cm幅15cm
穴糸

裏布の縫い代のつけ方

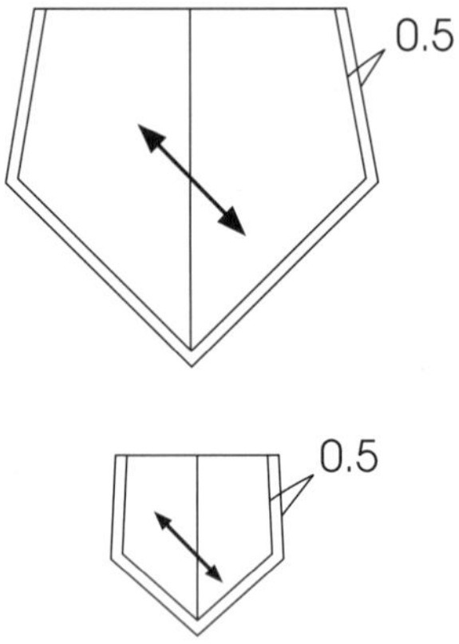

表布の裁断図

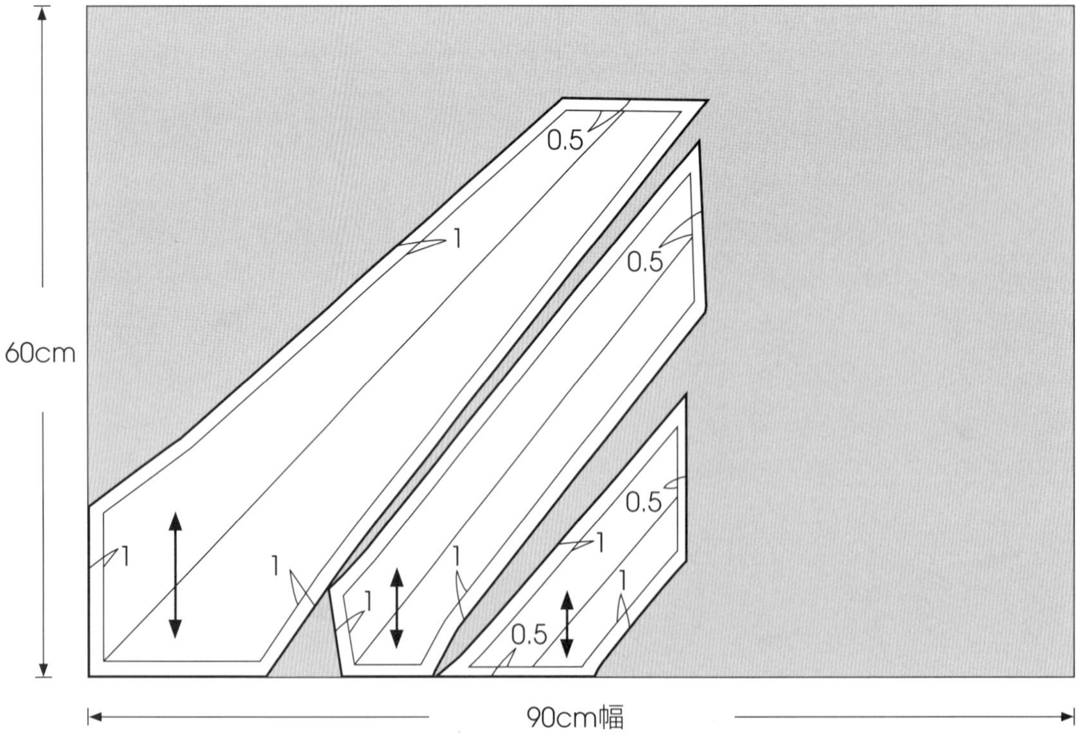

実物大

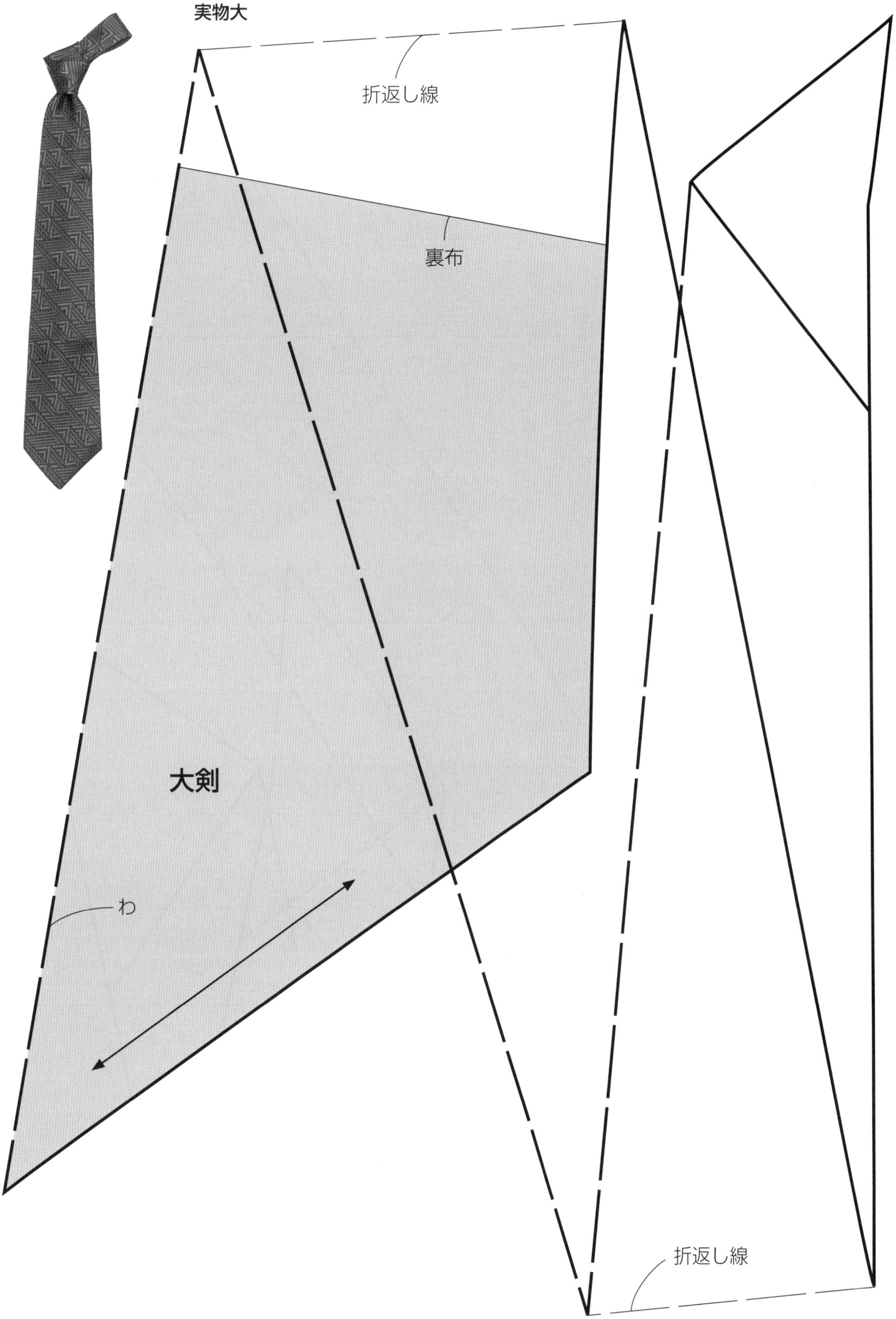

実物大

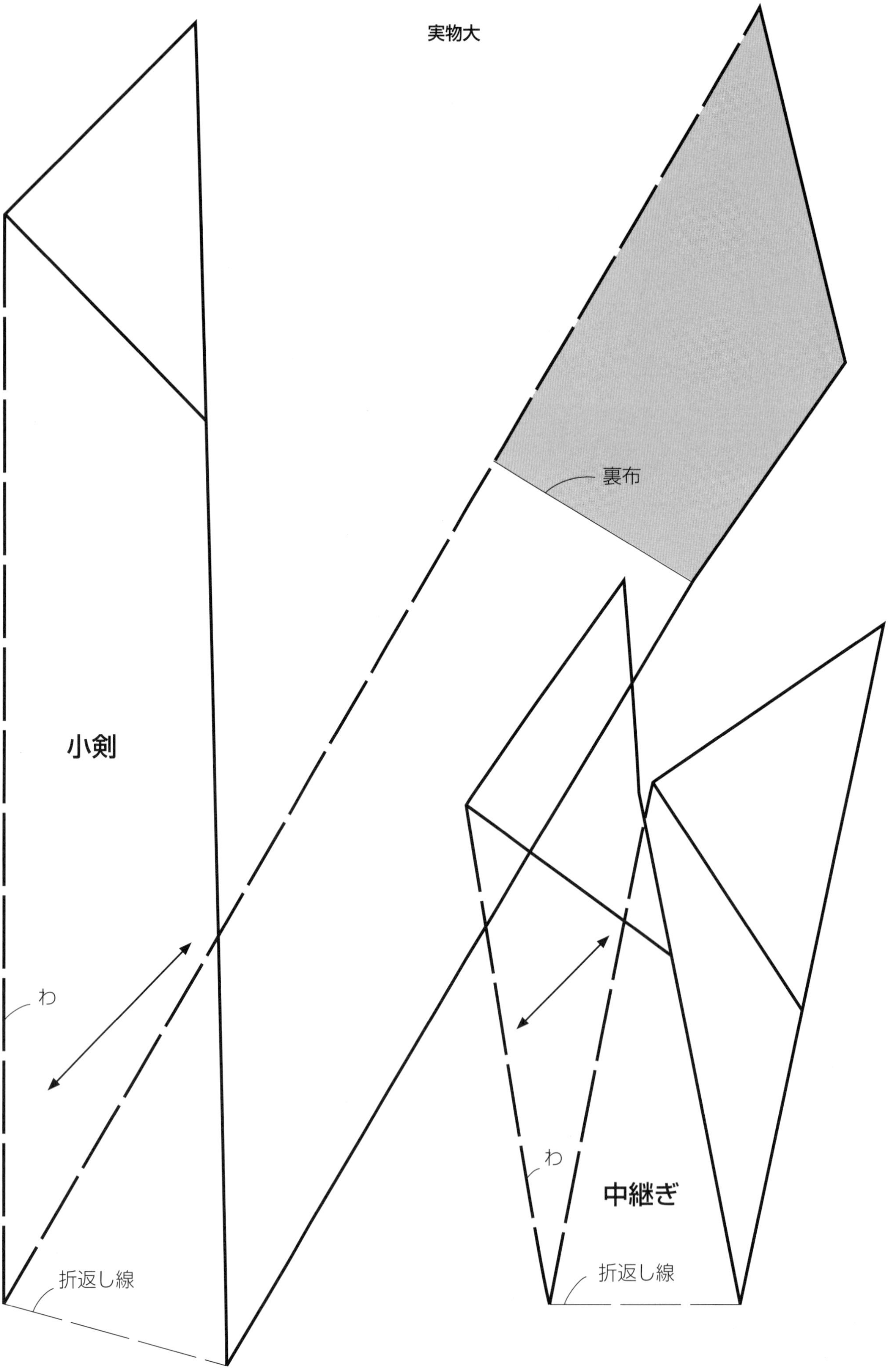

実物大

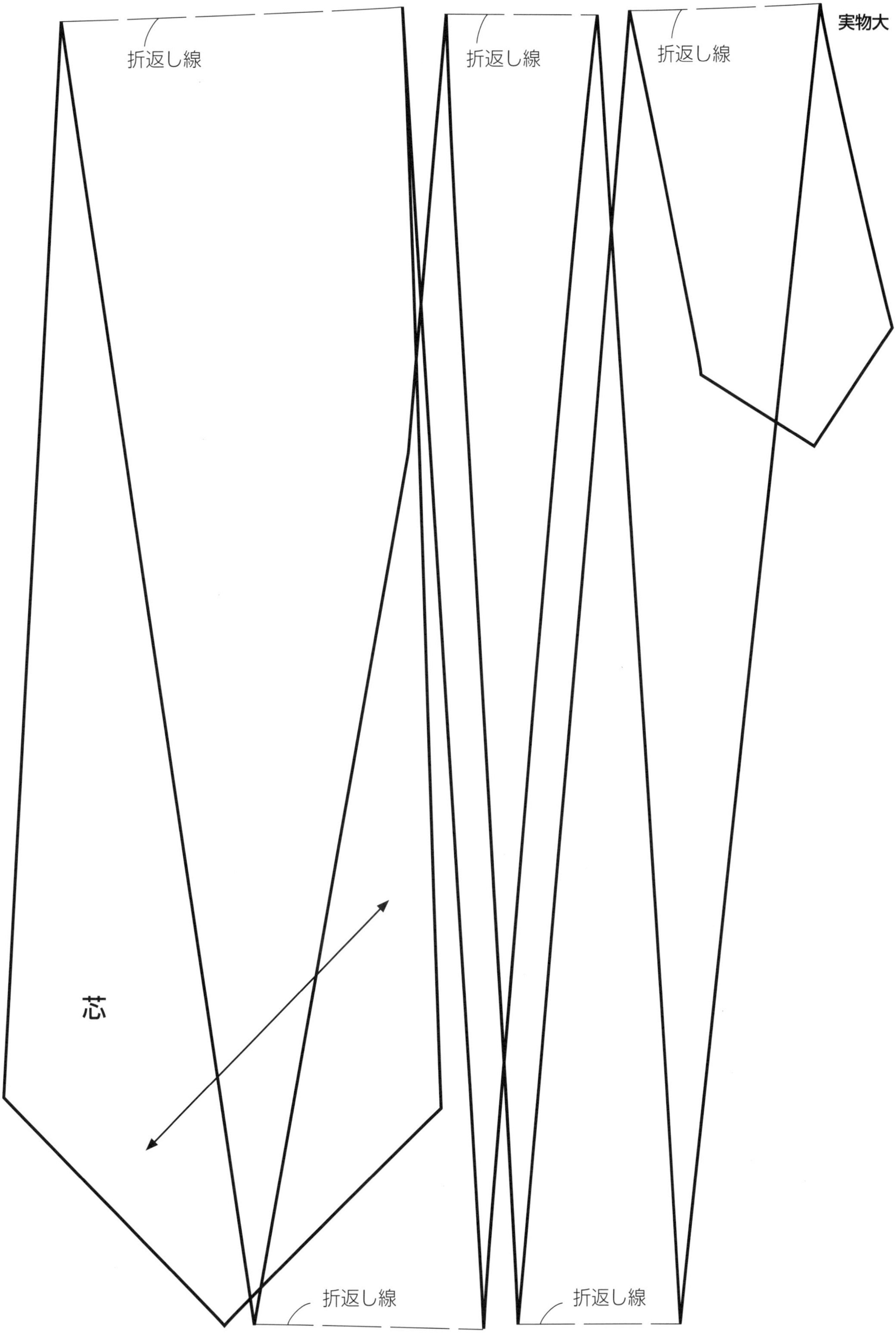
折返し線
折返し線
折返し線
芯
折返し線
折返し線

縫い方順序

① 大剣、中継ぎ、小剣をミシンまたは半返し縫いで縫い合わせる

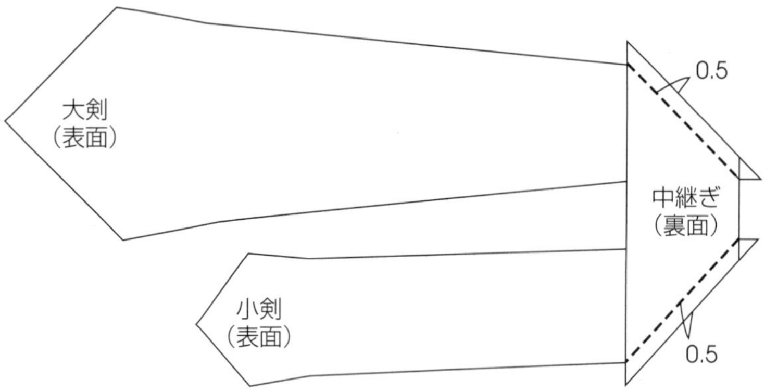

② 縫い代をアイロンで割る

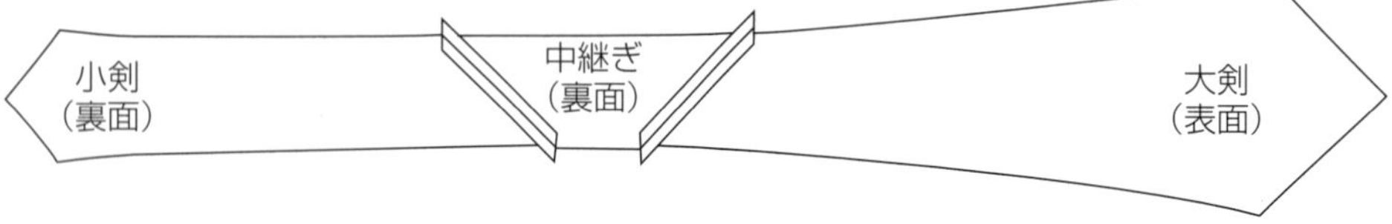

③ 大剣と小剣の縫い代をアイロンで折る

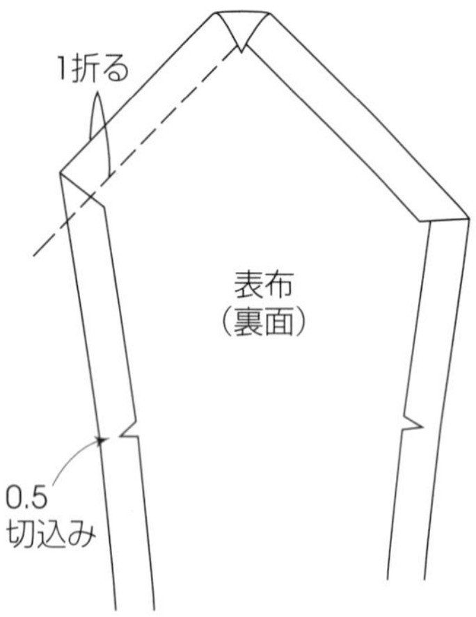

④ 大剣と小剣の先に裏布をまつりつける

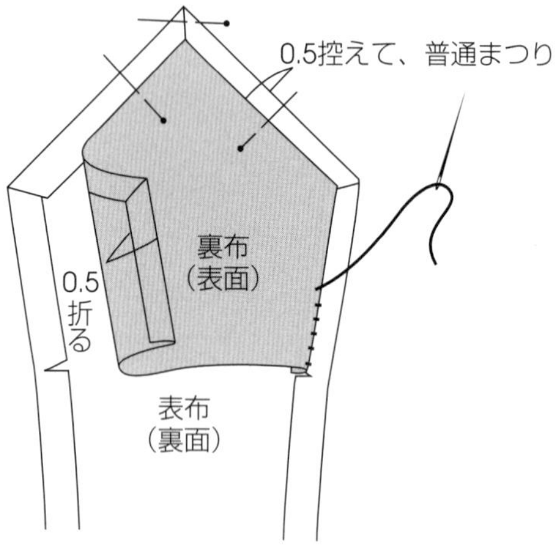

⑤ ネクタイ芯の中央にチョークで線を入れる

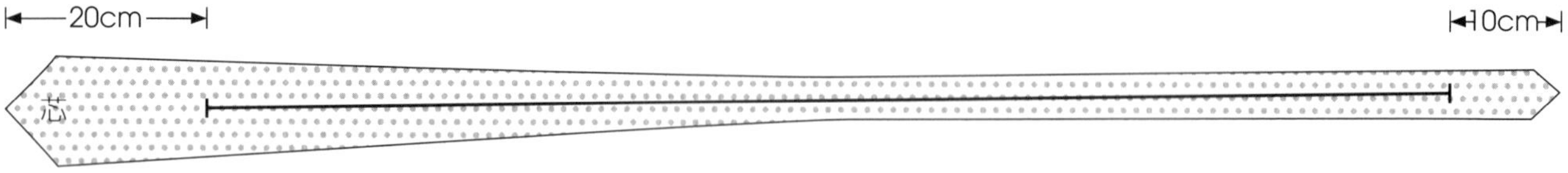

⑥ 表布と芯の先端を合わせ、芯の中央線と表布の縫い代1cmのところを合わせてピンで止める

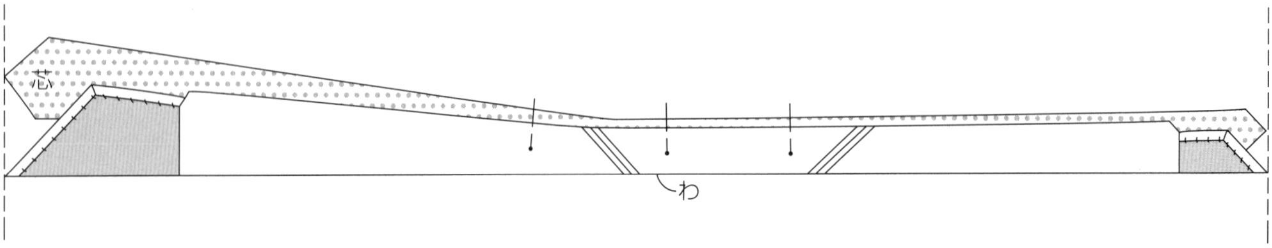

⑦ 穴糸でゆるめに縫う

穴糸の長さ＝縫う長さ＋たるみ分30cm

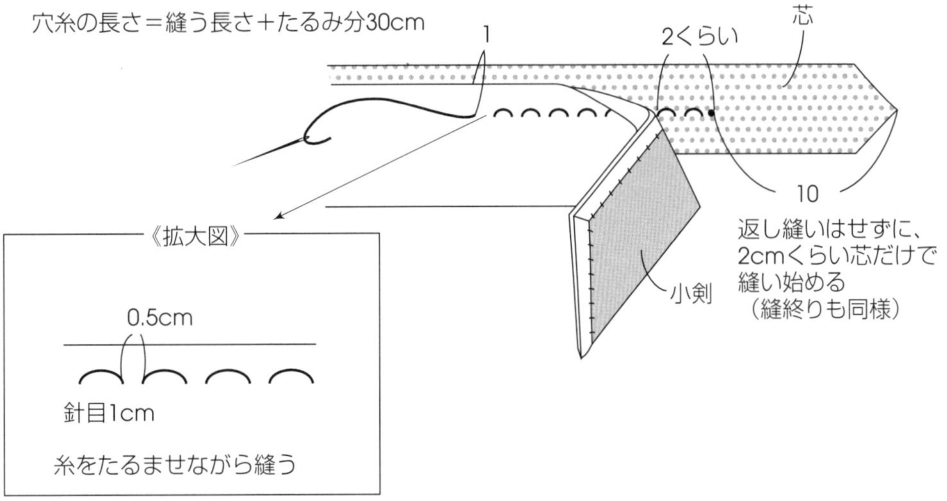

⑧ 表布と裏布の間に芯を入れる

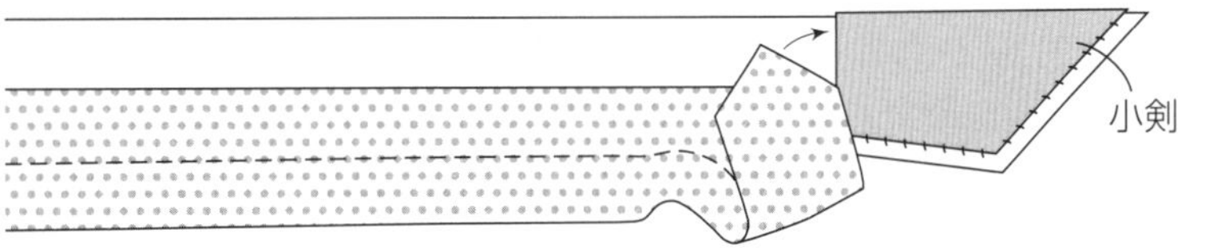

⑨ 小剣のほうから大剣側へ押し込んで表に返す

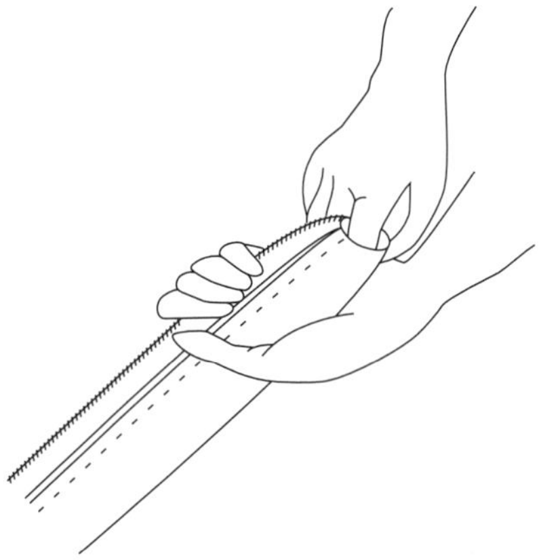

⑩ 出来上り

ボータイ（略式）

蝶結び、蝶タイともいう。

1850年代にクラバットの前結びから蝶タイが生まれた。

ボータイの結び方にはバタフライボー、ポインテッド・エンド・ボー、クラブボーなどがある。最近は簡単な結び方のものが多いので、ここでは略式ボータイの作り方を紹介する。

■材料
表布＝サテン92cm幅11cm
ゴムテープ＝0.5cm幅8cm
ボータイ用金具＝1組み

縫い方順序

① 布をそれぞれ中表に折ってミシンをかける

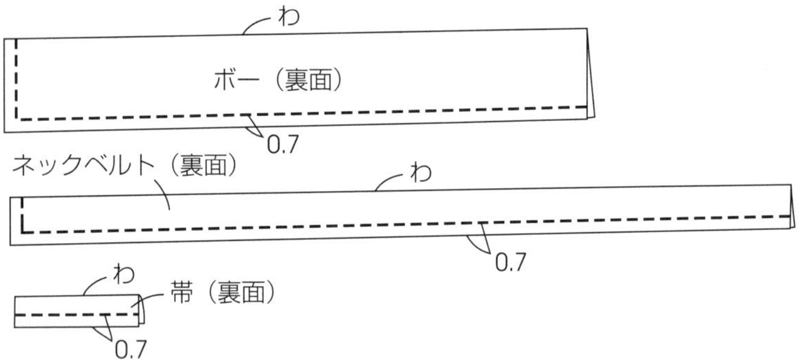

② ボーとネックベルトは表に返し、縫い目を0.1cm控えてアイロンで整える。帯は縫い代を割って表に返し、縫い目が中央にくるように整える

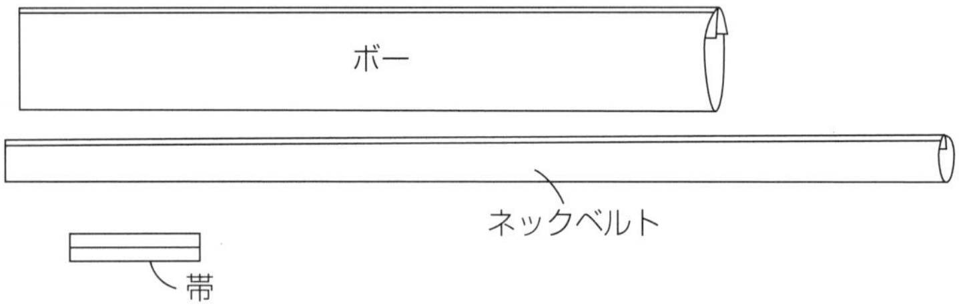

③ ボーの端を0.7cm折り込み、かがる

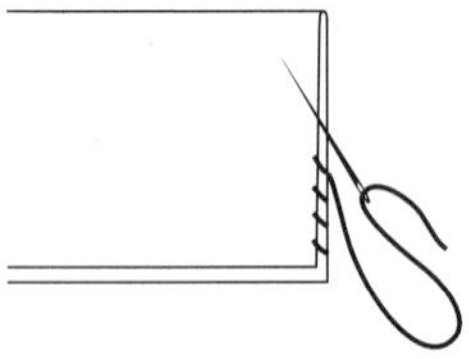

④ ボーを3等分して折り、中央をピンでしるす。中央に山を二つ作り、糸で縛る

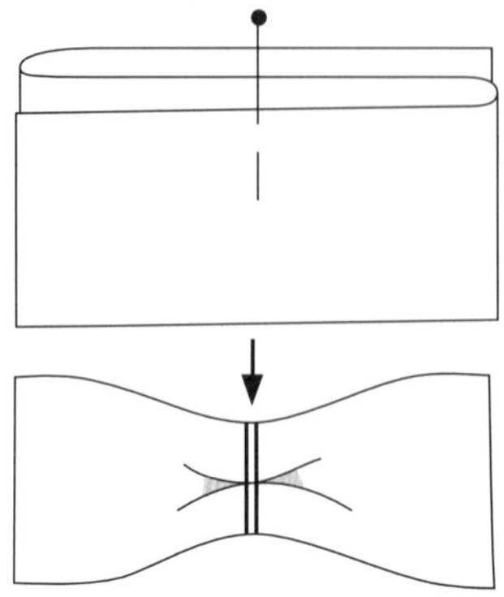

⑤ ネックベルトの端を0.7cm折り込み、金具を通したゴムテープをはさんでかがる

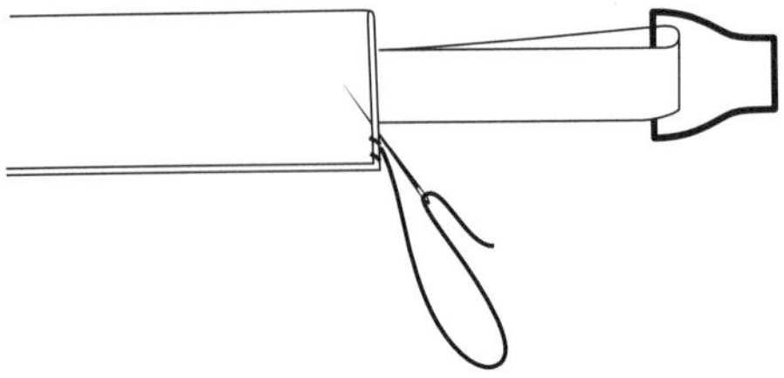

⑥ ネックベルトのもう一方の端に金具を通し、ミシンをかけて止める

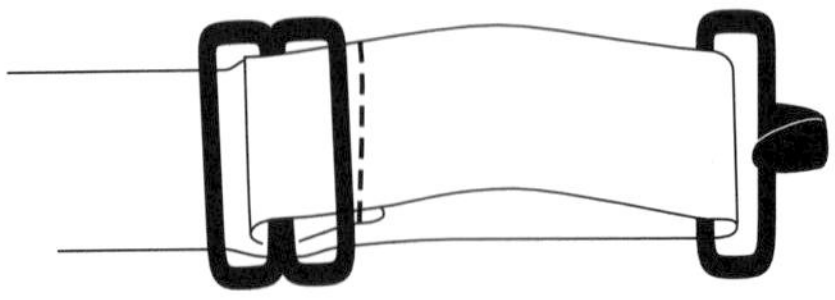

⑦ ボーの中央の裏側に、ネックベルトのゴムテープの部分を縫いつける

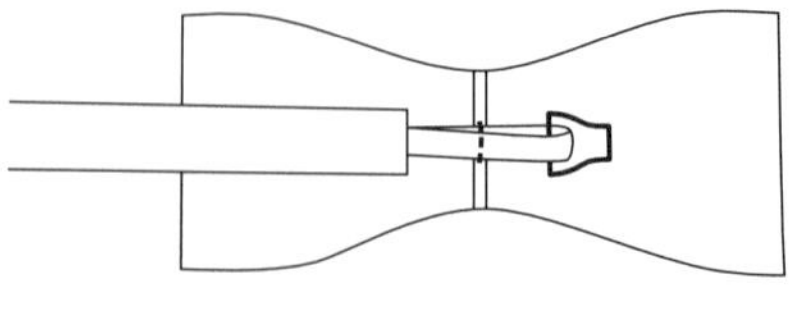

⑧ 帯で中央を巻き、端を折ってかがる

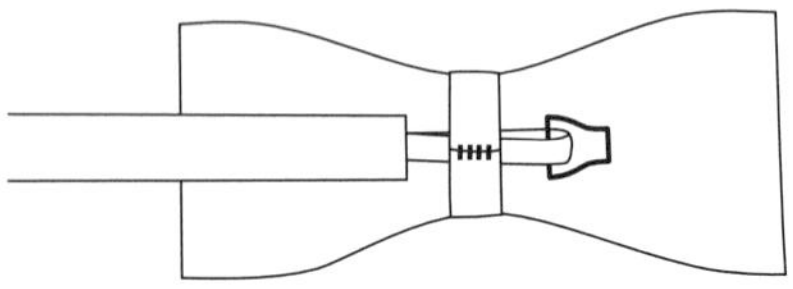

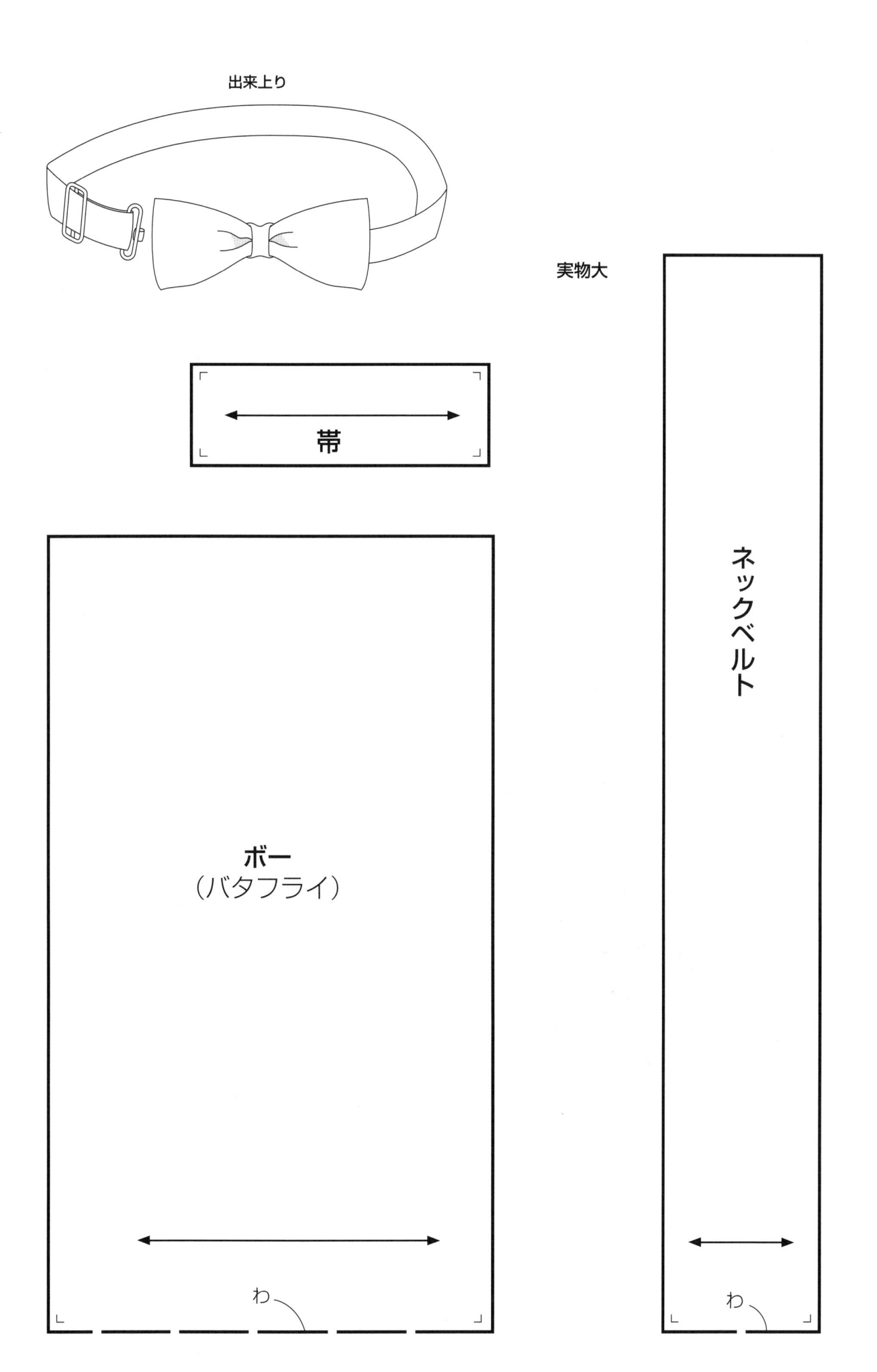

出来上り

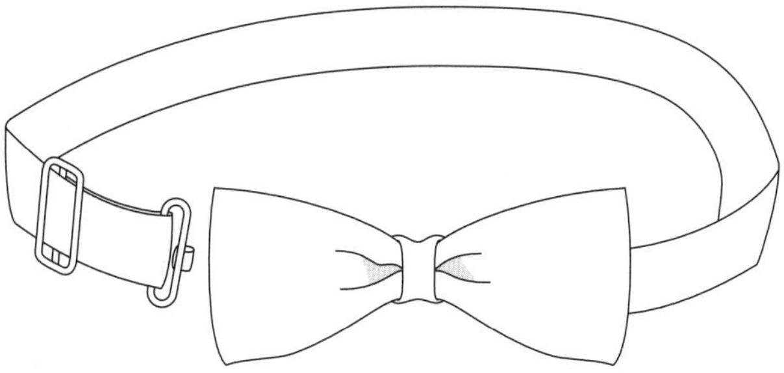

実物大

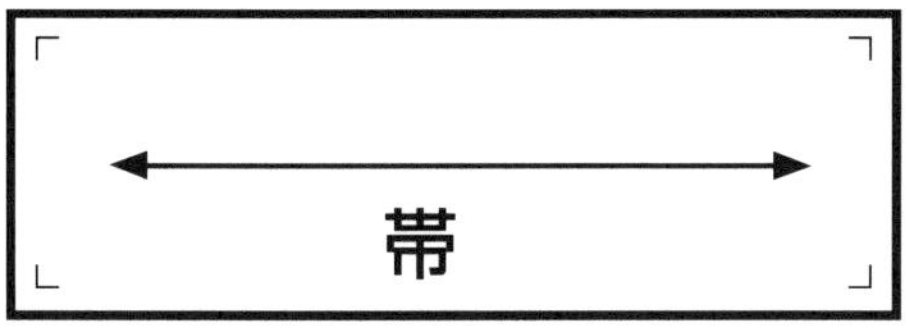

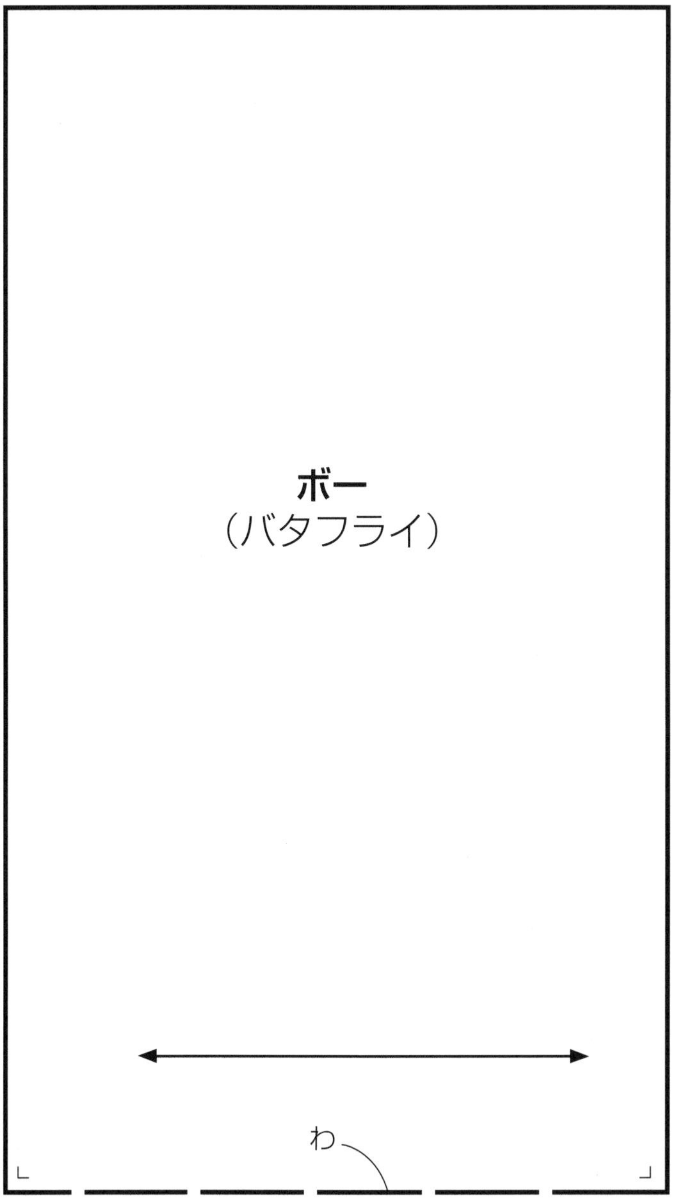

Ⅳ　ハンカチ

1　ハンカチとは

ハンカチとは、英語でハンカチーフ（handkerchief）のこと。手をふいたり、ナフキン代りに膝に掛けたり、アクセサリーとして首に巻いたり、ポケットチーフなどに用いる小型の布のことである。

古代エジプトから用いられ、ローマ時代には競技の始まりの合図として、右手に高く掲げるときに用いられた（①）。

16世紀ころのヨーロッパの上流社会では手袋や扇と同じようにアクセサリー感覚として、豪華なレースの縁飾りのついたハンカチを男女とも持ち歩くことがおしゃれでもあった（②）。

また17世紀ころには、衣服も厚く重いため、扇のようにあおぐためにもハンカチを持つことが身だしなみのひとつでもあった（③）。

時代によってハンカチの役割も変化し、今日では実用性と装飾性が共用した形で用いられるようになり、胸もとを飾るポケットチーフ（④）や首に巻くプチスカーフとして、またヘアアクセサリーとしてファッションの一部を演出することができる小物に変化してきた。

3世紀　コンセルヴァトーリ美術館（ローマ）

1579年　伝サンチェス・コエーリョ「王女イザベル・クララ・エウヘニア像」プラド国立美術館（マドリード）

1823年　アビと明るい色のズボンの青年
モード・フランセーズ誌　パリ国立図書館、版画室

ゴルチエ

2　ハンカチの種類

ハンカチは、実用的なものからスカーフ代りに首に巻いてアクセサリー感覚に用いるものなど、用途に合わせて使い分けられている。

素材は木綿・麻が主であるが、絹、混紡素材、ポリエステルなど化合繊のものもある。

サイズは大判は約58〜60cm正方、普通判は約48〜50cm正方、普通判より少々小さい小判は約46cm正方。最近では約20〜25cm正方のミニタオルのハンカチもある。ポケットチーフに用いるものは約30cm正方のものが多い。

柄は非常に多く、そのときのファッションの傾向に反映して作られていることが多い。大きく分けると、織り柄（チェック、ストライプ、ジャカード）、プリント柄（花柄、ペーズリー柄、オーナメント、幾何学柄、アニマル柄など）、レース・刺繍（マシーン、ハンドメード）、透し模様（オパール加工）、パイル地加工などがある。

織り柄

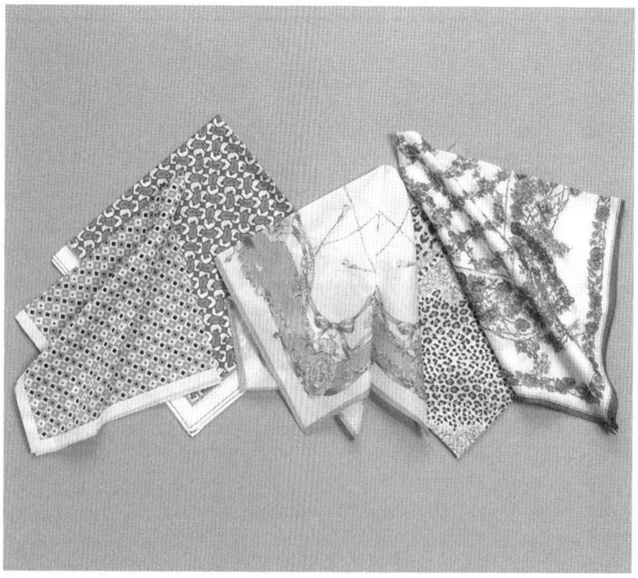
プリント柄

レース・刺繍

透し模様（オパール加工）

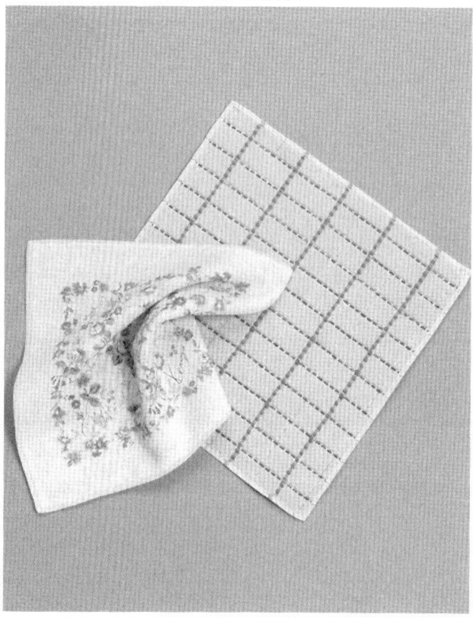
パイル地加工

3　ポケットチーフの飾り方

ポケットチーフの大きさは、普通のハンカチよりやや小さめで、約30cm正方のものが多く、礼装用にはスリーピーク、TVフォールドの飾り方、略礼装あるいはおしゃれ用にはクロスオーバー、パフスタイルなどが用いられる。このほかにペタルスタイル（パフスタイルの反対）、フォーピーク（スリーピークと同じ作り方で四つの山にするもの）、トライアングラー（TVフォールドの右側を多めに出す）などがある。

最近では男性だけでなく女性のスーツの胸もとにもアクセサリーとして飾られている。

スリーピーク

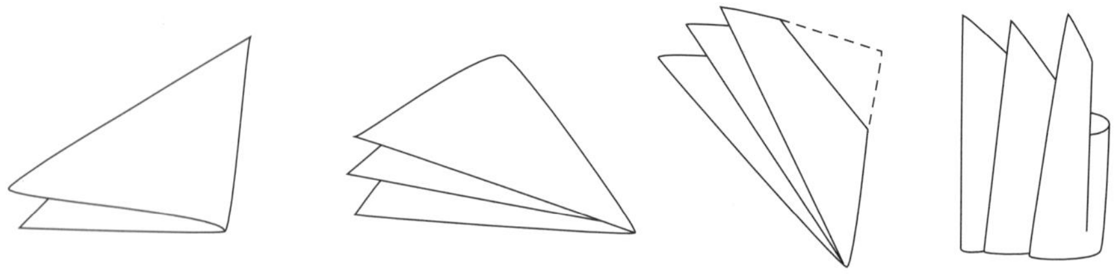

①三角に折った後、二つに折り、ずらして重ねる。　②さらに三つに重ねる。　③右の三角部分を裏側に折る。　④下部を裏側に折る。

TVフォールド

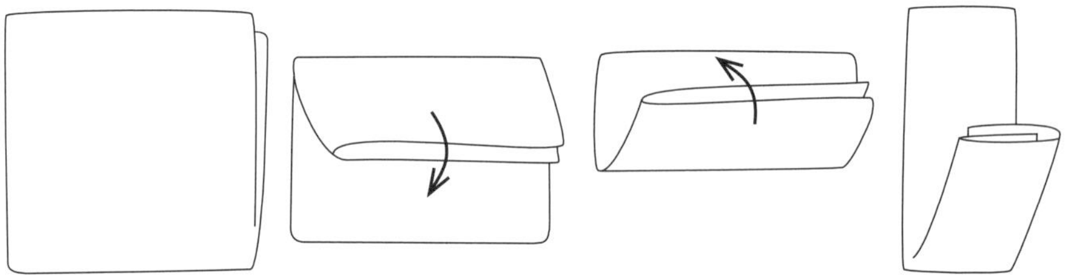

①4等分に折りたたむ。　②3等分の位置で折る。　③胸ポケットの大きさに合わせ、8～9cmに折る。　④下部を折って胸ポケットの深さに調節する。

クロスオーバー

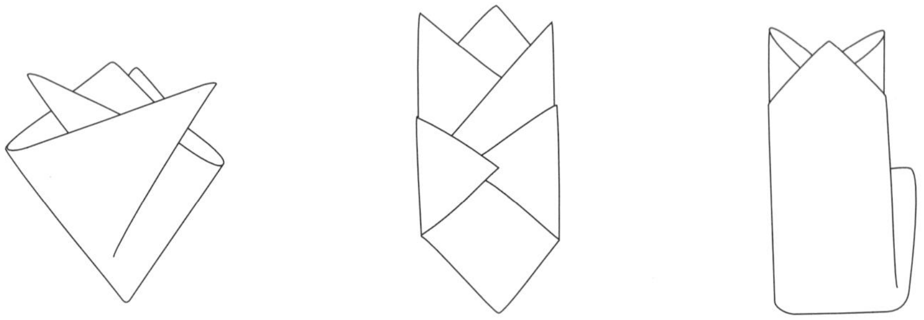

①三角に折った後、左右の角を中央の両側に並べるようにして折る。　②さらに両側の角を折る。　③下部を胸ポケットの深さに合わせて折る。

パフスタイル

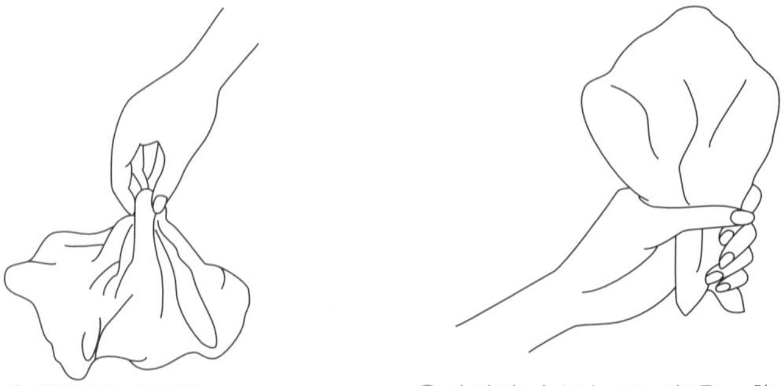

①四隅をつまむ。　②中央を上にしてつかみ、胸ポケットに入れる。

4　ハンカチのおしゃれな使い方

ハンカチは手や顔をふく実用以外におしゃれな使い方ができる。ここではシニョンとコサージュの作り方を紹介する。洋服の胸もとや帽子、バッグなどに飾り、アクセサリーとしてコーディネートに役立ててほしい。

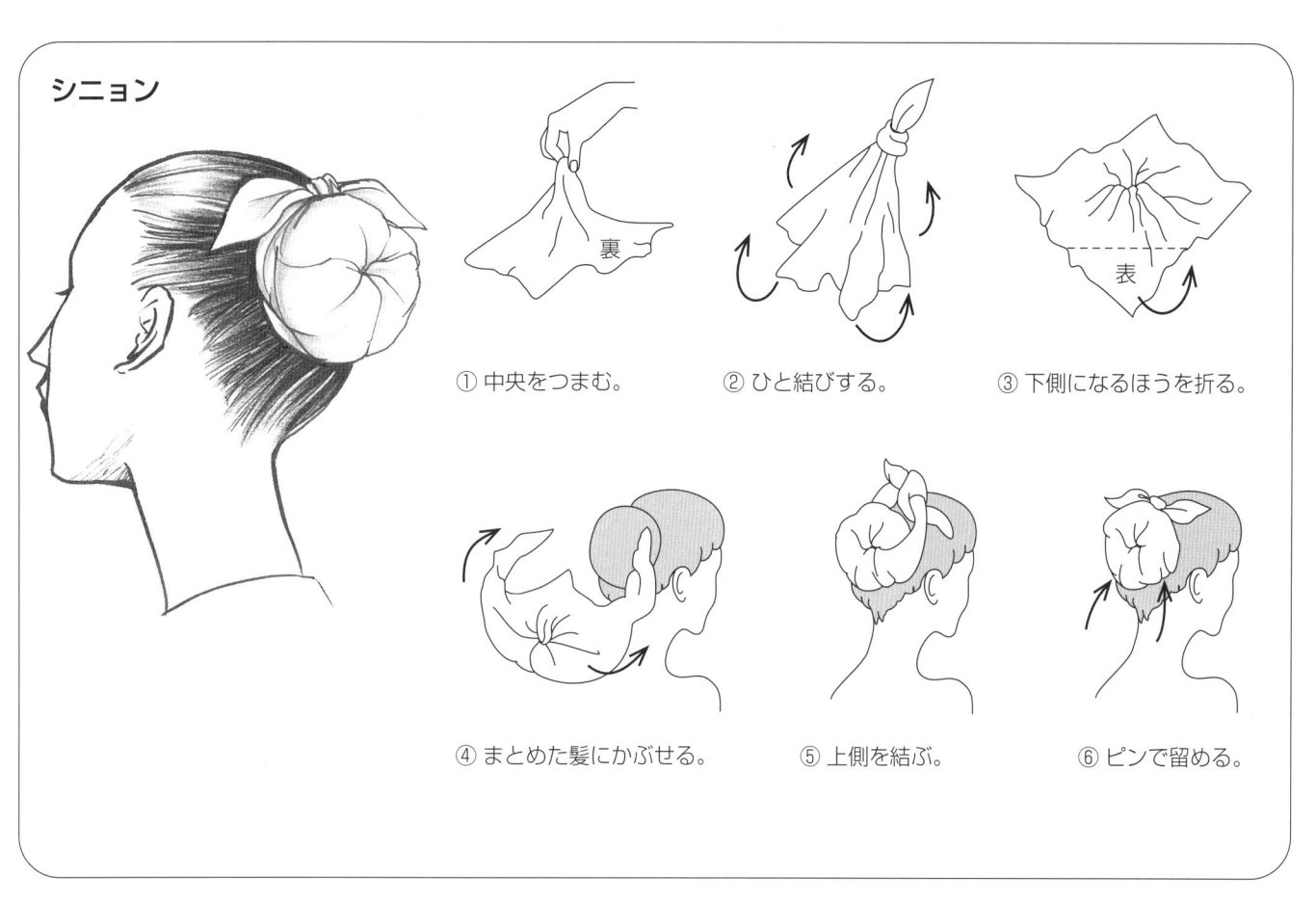

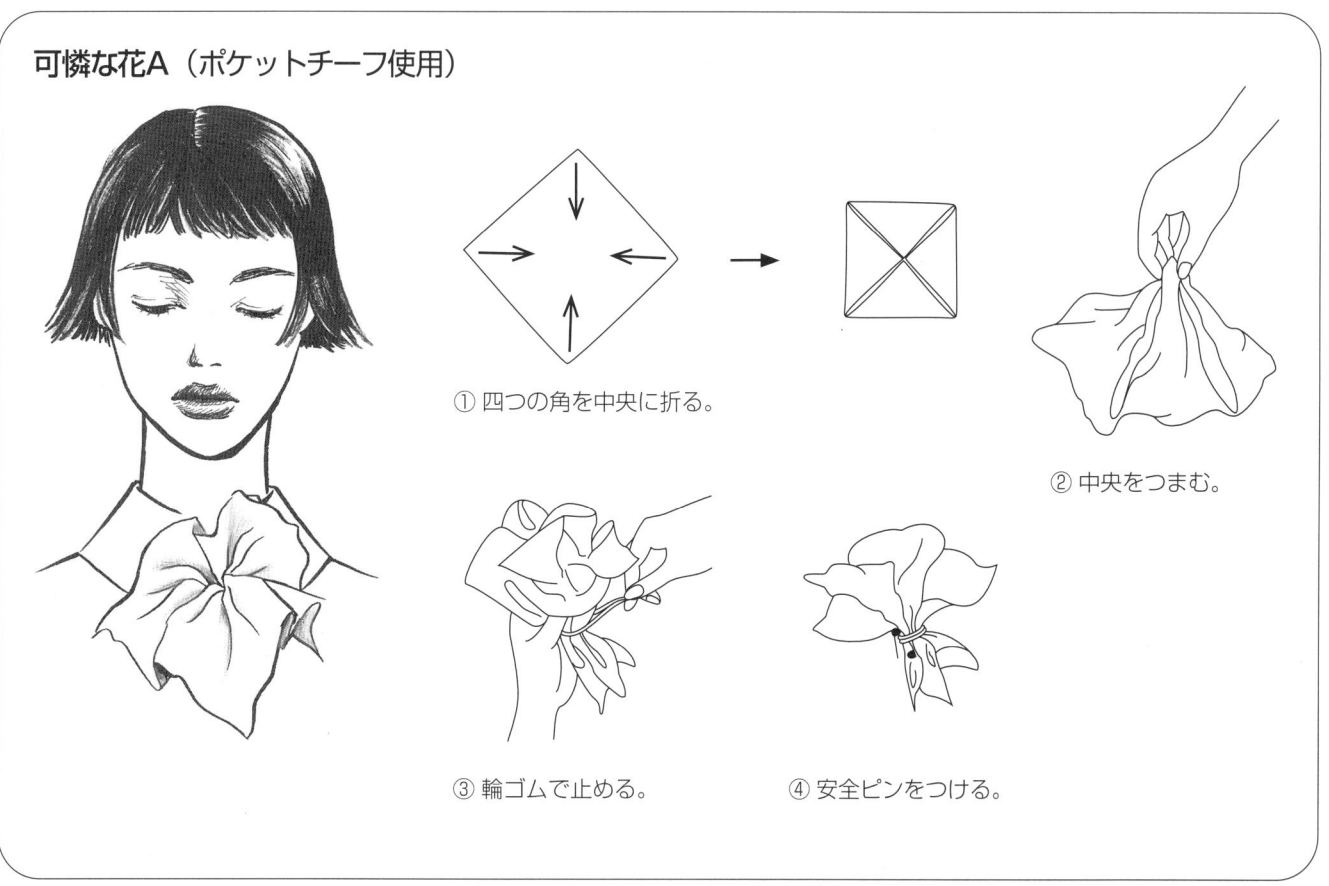

シニョン

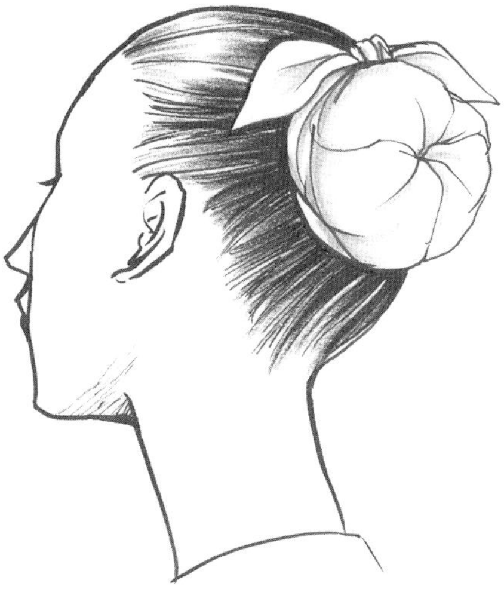

① 中央をつまむ。

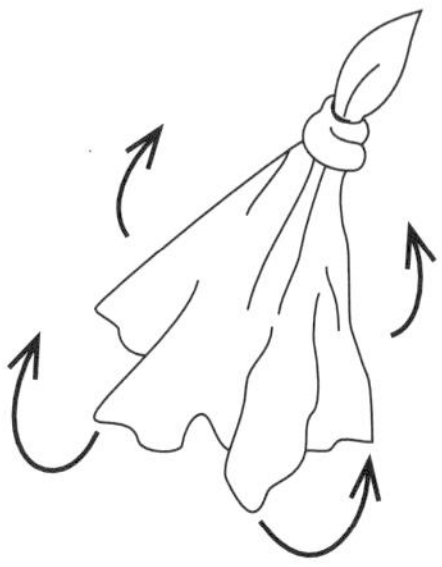

② ひと結びする。

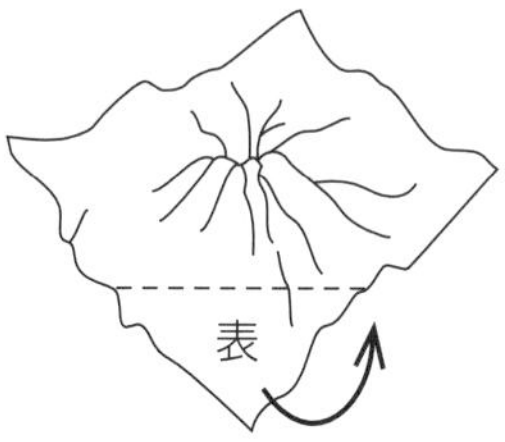

③ 下側になるほうを折る。

④ まとめた髪にかぶせる。

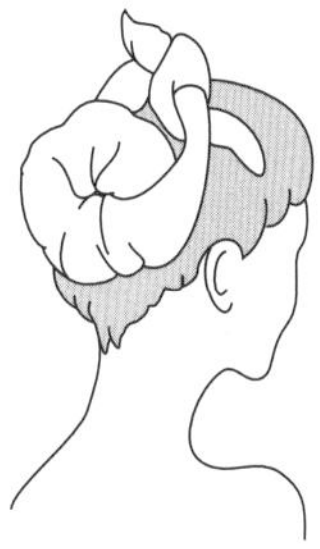

⑤ 上側を結ぶ。

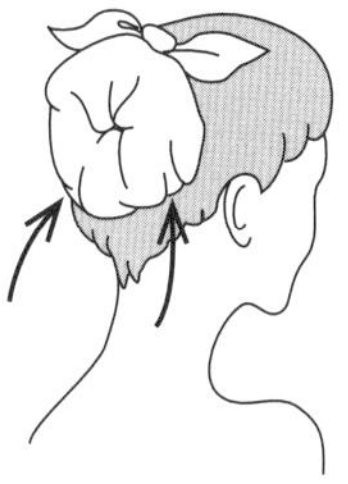

⑥ ピンで留める。

可憐な花A（ポケットチーフ使用）

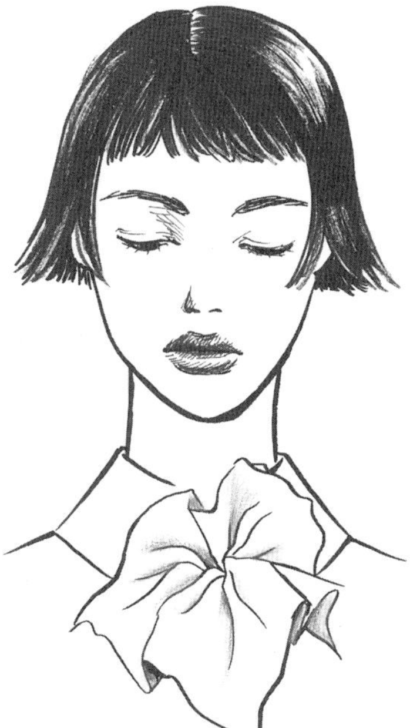

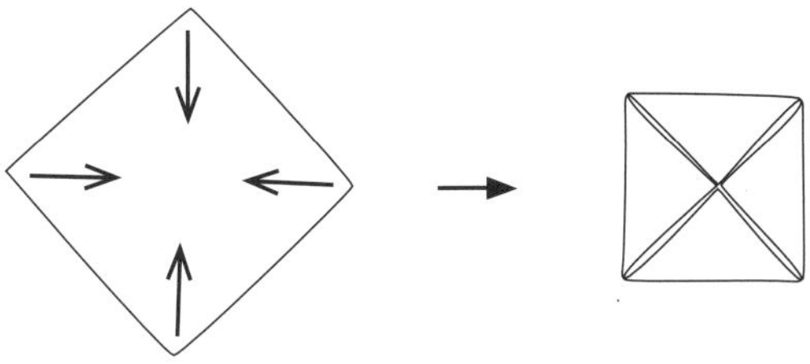

① 四つの角を中央に折る。

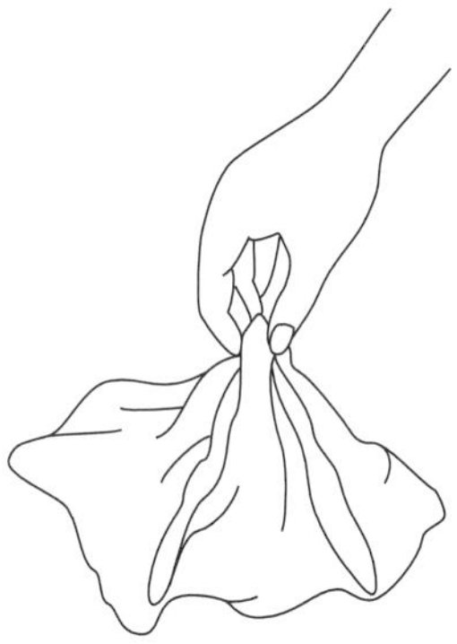

② 中央をつまむ。

③ 輪ゴムで止める。

④ 安全ピンをつける。

可憐な花B（ポケットチーフ使用）

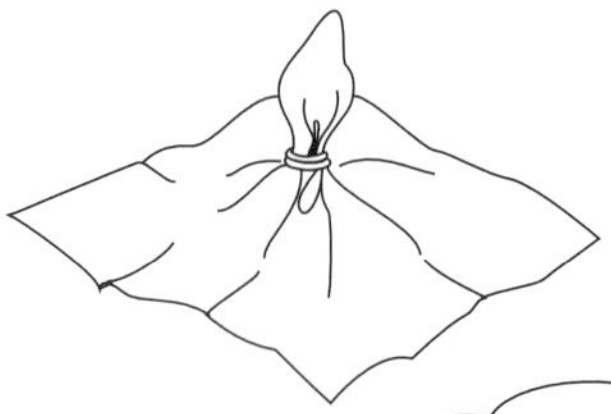

① 30cm以内のポケットチーフを使用し、中央を輪ゴムに通して引き出す。

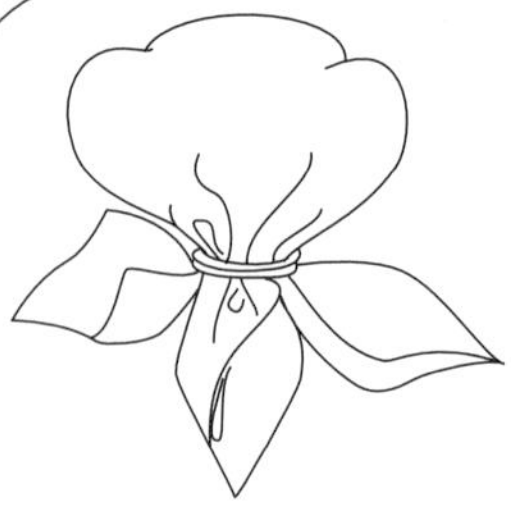

② 丸くふくらませて四隅を整える。

③ 中央を押さえるようにブローチで留める。

コサージュ（普通判のハンカチ使用）

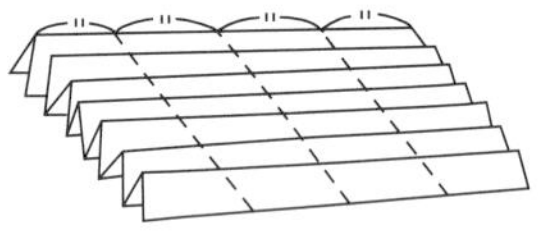

① プリーツに折る。

② 半分に折り、さらに半分のところを輪ゴムで留め、両端を上げる。

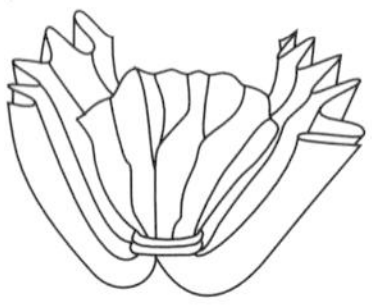

③ 下から少し上のところをもう一度輪ゴムで留める。

④ プリーツを広げる。

巻きばら（大判のハンカチ使用）

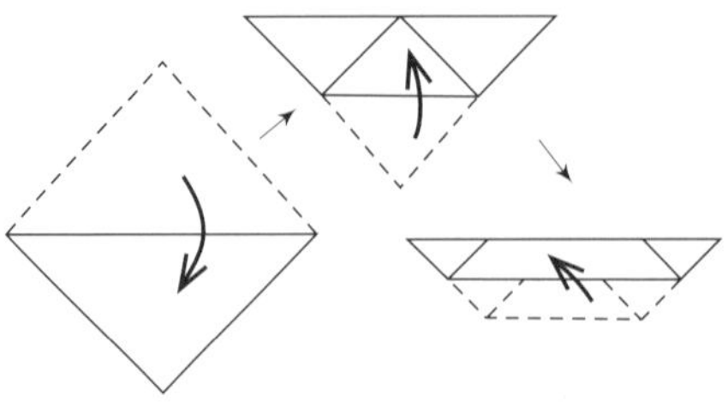

① 三つ折りにする。

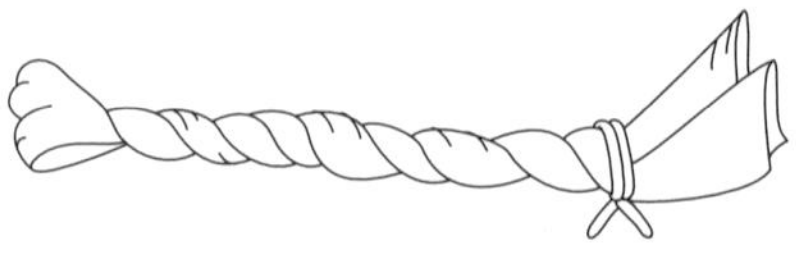

② やさしくねじり、端をゴムひもで止める。

③ 内側からくるくる巻いていき、くずれないように安全ピンで止める。

V　手袋

1　手袋とは

手袋はかつて、上流社会の女性にとって外出のとき、帽子とともに欠かすことのできないアクセサリーであった。

手袋の歴史は古く、古代エジプト時代から権威の象徴として、また防寒用や狩猟などで手を守るためにはめられていた。実用的に用いられていた手袋が、おしゃれなアクセサリーとして流行したのは13世紀からで、そのころの男女の装いには欠かせないものになっていた。16世紀、エリザベス一世の時代には、刺繍や宝石がほどこされ、デザイン的にも華美になったが、18世紀ころからは乗馬や狩猟などで、手の保護のために用いられることが多くなった。

その後手袋は一般化し、おしゃれはもちろんのことであるが、どちらかといえば寒さ、日やけを防ぐ、またスポーツや労働をするときの手を保護するための実用化の傾向になってきた。しかしパリ・コレクションやオートクチュールのコレクションなどでは、ファッションのイメージを効果的に演出するために、装飾的に使われている。

トラント

ティエリー・ミュグレル

ティエリー・ミュグレル

2　手袋の役割

手袋は、手を保護するためやアクセサリーとして装飾的に用いることが多いが、袖丈が短いドレスでは、肌を隠し、慎みのためにはめる儀礼的な場合がある。

特にフォーマルな場面では、正装に手袋は不可欠で、アフタヌーンドレスには短い丈の手袋、ウェディングドレスには袖の長さによって手袋の丈を短くしたり長くしたりするが、イブニングドレスの場合は長い丈の手袋をはめるのが正式である。

色はドレスによって同色を用いたり、アクセント効果をねらってコントラストカラーを用いる場合もある。

男性の正式礼装の場合も、燕尾服やモーニングコートにはキッドやシルク製の手袋が欠かせないものであり、白が一般的である。

喪の場合は黒が常識である。

スポーツ選手の場合は、競技を円滑にするためや安全・機能性などを考慮してはめる場合が多い。

また最近では、販売員が品物に手の油分がついたり、傷つけたりしないようにと、手袋をはめて商品を扱っている姿をよく見かける。

ピエール・カルダン

ティエリー・ミュグレル

ティミスター

ティエリー・ミュグレル

3　手袋の種類と素材

手袋は英語ではグローブ（gloves）、フランス語ではガン（gant）と呼ばれ、形によってそれぞれ名称がある。

素材は、皮革、シルク、ウール、木綿、化合繊など多様である。

皮革は種類も多く、キッド（子やぎ）、ピッグスキン（豚）、ペッカリー（いのしし）、キャトルハイド（成牛革）、キップスキン（中成牛）などが使われる。

編み物も17世紀ころからあらわれた。

形はさまざまで、刺繍をしたり、宝石がちりばめられた豪華なものまである。

形と名称

スリッポン（ショーティ）	**グローブ**	**ミトン**
手首までの長さで、留め金がなくすっぽりとはめられる。	5本の指に分かれていて、1本ずつ入れるタイプ。	親指だけを分けてほかの4本の指をまとめて入れる。

ハーフミトン	**オペラグラブ**	**アームロング**
手のひらと甲の部分だけで、指の第1関節までの手袋。	観劇に着用するイブニングドレス用の長い手袋で、正式にはキッド製。レース、シルクの素材も使われている。親指のないものもある。	肘の上まであるイブニングドレス用の長い手袋。
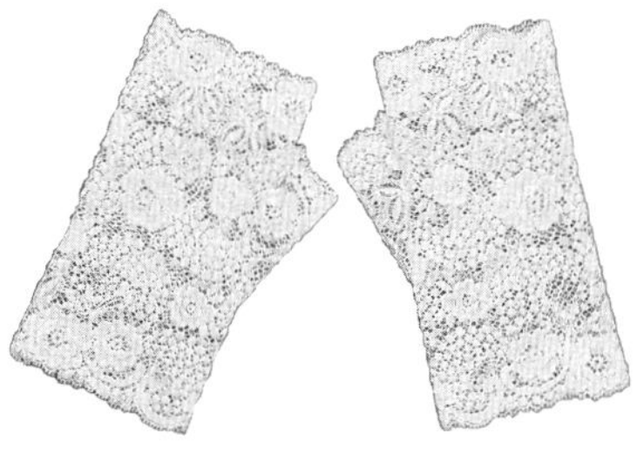	 （文化学園服飾博物館蔵）	
ガントレット	**ミット**	**ウォーキンググラブ**
中世に用いられた広いカフスのついたもの。カフスに宝石や刺繍がほどこされていた。 この手袋はガントレット風にカフスをつけたもの。	アーリーアメリカン時代に用いられた5本とも指先のないもの。	ゴルフなどのスポーツ用の手袋で、薄く柔らかい革で作られている。
	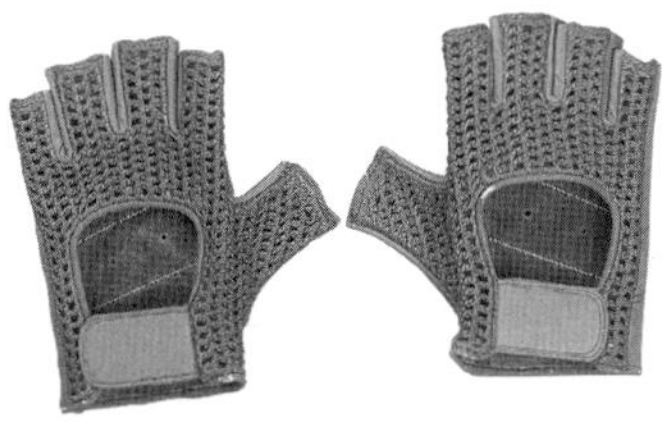	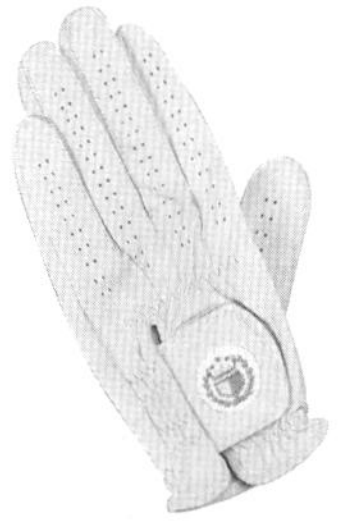

4　手袋の製作

日やけ止めの手袋

肘の上までを包む指のない手甲のような手袋で、腕の形にそって作られた筒型のものである。手の保護、保湿、装飾などの目的をもつ。ここでは日やけ止め手袋として木綿の布と綿レースを使い説明しているが、素材を変えることで、パーティ用やアクセサリーとしても楽しむことができる。

■材料
表布A＝90cm幅55cm
表布B＝90cm幅50cm
レースa＝2cm幅210cm
レースb=4cm幅160cm
テープ＝1.5cm幅140cm
ゴムテープ=0.8cm幅110cm
　　　　　0.4cm幅15cm
リボン=1.2cm幅80cm
レースの花モチーフ＝直径1.5cmを8枚

① B、B'布の手首側にレースをつける

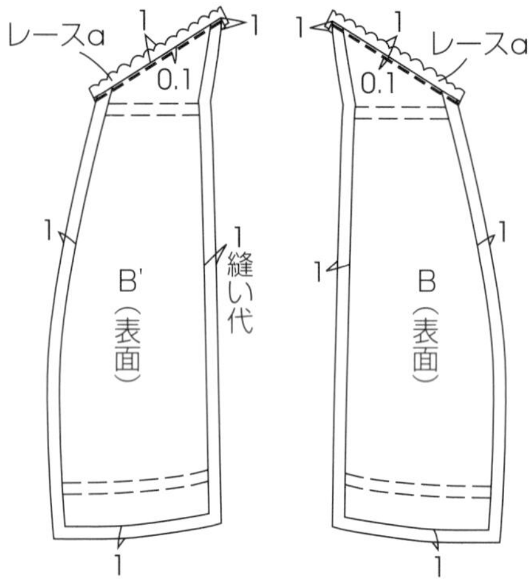

② B、B'布の手首にゴムテープを通して止める

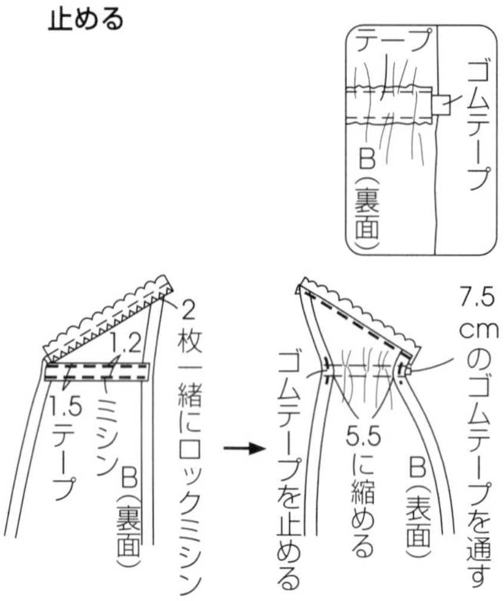

③ A布にゴムテープを通して止める

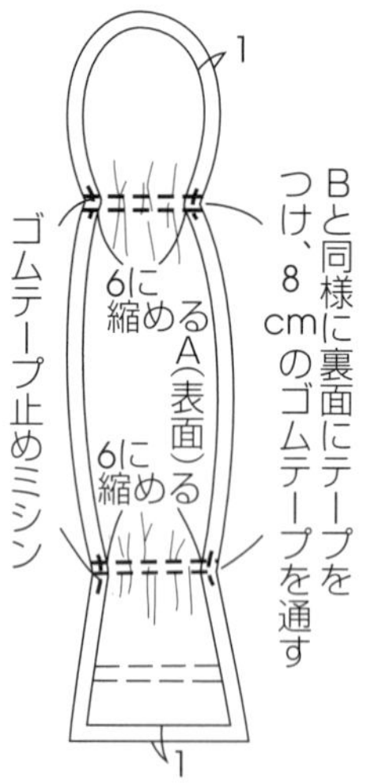

④ A布を出来上りに折り、A布とB布の間にレースをはさんでミシンをかける

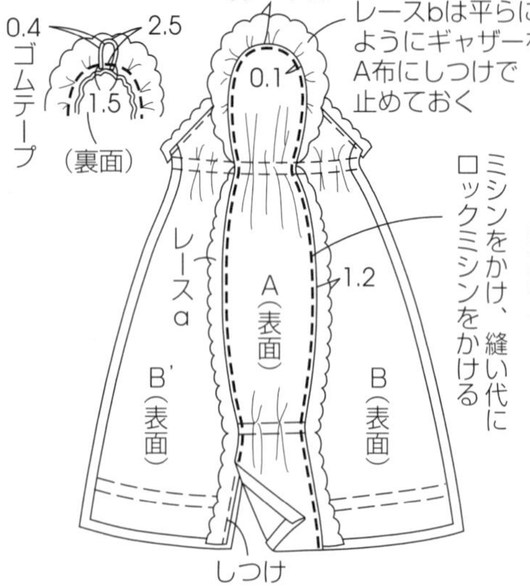

⑤ 腕つけ根側にレースをつけ、ゴムテープを通して止める

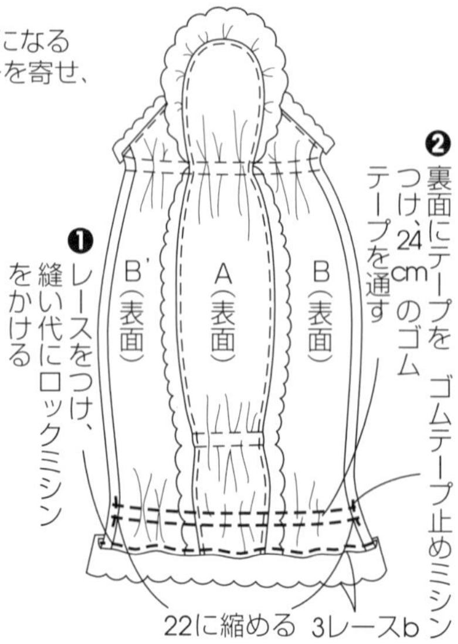

⑥ BとB'布を縫い合わせる

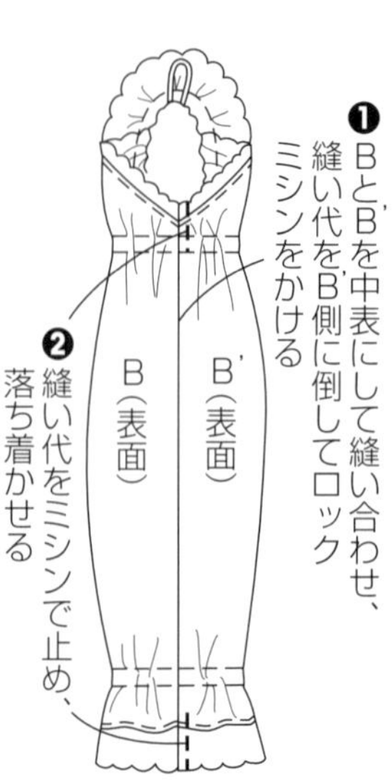

⑦ リボン飾りをつける

実物大

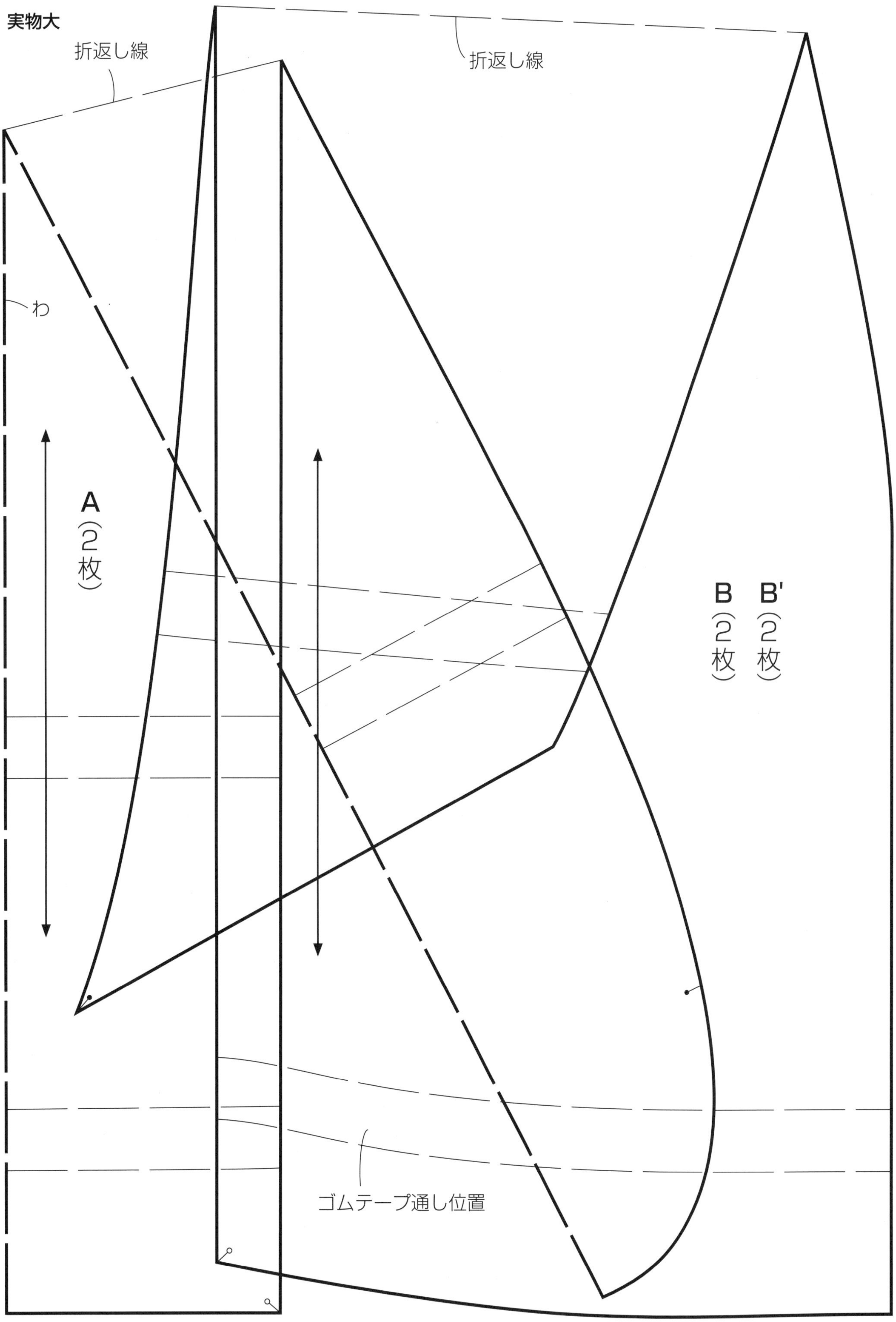
折返し線
折返し線
わ
A
(2枚)
B
(2枚)
B'
(2枚)
ゴムテープ通し位置

レースのハーフミトン

親指を入れる部分とほかの4本の指を一緒に入れる部分の二つに分かれた手袋で、毛糸や木綿の糸で編まれたものが多く防寒が主である。厚地の布や皮革で作られたものもある。ここで取り上げた指先のないミトンはシルクやレースで作るとおしゃれなアクセサリーとして効果的である。レースの布幅はいろいろあるが、ここでは18cm幅のストレッチのレースをそのまま使用。また広幅レースを柄にそって切り離し、好みの丈に作ることもできる。

■材料
表布＝18cm幅50cm

① 縫い代をつけて裁つ

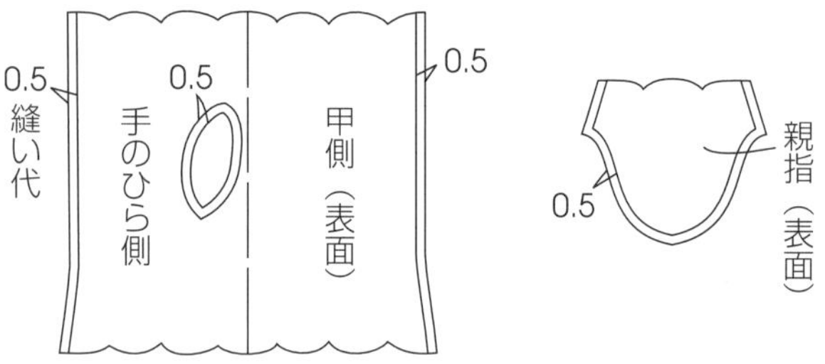

② 親指をつける

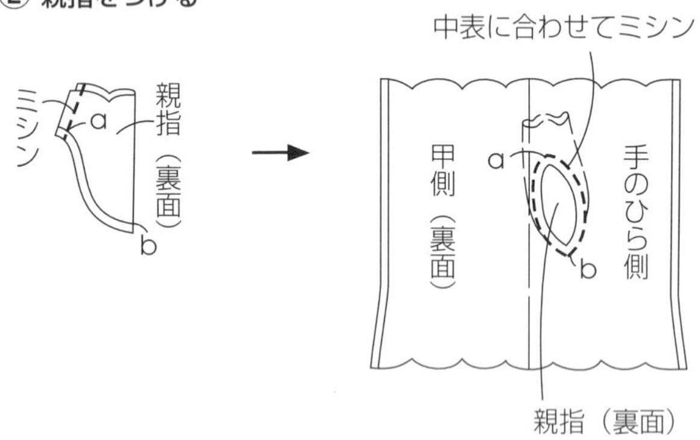

③ 中表にして脇側を縫う

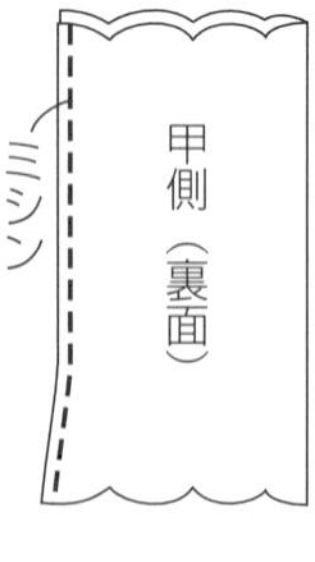

④ 出来上り

実物大

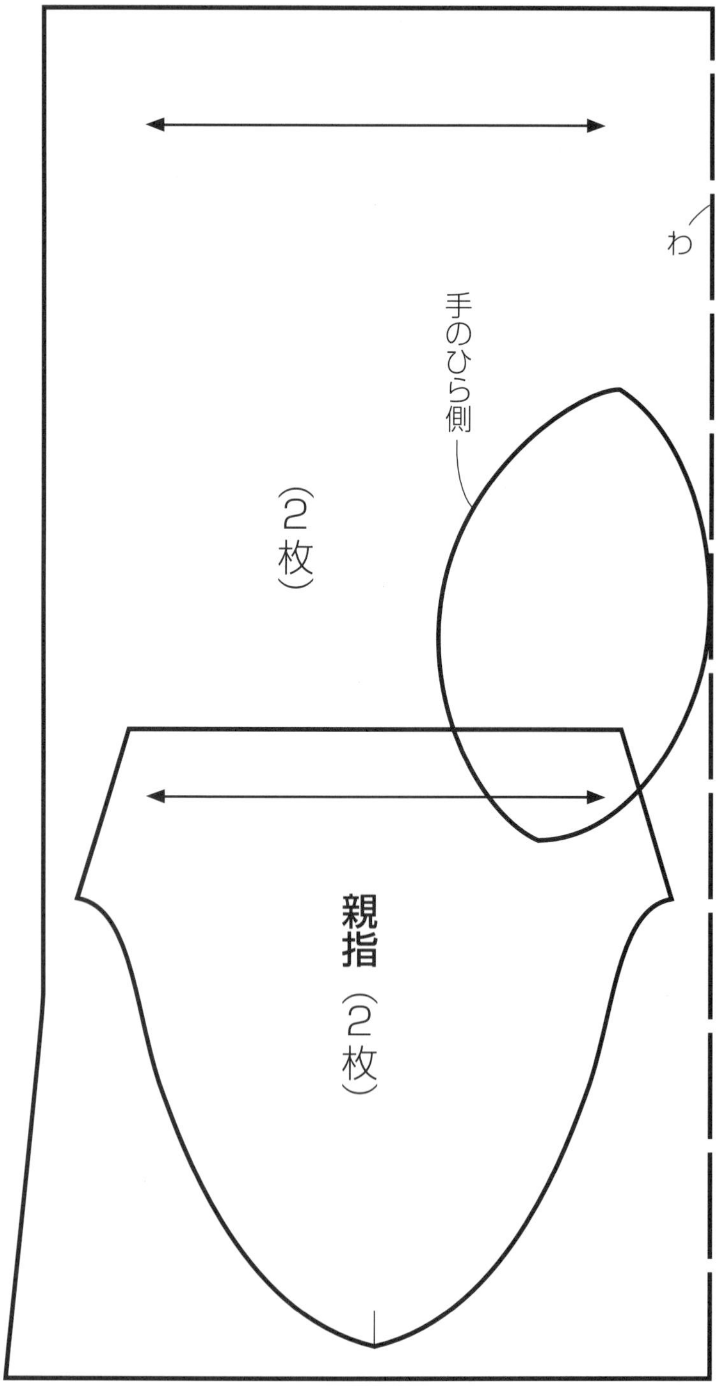

Ⅵ　靴下

1　靴下とは

靴下は、編み機、製造方法の違いで短いものをソックス（socks)、長靴下で肌の色が透けるぐらい薄手のものをストッキング（stocking)と大別している。いずれも片脚ごとに分けたものをさしている。またストッキングが腰で一体化し、つながったものをパンティ・ストッキングとして区別している。靴下は元来足の保護、保温などの防寒機能を主として考えられたことが始まりで、スカンディナヴィアでは髪の毛や羊毛を足に絡ませて靴下の代りに用いたり、またエジプトのコプト人は毛糸編みソックスを編み出した。

17世紀中ごろでは民族衣装のキルトに合わせて靴下がコーディネートされ、ファッションの一部として登場し(①)、最近のファッションショーにも現代風にアレンジされて登場した（②)。

また、脚にぴったりフィットする現在の長靴下（ストッキング）は1590年ごろ考えられ、17世紀イギリスの女王エリザベス1世が初めて絹製の編みストッキングを履いてから女性も用いるようになり、その後ナイロンストッキングが作られて一般大衆に広まり、今日のファッション性のあるストッキングに発達したのである。

靴下は手袋、帽子、靴などと同様に、演出効果を高めるアイテムとして重要な位置を占めている（③、④)。

1660年ころ　マイケル・ライト「無名のスコットランド人首長」
スコットランド国立肖像画館（エディンバラ）

ヴィヴィアン・ウエストウッド

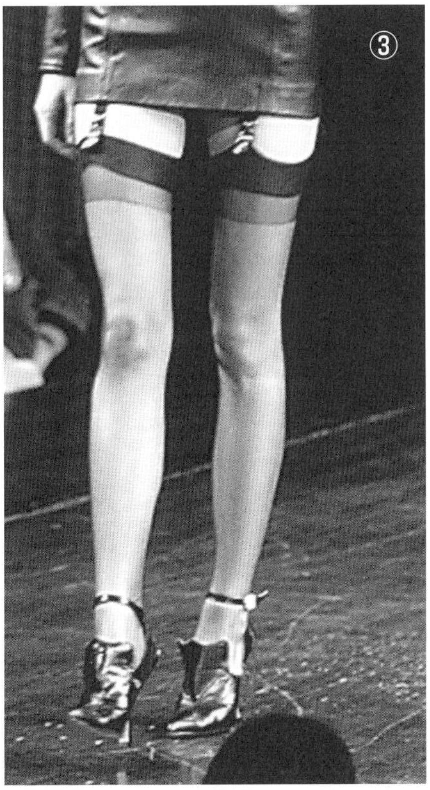

ヴィヴィアン・ウエストウッド

ジュリー・スカーランド

2　靴下の種類

靴下の種類は多く、使用する目的に合わせて選ぶことが大切である。たとえばスポーツ用、登山用、防寒用には素材を重視して選び、ファッションコーディネートには色、柄、丈、素材などを服のデザインに合わせて選ぶとよい。

また、男性のフォーマル用では、昼の正礼装、準礼装には黒無地また白黒の縞柄がよく、夜の略礼装、準礼装、正礼装、弔事には黒無地の靴下を履くことがしきたりになっているので、靴下だからといって安易に考えないで気配りをしながら装ってほしいものである。

柄の種類

柄の種類は数限りないほど多く、ここでは靴下の編み柄を主に大きく分けて紹介する。2種類以上の柄がミックスされて使われている場合や、ブランド名を編み柄や刺繍入りでデザインされているものもある。

また、ストッキングも透明の無地だけではなく、カラーストッキングや編み柄、プリント柄、ワンポイント柄などがある。

①無地

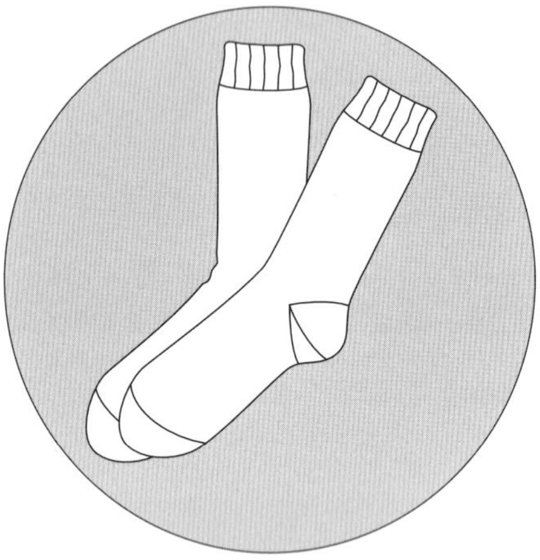

②横縞柄

③縦縞柄

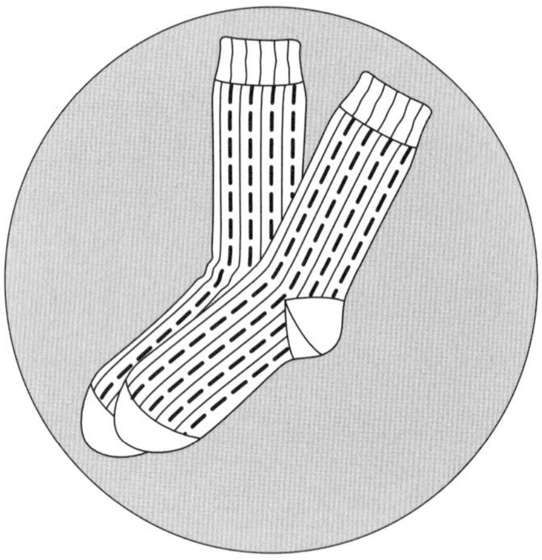

④ストライプ柄

⑤チェック柄

⑥ドット柄

⑦ボーダー柄

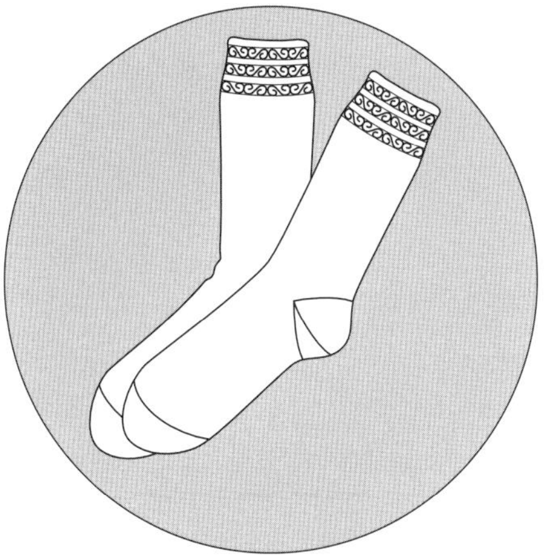

⑧ワンポイント柄

⑨花柄

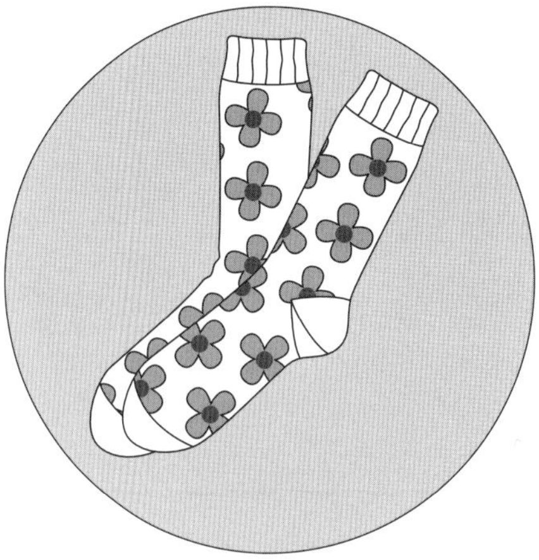

⑩アニマル柄

⑪幾何学柄

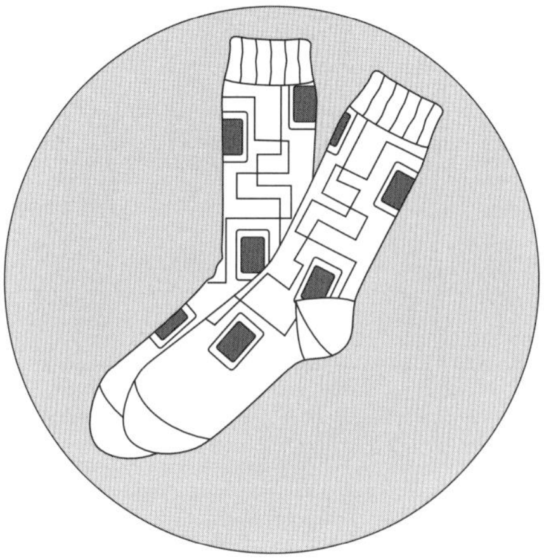

⑫レース柄

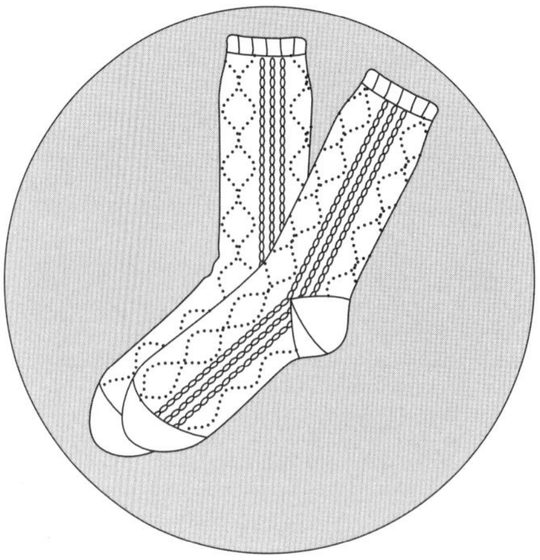

素材の種類

素材は一般的にウール、綿、絹、麻、化合繊などがある。綿、麻は吸湿性がよく、ウール、絹などが保温性がある。最近は丈夫で吸湿性のある混紡素材や化合繊などが多い。

また、遠赤外線のセラミック繊維で作られた薄手で暖かなものもあり、四季を通して快適に過ごせる新しい素材が開発されている。

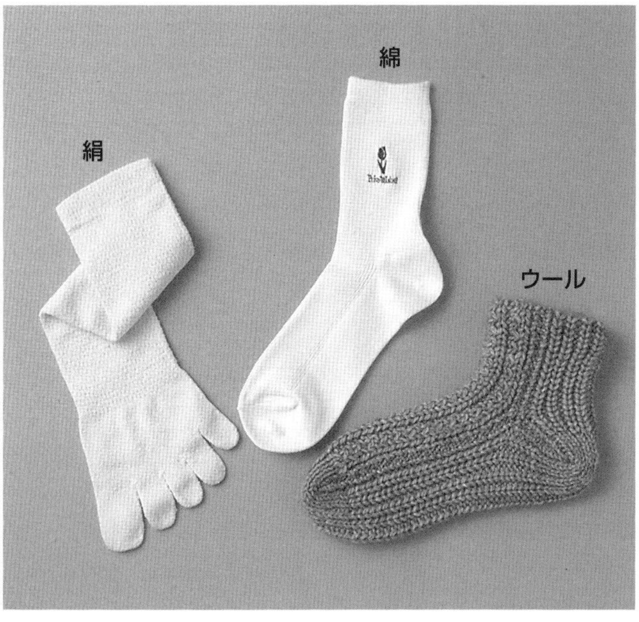

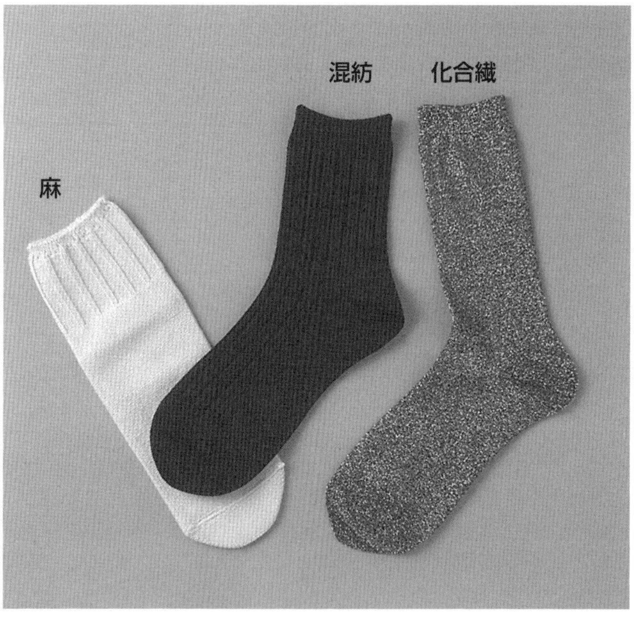

靴下の丈の種類

靴下丈は、脚の部位を基準にして名称がつけられている。いちばん短いものはくるぶしから下の丈で、フットカバーまたはパンプスインといい、膝下丈のものをハイソックス、膝上より長くなるとオーバーニーソックスという。足の部分がないものもある。

写真のようにハイソックスをくるくる巻いてアンクレットにしたり、重ね履きをして色や柄のコーディネートを楽しむなど、実用面だけにとらわれず、足もとのアクセサリーとして効果的に演出してほしいものである。

丈の名称

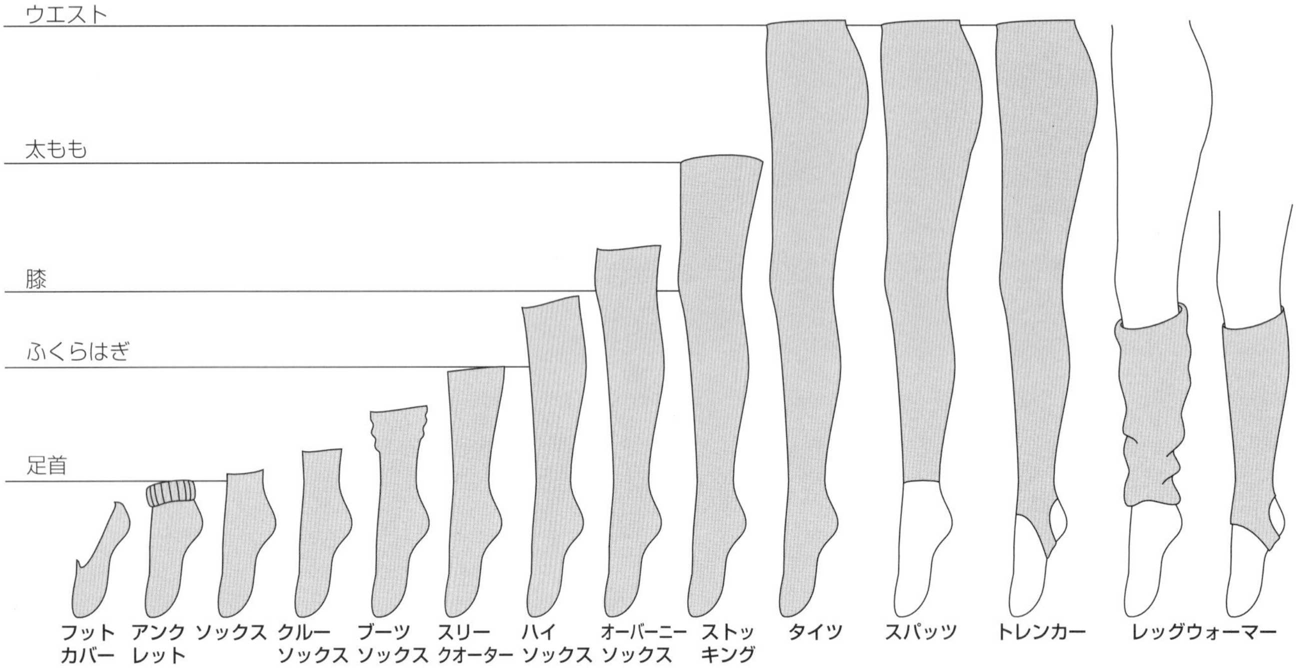

装い方

アンクレット

丈がくるぶしまでの短い靴下。

ユキ・トリヰ

ブーツソックス

ブーツの中に履いたソックスがルーズに出たもの。

イネス・ドゥ・ラ・フレサンジュ

巻きゲートル

日本の脚絆にあたるもので戦前から陸海軍で用いられていた。

バーバリー

ルーズタイツ

一般的にはタイツはぴったりしているが、ルーズに表現している。

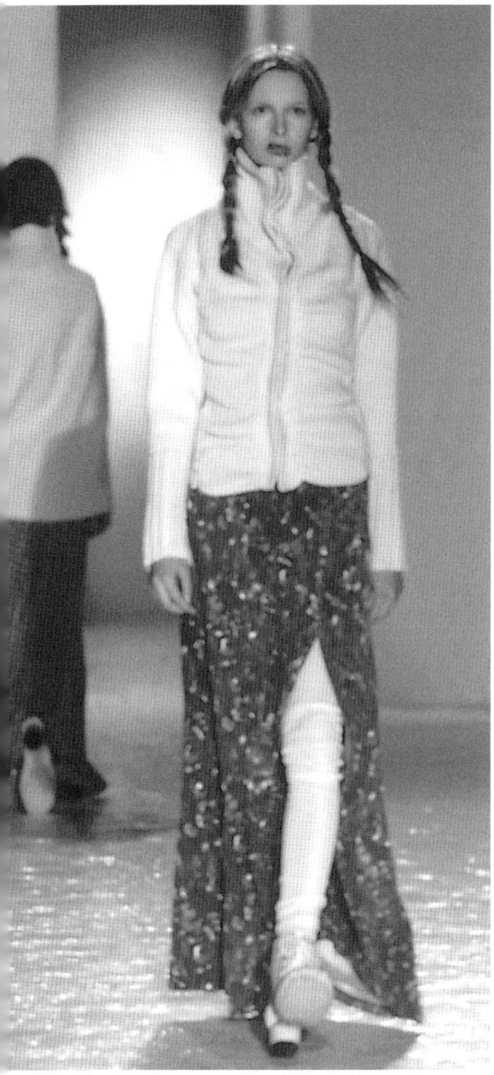

ユージ・ヤマダ

線入りストッキング＋クルーソックス

無地のストッキングにデザイン線を入れ、クルーソックスを重ね履きすると新鮮に見える。

ジャン・コロナ

スパッツ

本来は布や革製の短いゲートルをいうが、現在ではくるぶしから上の丈で脚にぴったりフィットしたパンツ状のもの。

リーヴ・ヴァン・ゴープ

柄入りタイツ

トータルコーディネート効果を靴下と手袋に生かしてあるため、靴下の柄がより一層映える。

ベルナール・ヴィレム

3　レッグウォーマーの作り方

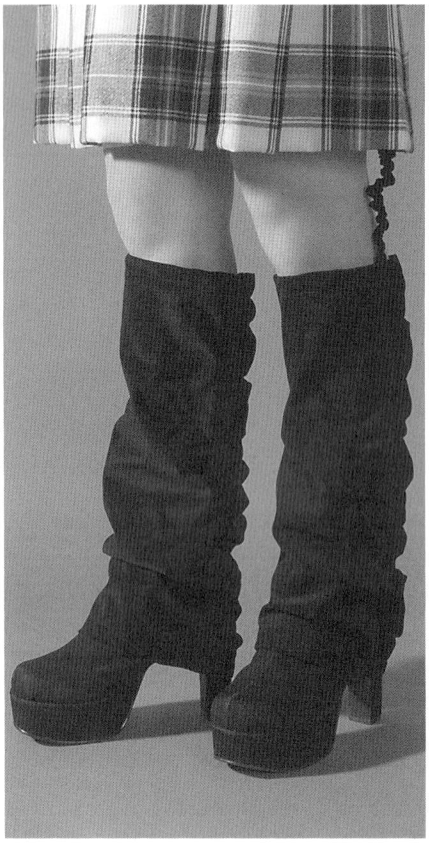

■材料
表布=90cm幅65cm
ゴムカタン糸＝100cm
留め具=2個
ゴムテープ=0.8cm幅20～30cm

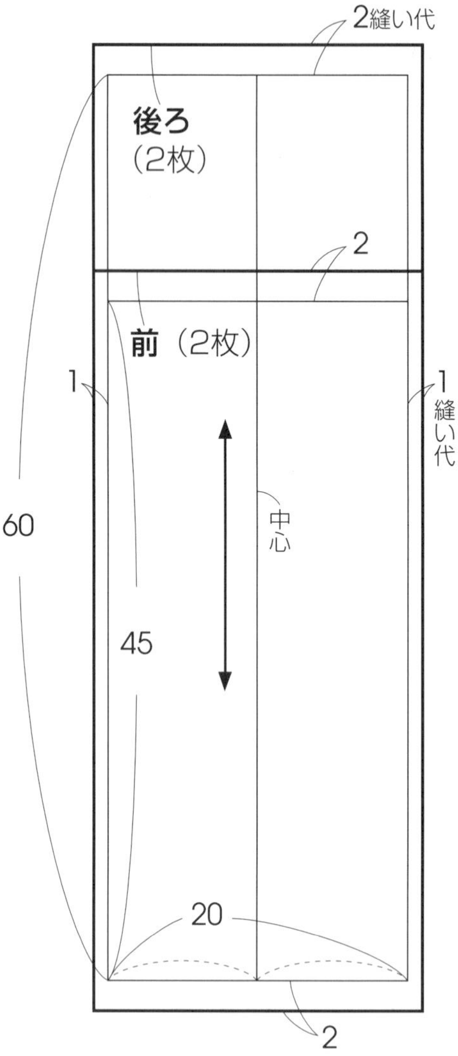

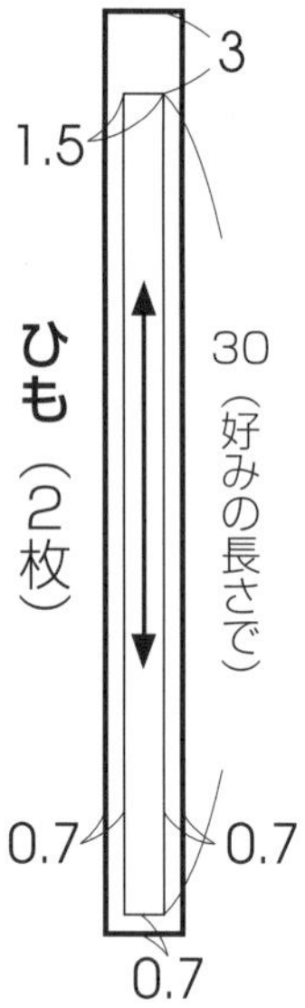

縫い方順序

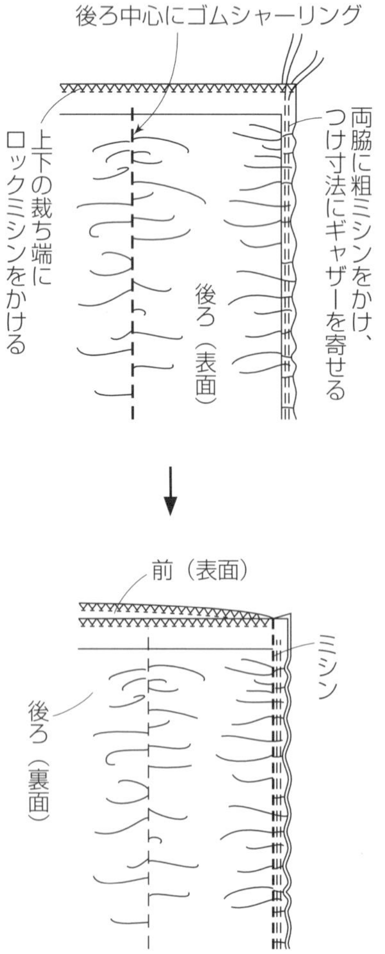

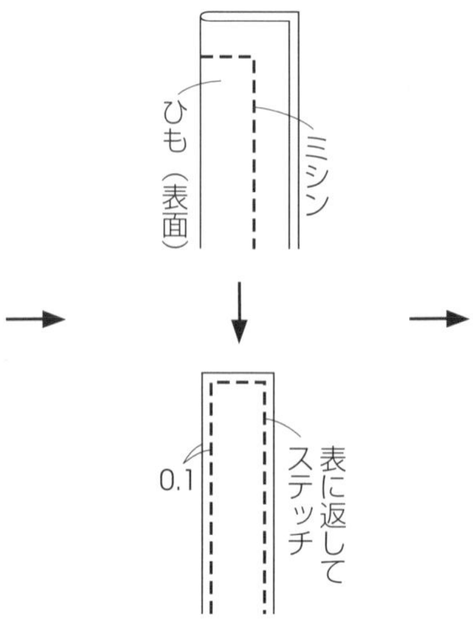

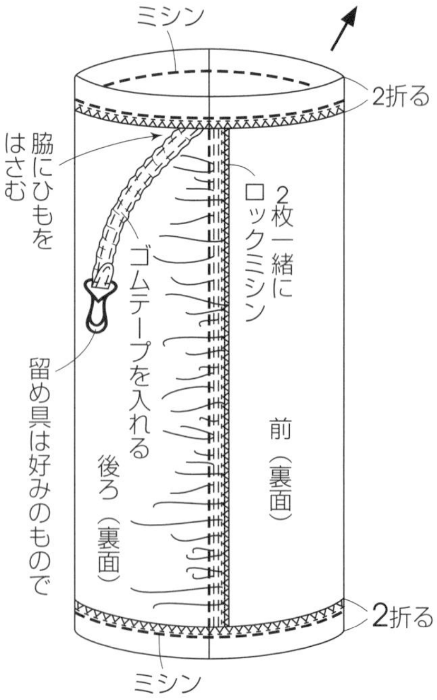

第5章
ボタン・ベルト

ドリス・ヴァン・ノッテン

ジュンコ・コシノ

ジャンポール・ゴルチエ

I　ボタン・ベルトについて

古代から人々は1枚の布を体に巻き、形を整えるためにひもを考えたり、また布と布を留めるためにフィビュラ（装飾ピン）を考えたりして、ベルトやボタンが生み出された。

長い年月、多種多様な衣服にボタンやベルトが用いられてきたが、その時代の社会的、経済的、政治的諸要因の影響を受けながら発達し、ある時は主に実用性、ある時は芸術品として作り出され、今日のボタン、ベルトが確立されてきたのである。

特にベルトは装飾性が高く、装い方次第で服のイメージが変わってしまうことや、逆に思いがけない着こなし方が生まれることもあるので、いろいろ工夫を凝らすことで新しいコーディネート効果を出すことができる。

Ⅱ　ボタン・ベルトのコーディネート効果

1　ボタンの効果的な扱い方

ボタンは、衣服の開閉に必要な留め具としての大切な付属品であり、実用性と装飾性の両方を併せもつ魅力あるアクセサリーでもある。装飾の役割を担うボタンは装いを引き立てる重要なポイントなので、小さなボタン一つでも服のイメージを大きく変えることもある。そのためにはボタンの素材、大きさ、色、形などを吟味し、服がより一層引き立つように日ごろからコーディネートセンスを磨く必要がある。

パリ・コレクションやオートクチュールのコレクションでは、ボタンをデザインポイントにした作品が多く見られる。

シンプルな服の脇や袖口などにボタンを並べたり、結びボタンや花ボタンを効果的に使ってチャイナ風のイメージをもたせたり、また刺繍とボタンを組み合わせてゴージャスなイメージを演出している。

このようにボタンはイメージを変える魔力をもっている。

ルイ・フェロー

ルイ・フェロー

レオナール

ピエール・カルダン

ルイ・フェロー

チン・テ・オク

イングリット・ヴァン・ドゥ・ヴィル

オーヤ

2　ベルトの効果的な扱い方

ベルトは男女を問わずウエスト、腰回りに締めるもので、実用性と装飾性の両方を兼ね備えたアクセサリーである。衣服を留めるだけでなく、美しいウエストラインのシルエットを強調させるために用いられることが多く、最近のスリムでタイトなシルエットにはベルトの存在は大きい。

ベルトは扱い方によってカジュアルにもエレガントにも服のイメージを変えることができる。たとえばドレッシーな刺繍のあるドレスに革のベルトをするとカジュアルなイメージに、シンプルなワンピースにコルセットベルトを用いてモダンなイメージに変身させることができる。

服のイメージに合わせてベルトの形、色、素材を吟味し、効果的に演出することが大切である。

ジャンルイ・シェレル

クロエ

ドリス・ヴァン・ノッテン

ジャンルイ・シェレル

ケンゾー

ジュンコ・コシノ

ヴェロニク・ルロワ

ジバンシィ

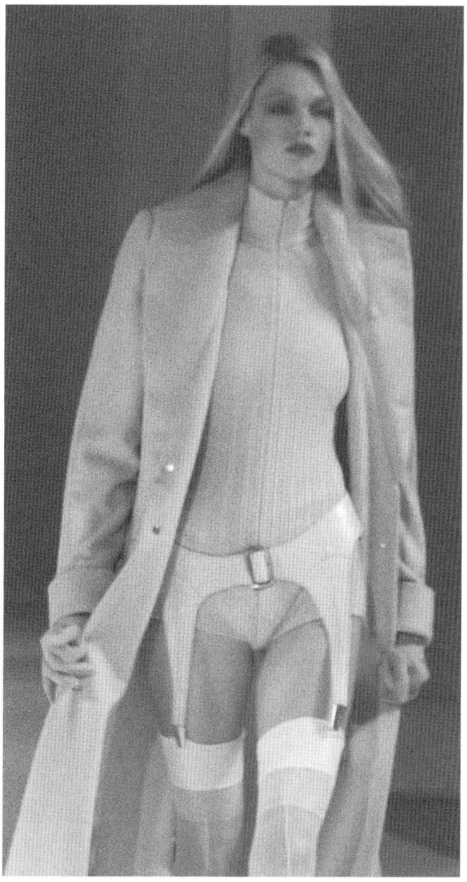

ティエリー・ミュグレル

ドリス・ヴァン・ノッテン

Ⅲ　ボタン

1　ボタンとは

日本で使われているボタンの語は、ポルトガル語のボタン（botão）から変化したものといわれており、英語ではバトン（button）、フランス語ではブトン（bouton）という。

ボタンは衣服の合せ目を開閉するときに用いられる留め具の一種で、片側に作られたボタンホールやループの穴にくぐらせて留める役割と装飾性をもっている。

ボタンはいつごろから使われたかは定かではないが、ギリシャ・ローマ時代ではフィビュラと呼ばれる装飾ピンが留め具として用いられていた。

現在のような機能性をもつボタンになったのは13世紀以後である。14世紀には上流階級の間で普及し（①）、ボタンの全盛といわれた16〜18世紀にかけては装飾的で贅沢なボタンが作られるようになった。陶器、刺繍、メタル細工、ガラスなど、芸術品に匹敵する美しいボタンが紳士服のおしゃれなポイント（②）として流行し、婦人服にまで及んだ。

最近では19世紀から20世紀初頭にかけて使われた結びボタンが新鮮な形で取り入れられている（③）。また、プラスチック製ボタンの登場で色、形など自由に作ることが可能になり、服の重要なデザインポイントとしての役割を果たす存在にまで達している（④）。

①
1388年ころ　盛装用衣服　バヴァリアのイザベルの彫像
ポワティエ、パレ・ド・ジュスティス

②
（文化学園服飾博物館蔵）

③
ジュンコ・コシノ

④
チン・テ・オク

2 ボタンの種類

ボタンの種類は多く、服のデザインや使用目的に合わせて素材、形、色を選ぶことが大切である。

素材は、天然素材、金属素材、プラスチック素材、その他に大きく分けられる。また、金属、プラスチックにメッキされたメッキボタンや、牛乳から作るカゼイン樹脂のものなどがある。

形も、大きく分けて丸形、楕円形、角形、角丸形、三味線胴形がある。表穴ボタンの形も二つ穴、四つ穴が一般的に多く使用され、そのほかに三つ穴、たぬき穴、一棒穴、角形変形穴などがある。裏穴ボタンの形は、裏足の種類がいろいろあるので、買うときは表だけではなく、裏足の形などもよく見て使用目的に合わせて選ぶとよい(116ページ参照)。

色は天然素材の色、金属素材の色、プラスチック素材の色など多くの種類がある。

ボタンのサイズは、ボタンのいちばん長い寸法をはかって決められている(116ページ参照)。服のデザインに合わせてボタンの大きさを選ぶとよい。

ボタンの素材と種類

素材	ボタンの種類	
天然素材	骨、角（水牛） 貝ボタン 皮革ボタン ナット（やしの実）ボタン 木ボタン 竹ボタン	
金属素材	真鍮ボタン メタルキャストボタン アルミニウムボタン	
	プラスチック・メッキボタン	
プラスチック素材	カゼインボタン ナイロンボタン ABSボタン（スチレン系プラスチック樹脂加工） アクリルボタン アセチボタン（アセテート樹脂加工） ポリボタン（ポリエステル樹脂加工） ユリアボタン（ユリア樹脂加工） エポキシボタン（エポキシ樹脂加工）	
その他	七宝ボタン パール（塗装）ボタン くるみボタン ガラスボタン セラミック（陶磁）ボタン 飾り結びボタン	

ボタンの形

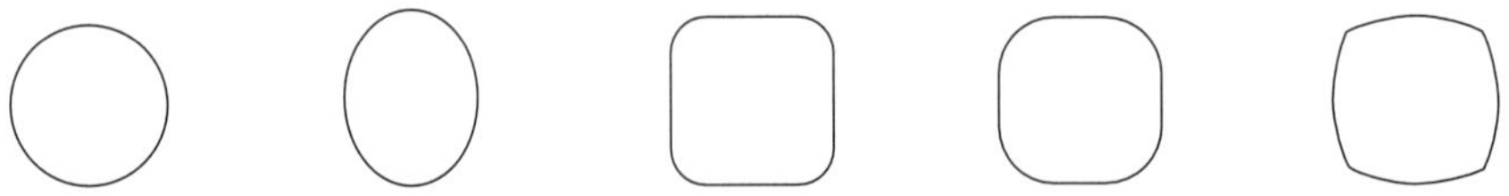

丸　形　　楕円形　　角　形　　角丸形　　三味線胴形

表穴ボタンの形

二つ穴　　四つ穴　　三つ穴　　たぬき穴　　一棒穴（フィッシュアイ）　　角形変形穴

たらい形　　皿　形　　平　形　　椀　形

裏足ボタンの形

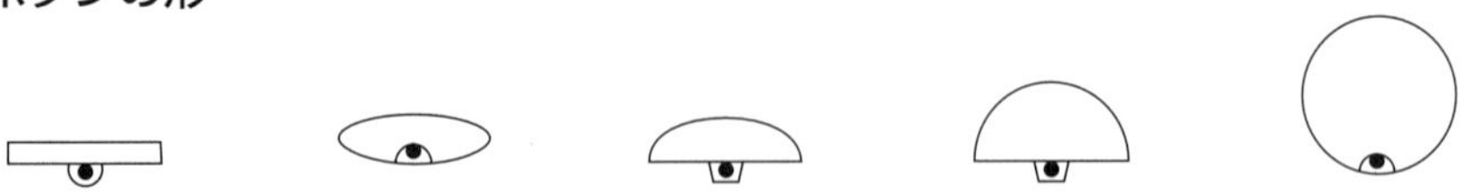

平　形　　碁石形　　天丸形(半丸)　　山高形(羊玉)　　玉ボタン形

裏足の種類

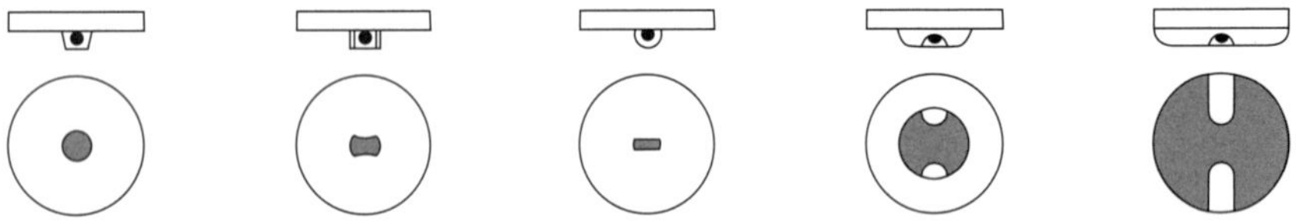

丸　足　　分胴足　　アーチ足　　船底足　　トンネル足

ボタンのサイズ

（単位mm）

8	10	11.5	13	15	18	20	23	25	30	35	40	45

《ボタンのサイズのはかり方》

丸の場合……直径　　角の場合……対角線　　楕円形の場合……長い方

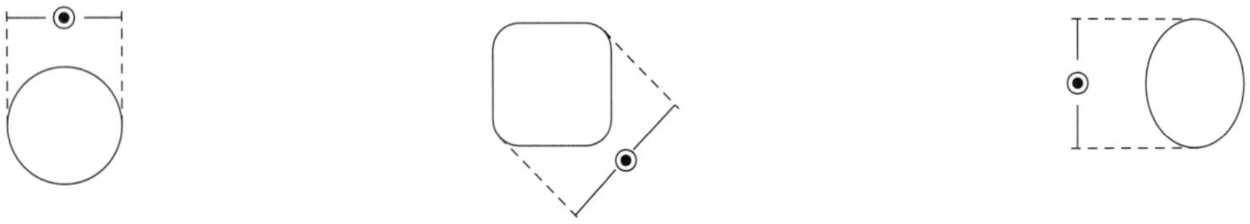

カフスボタン（カフリンクス）の種類と扱い方

カフスボタンは袖口を閉じるためにカフスにつけて用いるとりはずしのできる留め具のことで、英語でカフリンクスという。

カフリンクスは、留め金用、連結用、鎖用の3種類があり、貴金属や宝石などで作られたものが多く、用途や目的に合わせて効果的に用いるとよい。

また、カフスにはシングルカフス、ダブルカフス、コンバーチブルカフスの3種類があるが、カフリンクスが使えるものはダブルカフスとコンバーチブルカフスである。

カフリンクスの種類

留め金用

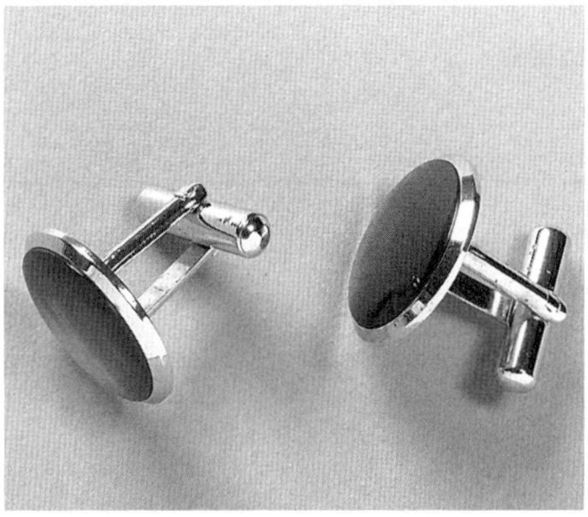

連結用

鎖用

カフリンクスの扱い方

ダブルカフス

フレンチ・カフスともいい、ドレッシーな装いのときに用いる。カフリンクスはパールや光るものがよい。

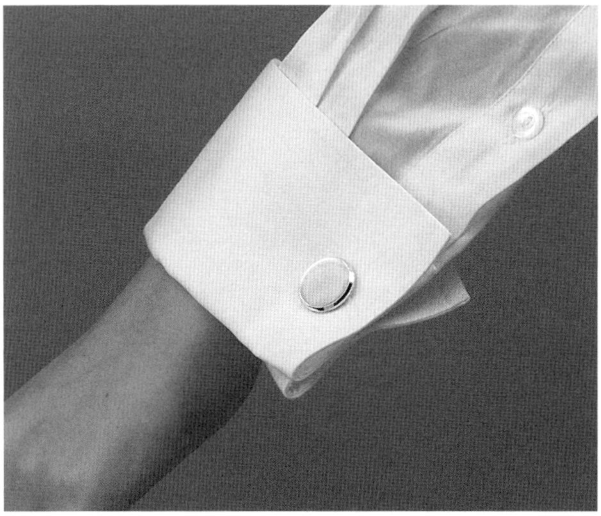

コンバーチブルカフス

ボタン留めとカフリンクス留め両用のカフスのことで、比較的スポーティなカフリンクスがふさわしい。

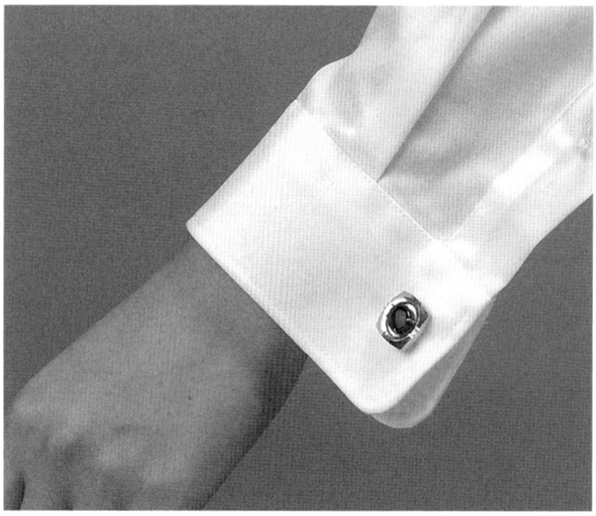

ボタンのつけ方

ボタンつけは、服の厚み分を加えてボタン足の長さを決め、ボタンつけをするとよい。

ジャケットやコートなどの厚地のボタンつけには、補強のために布の裏に力ボタンをつけるとよい。

また、丈夫な糸でしっかり止めることも大切である。カタン糸30番、絹穴糸、ポリエステル（100%）糸30番を布の素材に合わせて用いる。

クリーニングに出すときは、ボタンの素材によっては変色することもあるので、必ず衣服についている品質表示を見てとりはずす指示がある場合は前もってはずしておくなど、クリーニング店とのトラブルを避ける心配りをしてほしい。

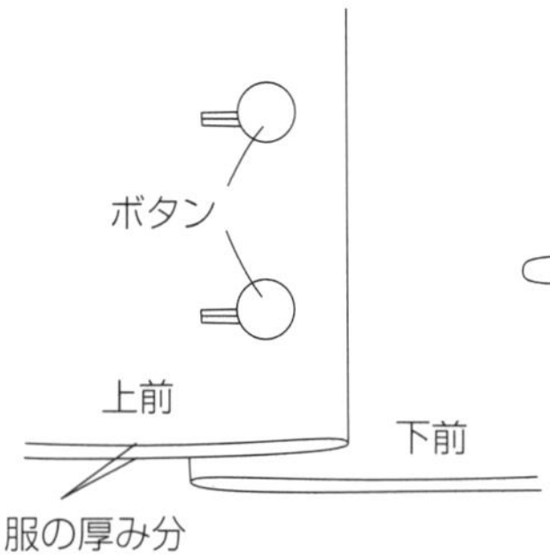

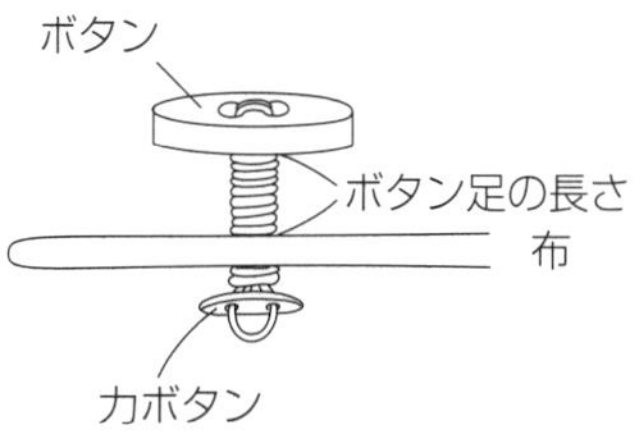

3　結びボタンの作り方

しゃか結び（とんぼ頭、とんぼ結び）

ジュンコ・コシノ

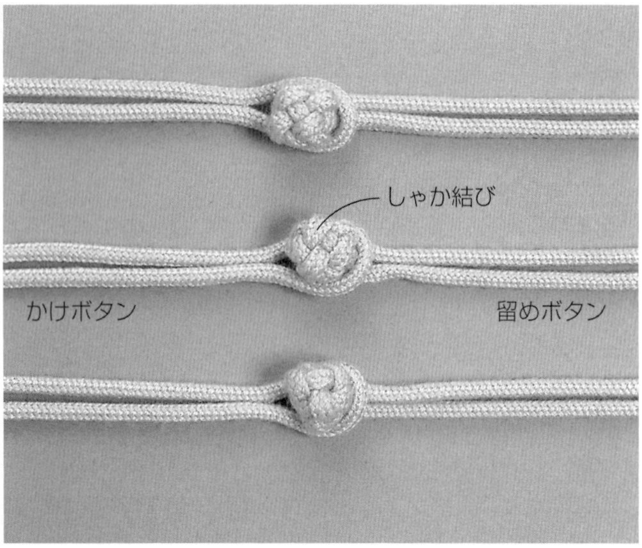

■材料（1組み分）
留めボタン用のコード＝太さ0.3cmを40cm
かけボタン用のコード＝太さ0.3cmを15cm
接着剤または糸と針
目打ち

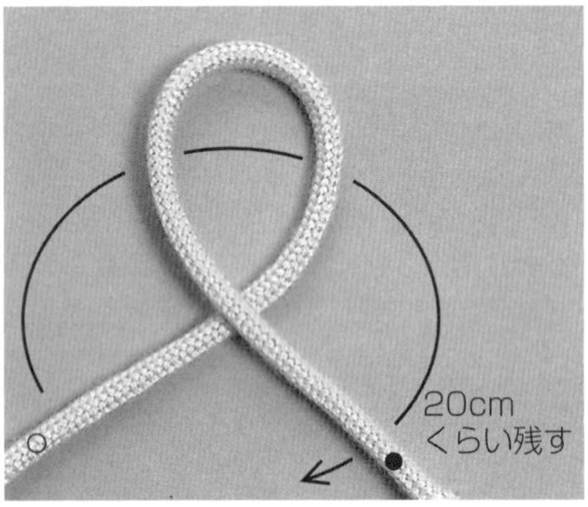

① ●のコードが上になるように交差させる（交差から●のコードを20cmくらい残す）。

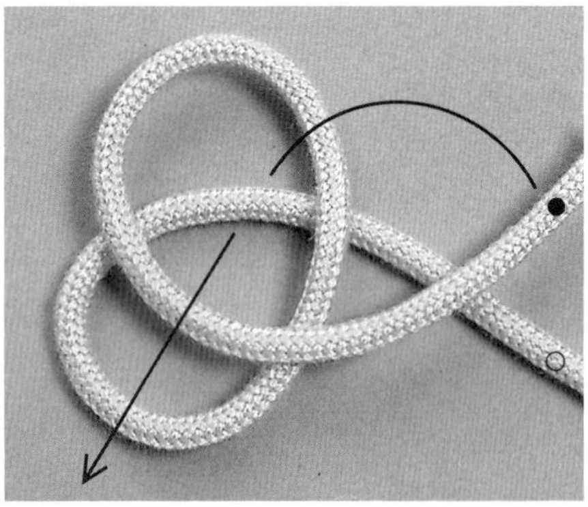

② ●のコードを矢印のように通し、淡路結びを作る。

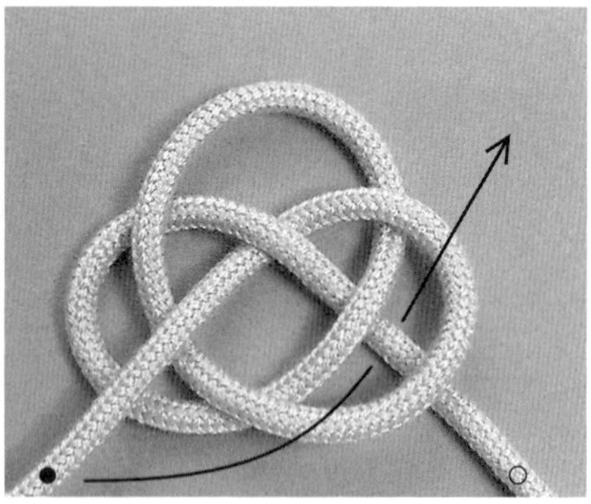

③ ●のコードを矢印のように淡路結びに通す。

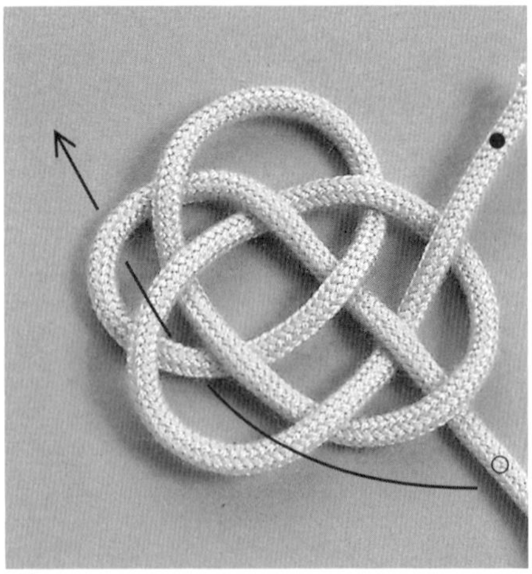

④ ○のコードを矢印のようにくぐらせる。

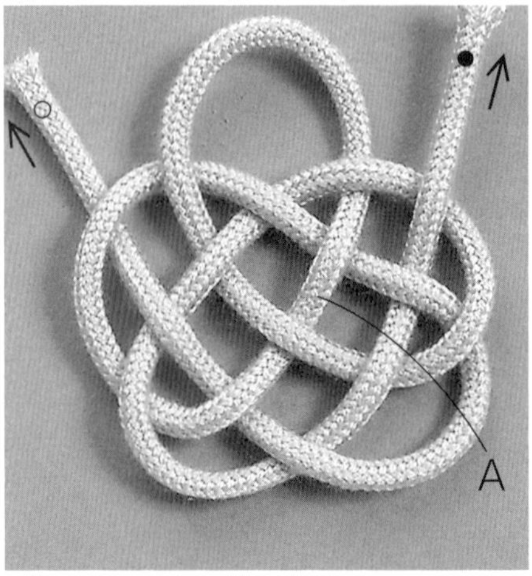

⑤ Aの位置を目打ちで引き上げ、両端のコードを静かに引く。

⑥ しゃか結びの形を整え、留めボタンの出来上り。

⑦ かけボタン用のコードにしゃか結びを入れて穴の長さを決めてかがり、かけボタンの出来上り。

花結び（几帳結び）

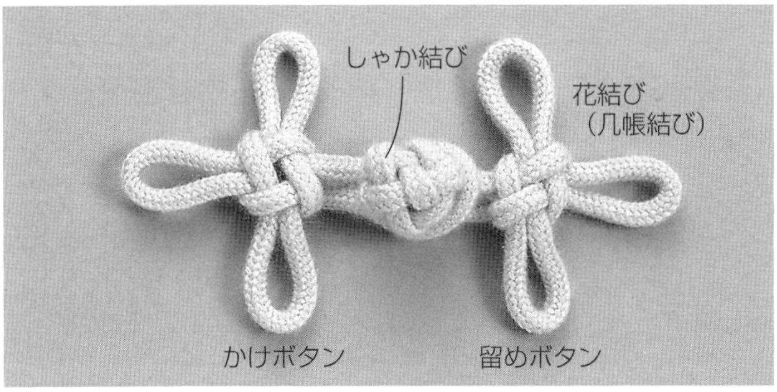

■**材料**（1組み分）
留めボタン用のコード＝太さ0.3cmを50cm
かけボタン用のコード＝太さ0.3cmを40cm
接着剤または糸と針
目打ち

留めボタン

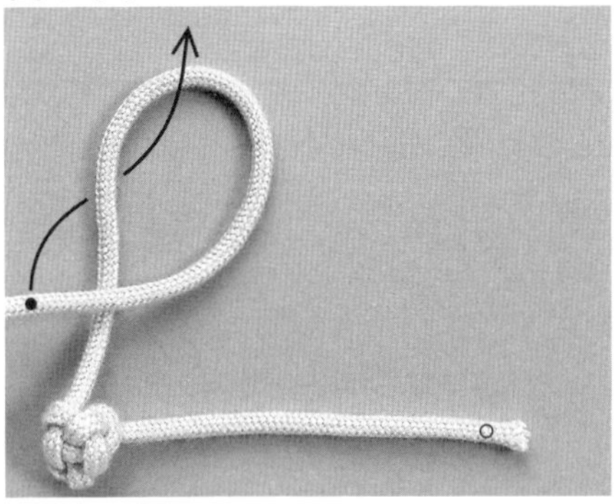

① しゃか結びをした後、○のコードは5～6cm残し、●のコードは40cmくらい残して矢印のように通す。

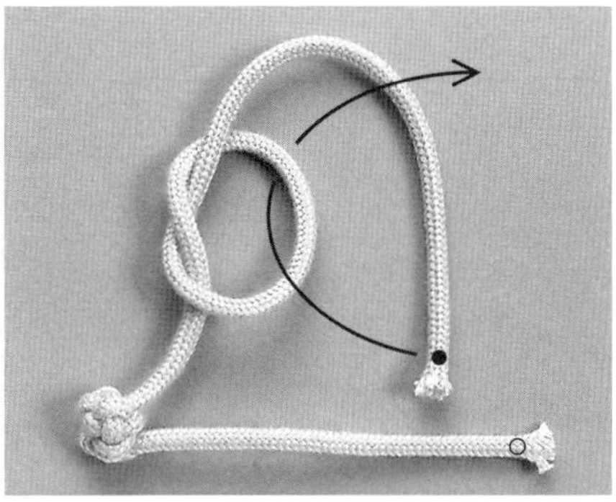

② ●のコードを輪の上からくぐらせる。

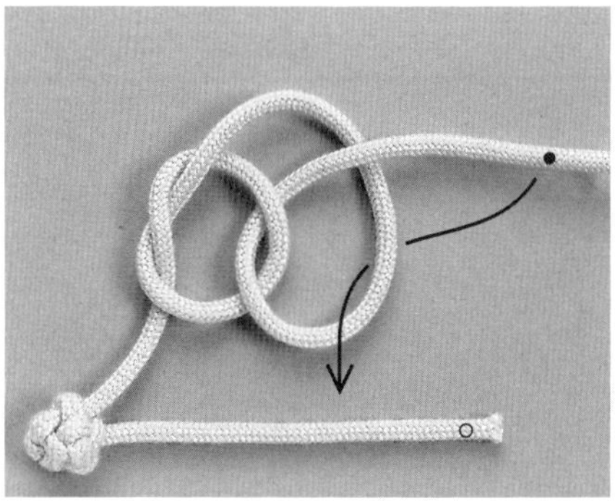

③ ●のコードを出来上がった輪の下から通す。

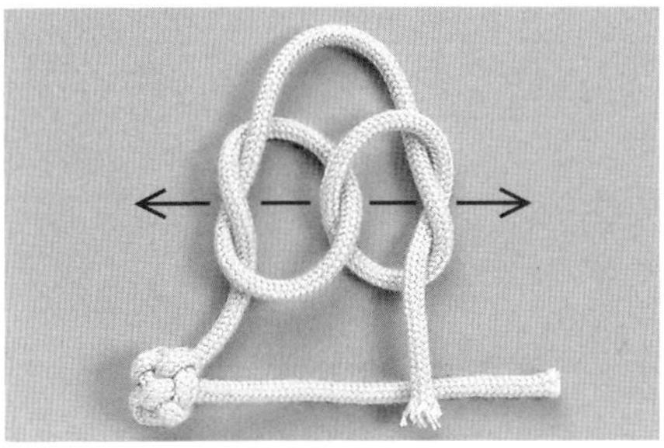

④ 中央のコードを左右のねじりの中をくぐらせて引く。

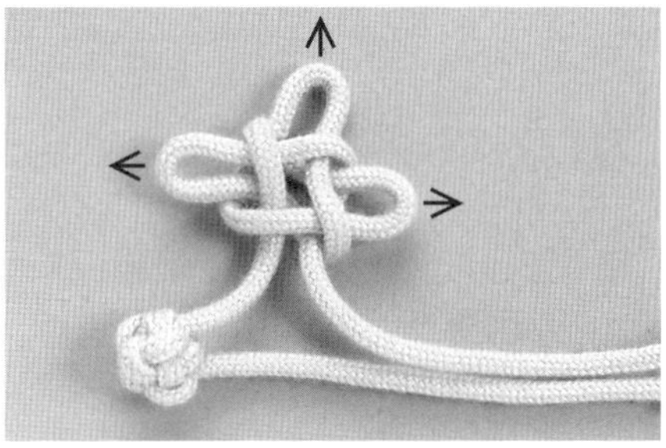

⑤ 3方向にコードを引き締める。

⑥ 形を整える。

⑦ 余ったコード端を裏側に回す。

⑧ 余分なコードをカットし、接着剤または糸でしっかり止める。

⑨ 出来上り。

かけボタン

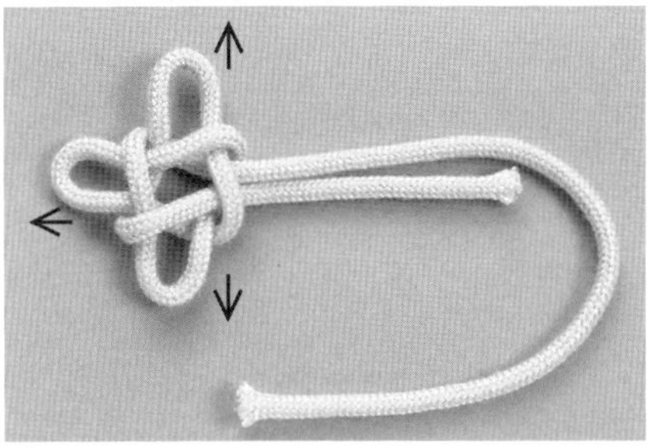

① 留めボタンの①～④を参考に花結びを作る。

② 留めボタンのしゃか結びを入れて穴の長さを決め、⑧の要領で止める。

③ 出来上り。

みょうが結び

ジュンコ・コシノ

■材料（1組み分）
留めボタン用のコード＝太さ0.3cmを60cm
かけボタン用のコード＝太さ0.3cmを50cm
接着剤または糸と針
目打ち

留めボタン

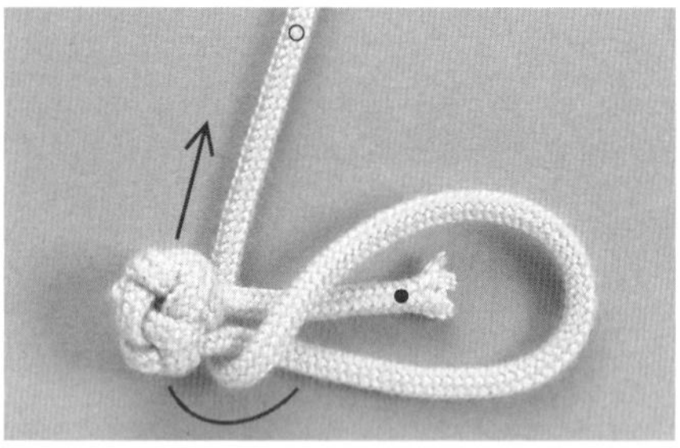

① しゃか結びをした後、●のコードを2〜3cmに切る。その下を通るように○のコードで矢印のように輪を作る。

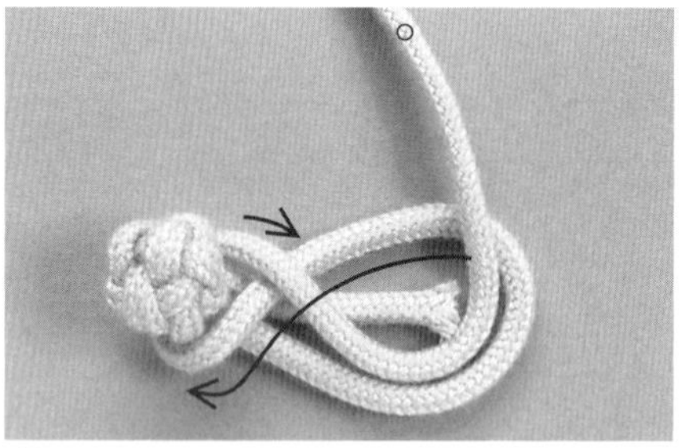

② 矢印のようにコードを回しながら輪の内側にそろえていく。

③ 三重の輪ができたところで余ったコードを中心に通す。

④ 余ったコードが裏側にくる。

⑤ 余分なコードはカットし、接着剤または糸でしっかり止める。

⑥ 出来上り。

かけボタン

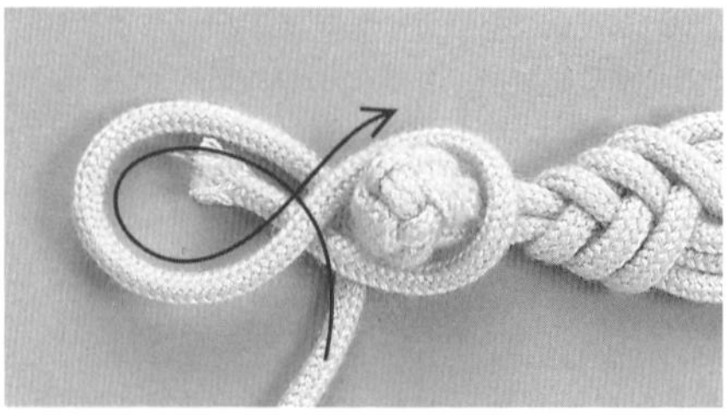

① 留めボタンのしゃか結びを入れながらコードを回し、三重の輪を作る。

② 余ったコードを中心に入れ、余分をカットし、接着剤または糸でしっかり止める。

③ 出来上り。

4　アクセサリーボタンの作り方

ボタンをアクセサリーに

　思い出のボタンやすてきなボタンをアクセサリーに変身させたり、ボタンとセットにイヤリングやブローチにして演出すると、一味違ったコーディネートが楽しめる。

イヤリング

イヤリング用パーツ

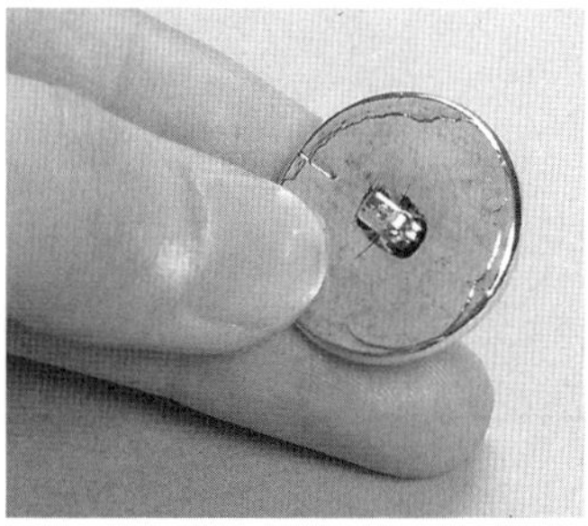

① ユニパルをつける。
ユニパル（ゴムのアダプター）の中心部の切れ目（0.1、0.15、0.2cmがある）にボタン足をはめ込む。

② パーツをつける。
ユニパルとボタン足のすき間が大きいとパーツがゆるむので、その際はユニパルを追加する。

③ 一度ユニパルを接着すれば、どんなパーツにも交換できる。

スカーフリング

スカーフリング用パーツ

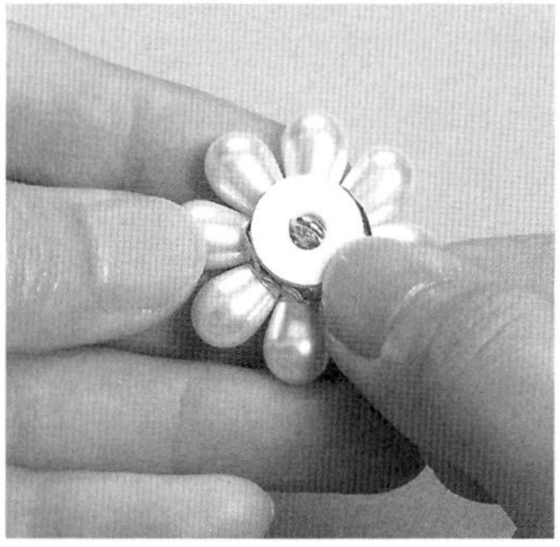

① ユニパルをつける。

② パーツをつける。

③ 出来上り。

ブローチ

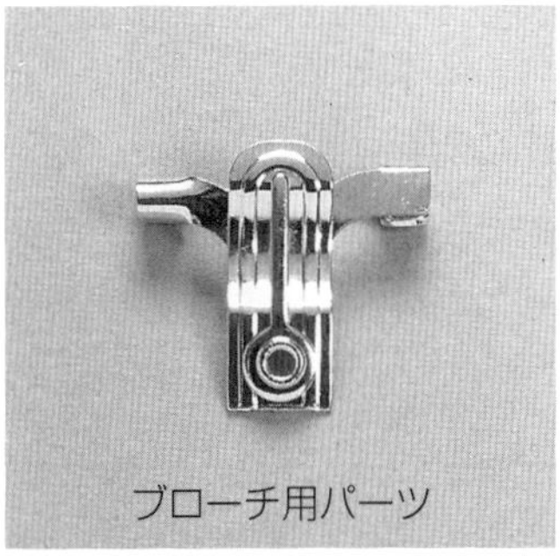

ブローチ用パーツ

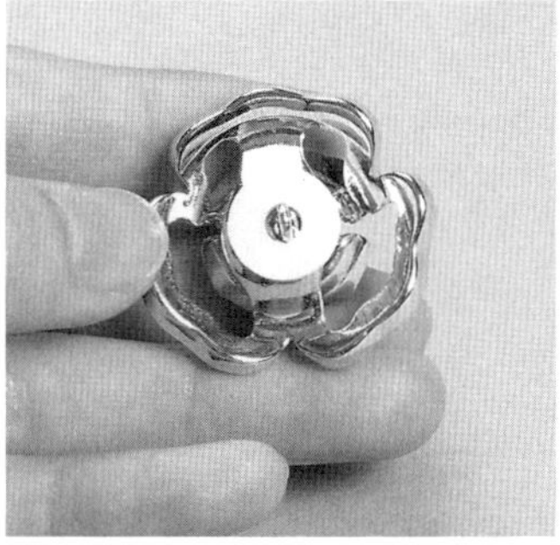

① ユニパルをつける。

② パーツをつける。

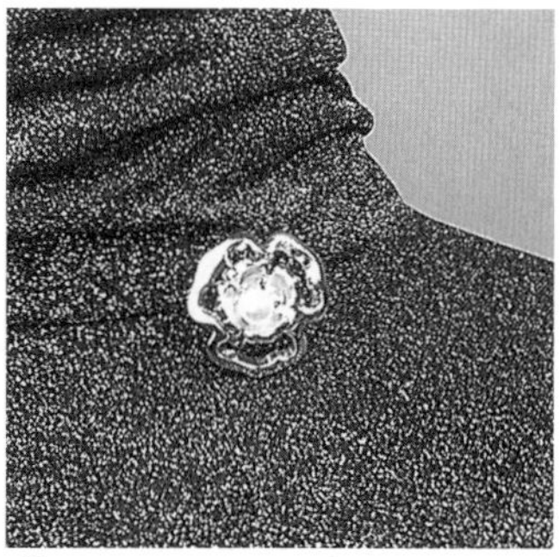

③ 出来上り。

タイタック

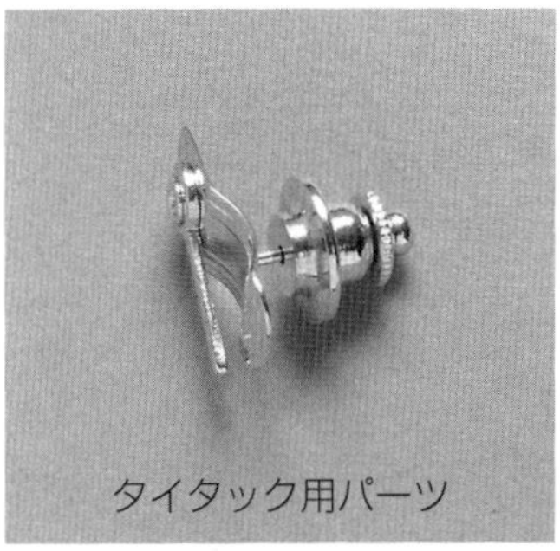

タイタック用パーツ

① ユニパルをつける。

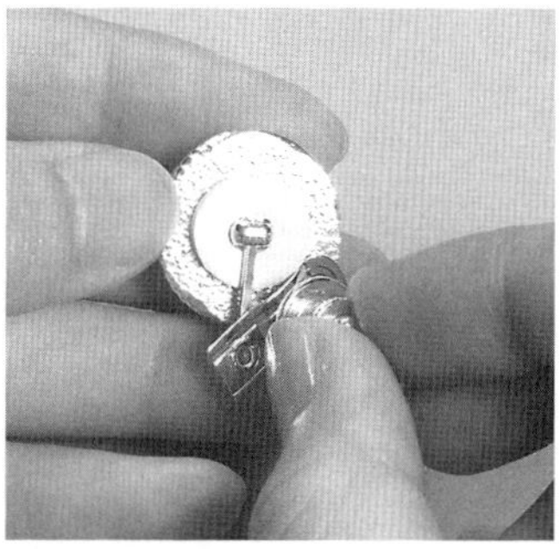

② パーツをつける。

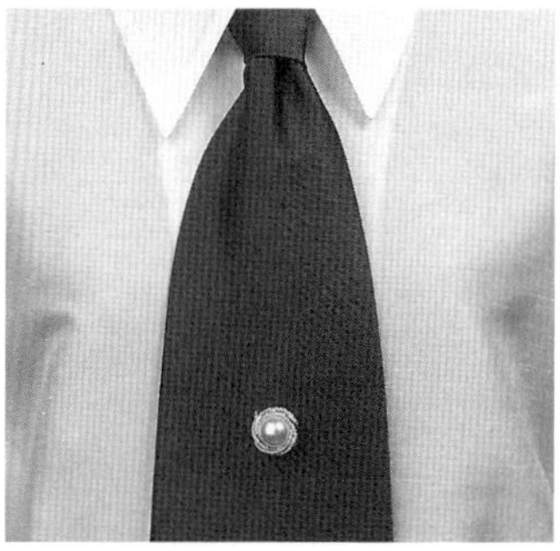

③ 出来上り。

Ⅳ　ベルト

1　ベルトとは

ベルト（belt）は英語で、フランス語でサンチュール（ceinture）といい、ひも状あるいは帯状のもので衣服の上から留めたり、締めたりするものである。

バンドとほぼ同意語として用いられるが、バンドは輪になっているものをさす場合に使われ、ヘアバンド、カマーバンド、ネックバンドなどがある。

ベルトの発祥は定かではないが原始時代の裸体胴部にひもを締めて袋を下げたり、採集したものを下げたりしたのが始まりといわれている。

古代エジプトでは細いひも状のもので何回も巻いたり、クレタ島では幅広のベルトでウエストを強調したりして使われていた（①）。

15世紀から17世紀にかけては服のデザインによりハイウエストにベルトをしておなかをわざと突き出させたり、細いベルトや金の鎖のベルトなどでウエストを強調したりしてアクセサリー感覚で用いられた（②）。

18～19世紀では服の形態も変わり、ウエストを締めないデザインへと変わったが、今日ではコーディネートに欠かせない重要なアクセサリーとして位置づけられている（③、④）。

①

紀元前875～860年ころ　女神小立像／クレタ島
フィッツウイリアム美術館（ケンブリッジ）

②

1590年ころ「ウォルター・ラウリ卿とその息子」
ナショナル・ポートレート・ギャラリー（ロンドン）

③

ドリス・ヴァン・ノッテン

④

パコ・ラバンヌ

2　ベルトの種類

ベルトは、服のデザインや用途に合わせて作り出されているため、色、形、素材も多種多様である。また、名称のつけ方もさまざまで、素材そのものの名称からつけたゴムベルト、チェーンベルト、ジュエルベルト、ひもベルト、また衣服につける位置からつけられたウエストベルト、ヒップボーンベルト、ウエストウォーマー、コルセットベルトや、用途からつけられたインディアンベルト、アメリカのカウボーイが使うウェスタンベルト（クラフトベルト）などがある。

ウエストベルト

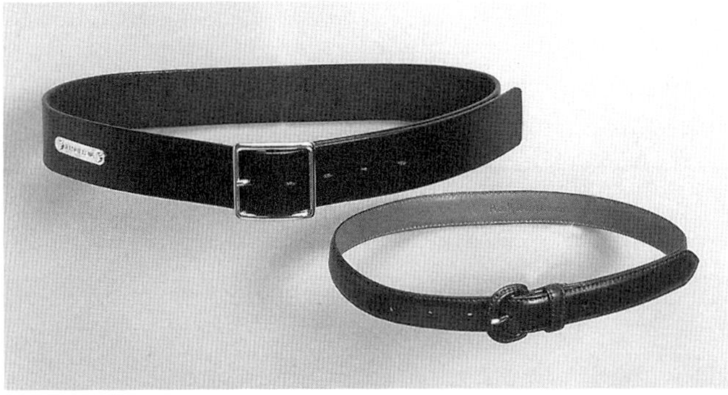

ダブルベルト

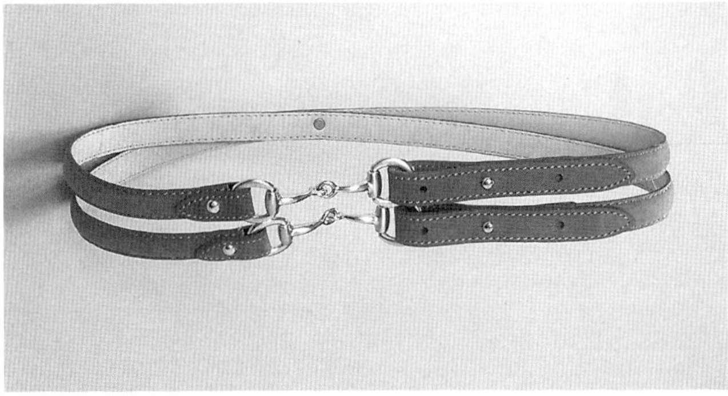

ポシェットつきベルト

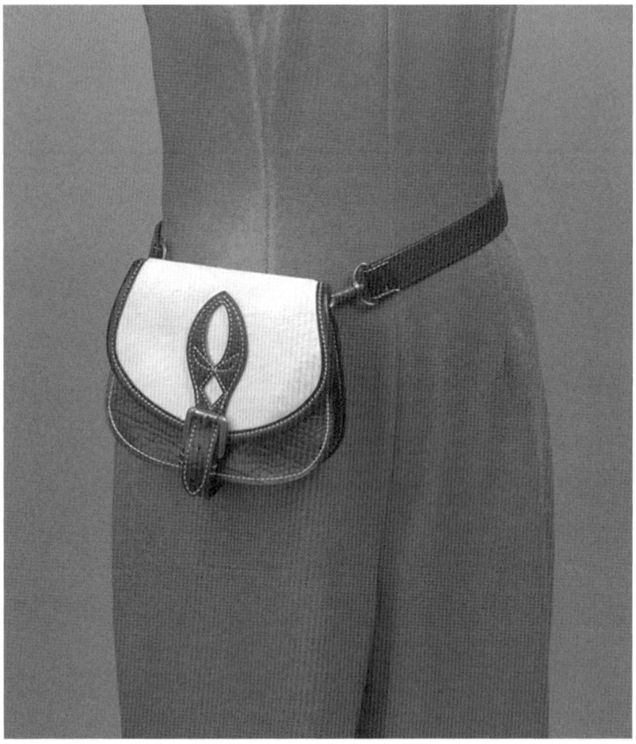

メッシュベルト

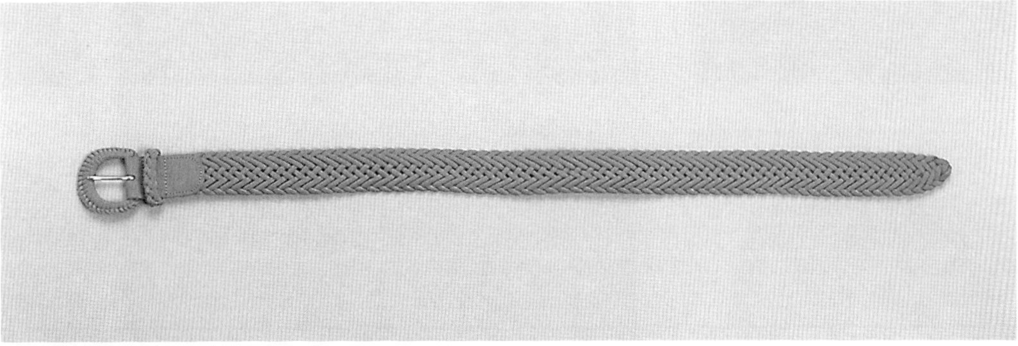

クラフトベルト

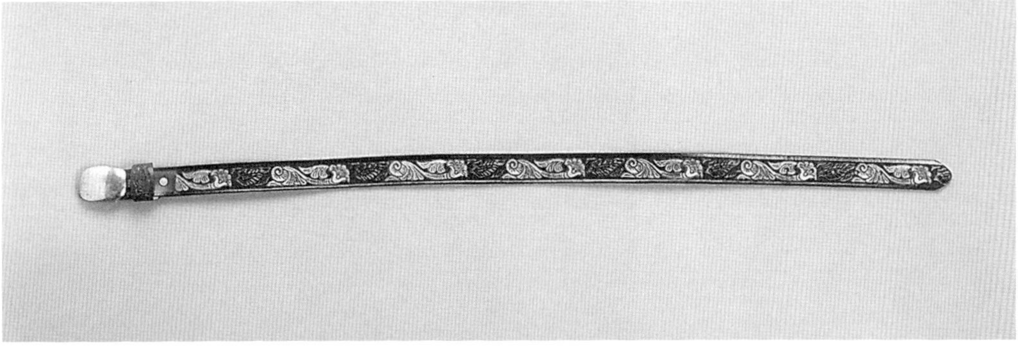

コンチャベルト

ウェービングベルト（ひもベルト）

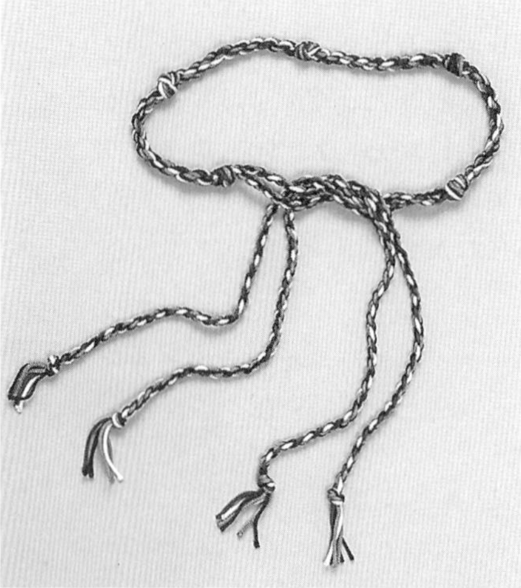

サスペンダーベルト

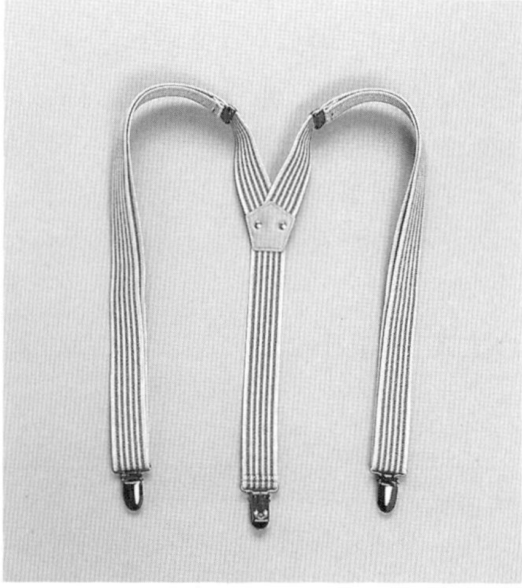

チェーンベルト

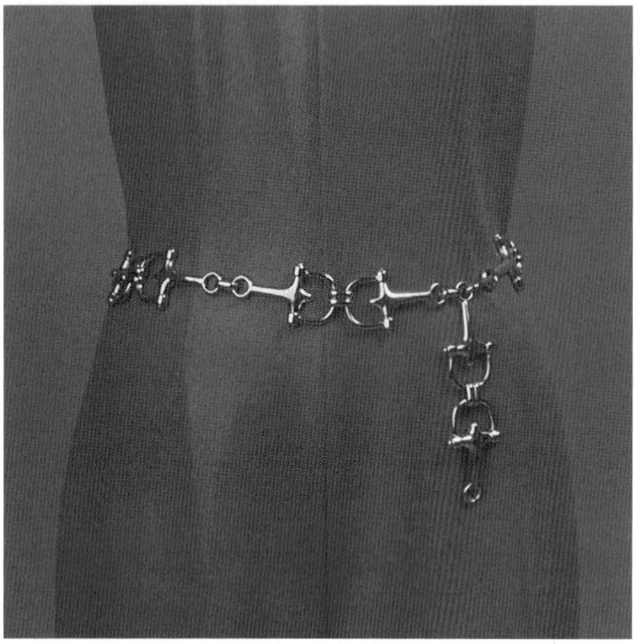

ジュエルベルト

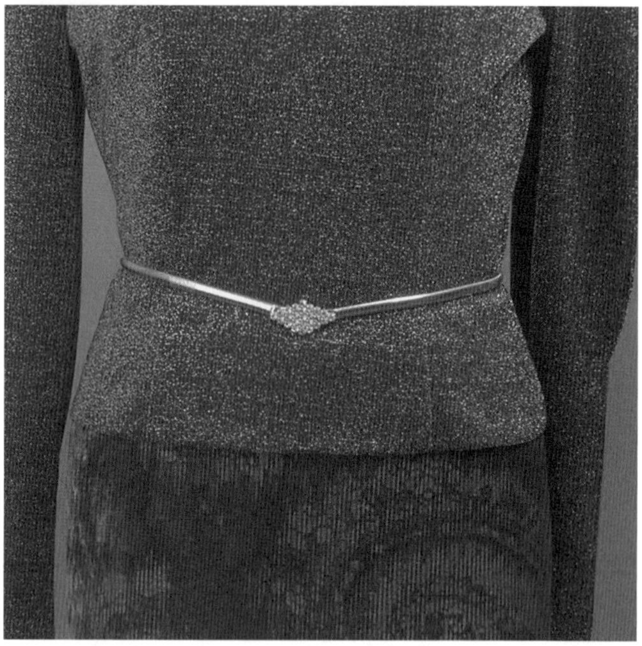

ツインベルト

ゴムベルト

インディアンベルト

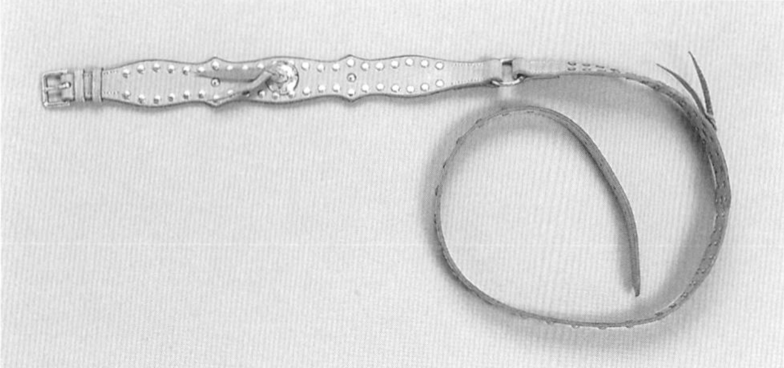

ビッグベルト

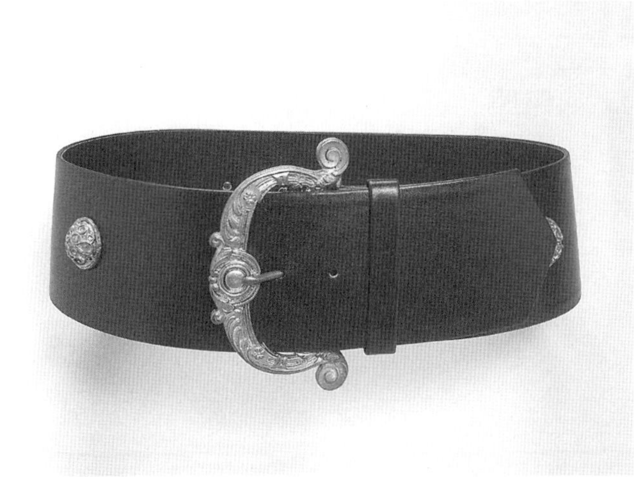

ヒップボーンベルト

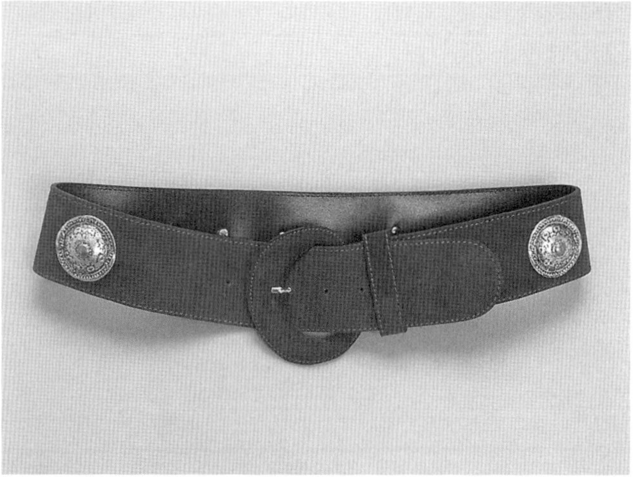

リボンベルト

ウエストウォーマー

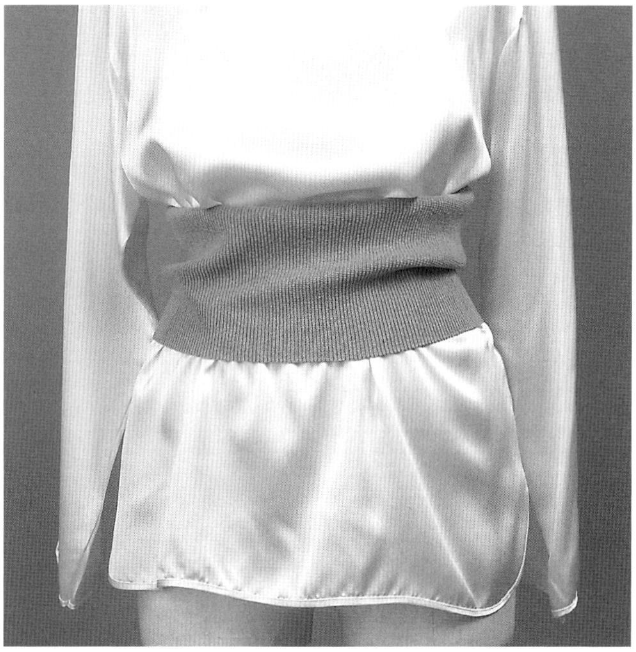

コルセットベルト

カマーバンド

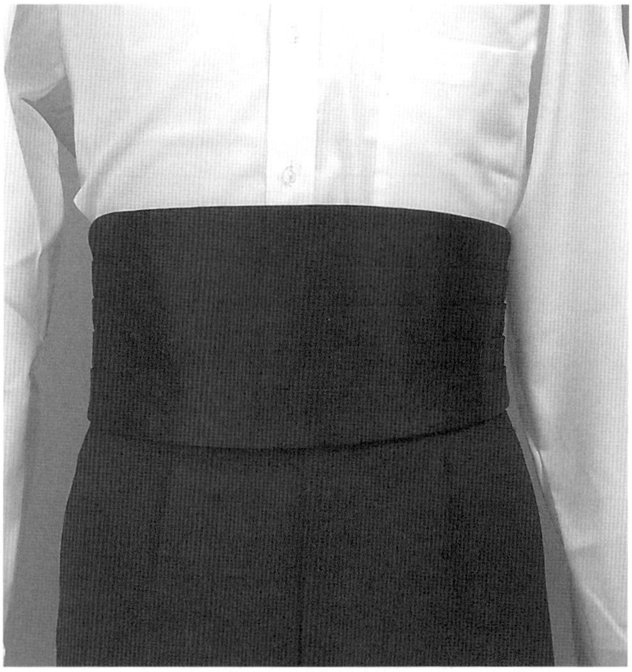

3　ベルトの作り方

コルセットベルト

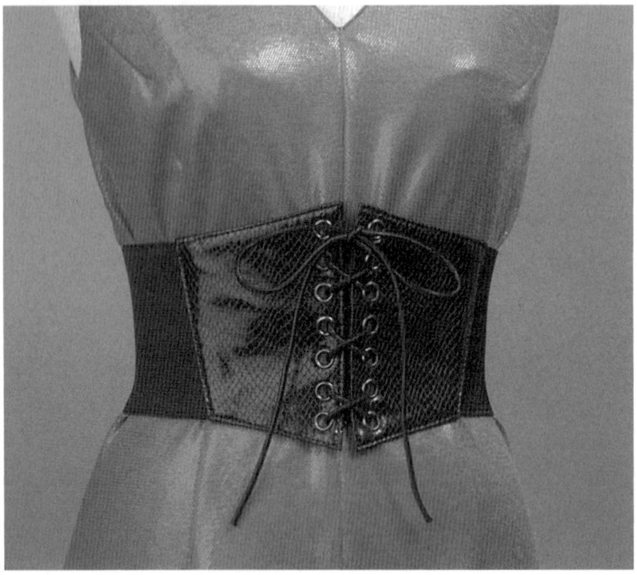

■材料
表布（型押しビニールレザー）＝横50cm×縦20cm
厚手シャープ芯＝45cm幅15cm
ゴムベルト＝10cm幅56cm
ワックスコード＝直径0.4cmを110cm
はと目かん＝内径0.7cmを14個

縫い方順序

① 表布は縫い代をつけ、芯は出来上り寸法で裁断し、表布に芯をアイロンではる

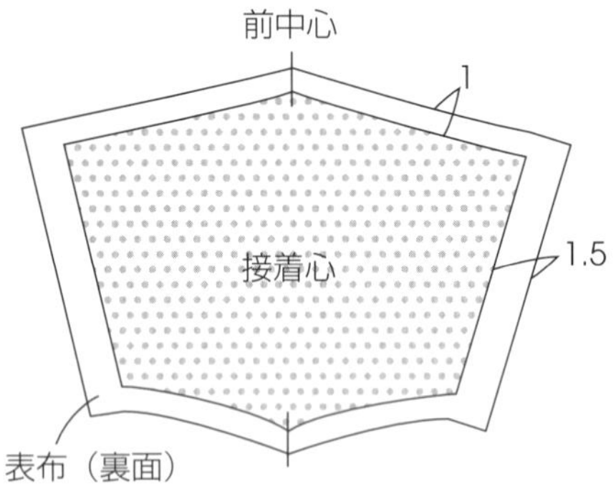

② 中表にしてミシンをかける

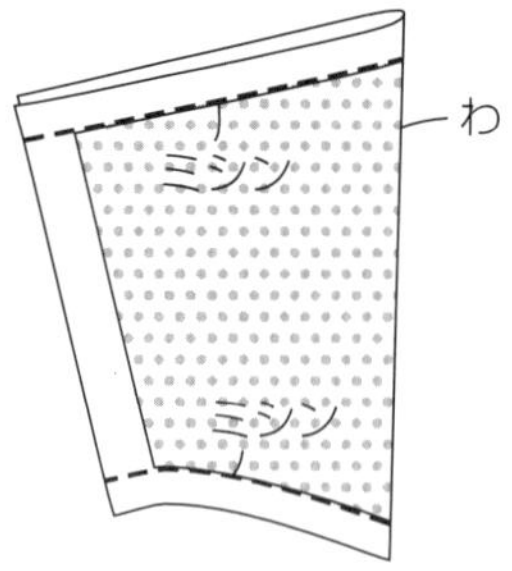

③ 表に返して整える

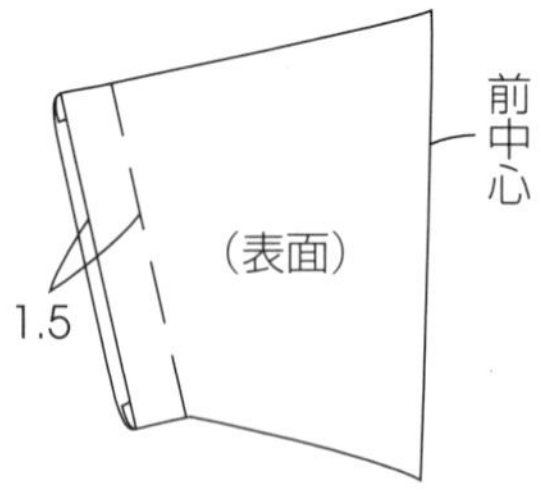

④ 縫い代を折り込んでゴムベルトを差し込み、回りにステッチをかける

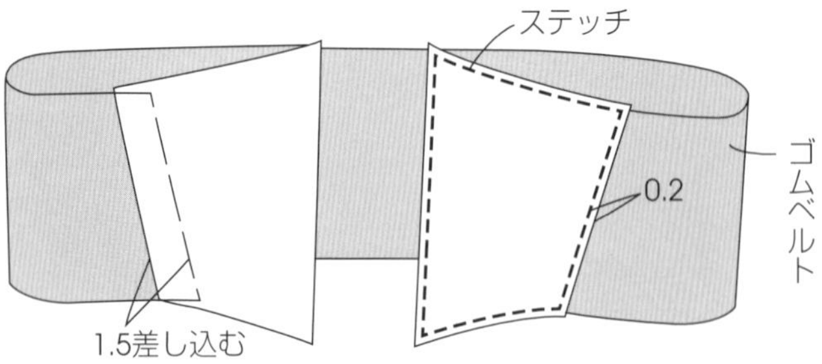

⑤ 前中心にはと目かんを7個ずつつける

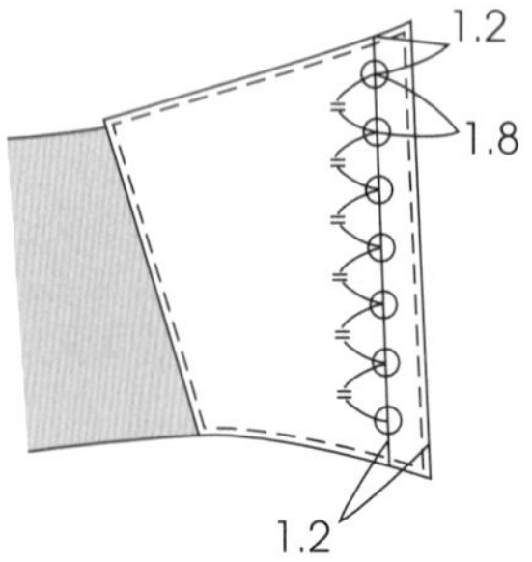

⑥ ワックスコードを矢印のようにはと目穴に通す

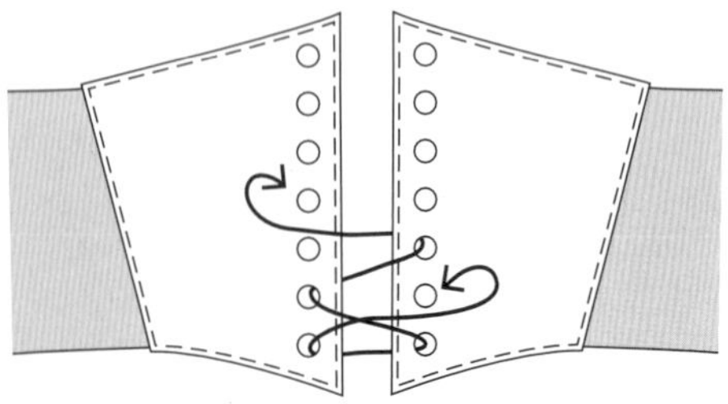

⑦ 出来上り

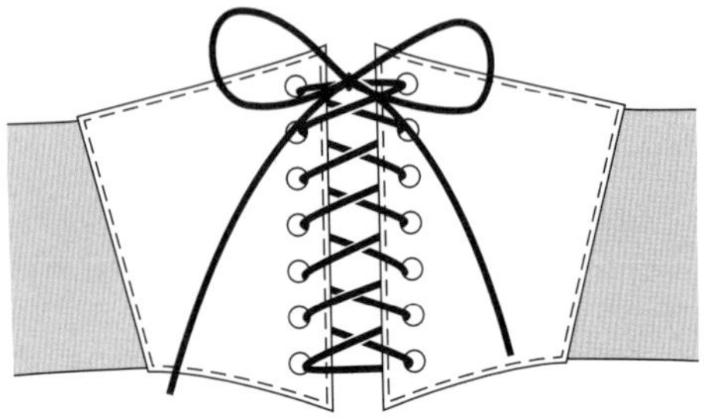

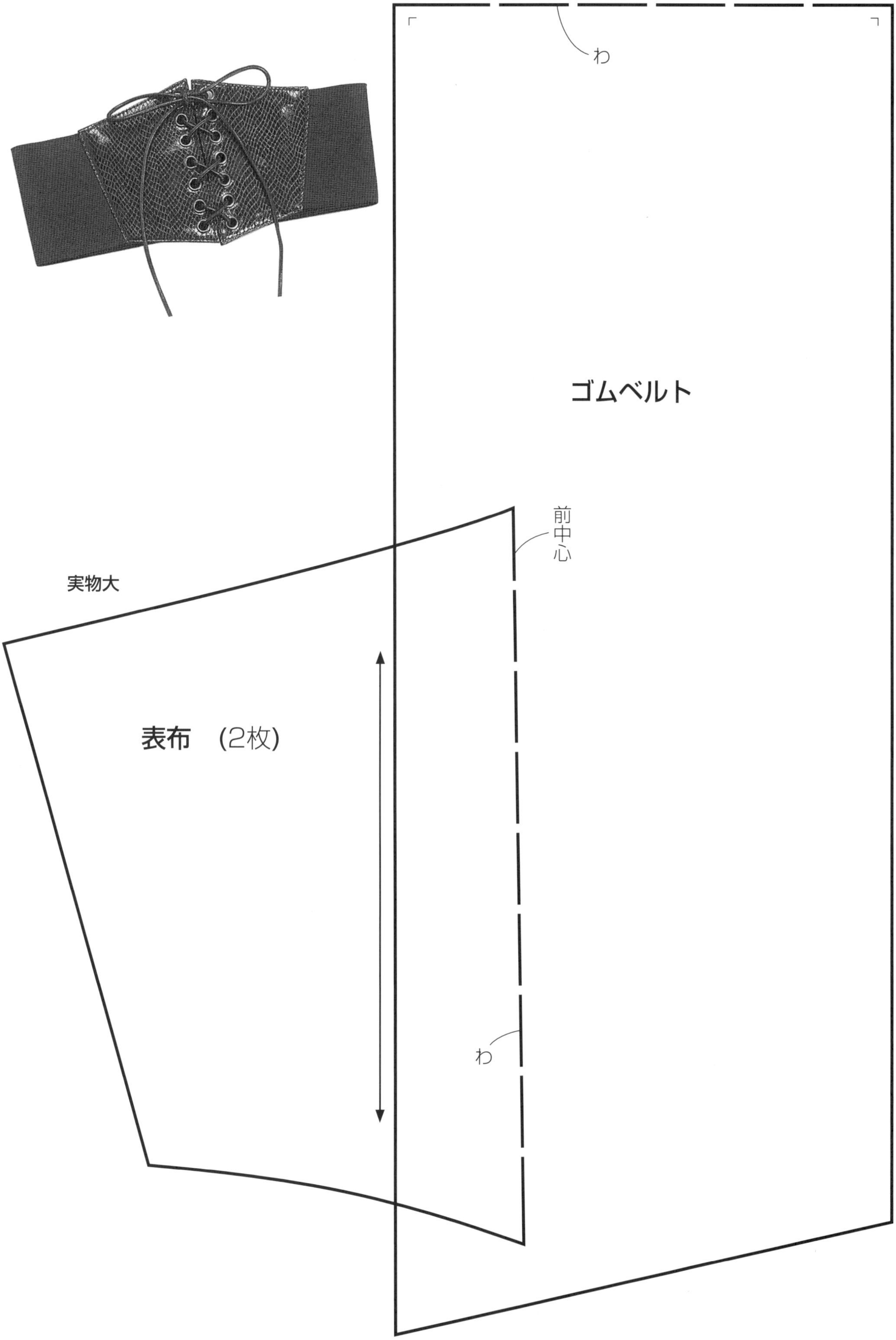
わ
ゴムベルト
前中心
実物大
表布　(2枚)
わ

サッシュベルト

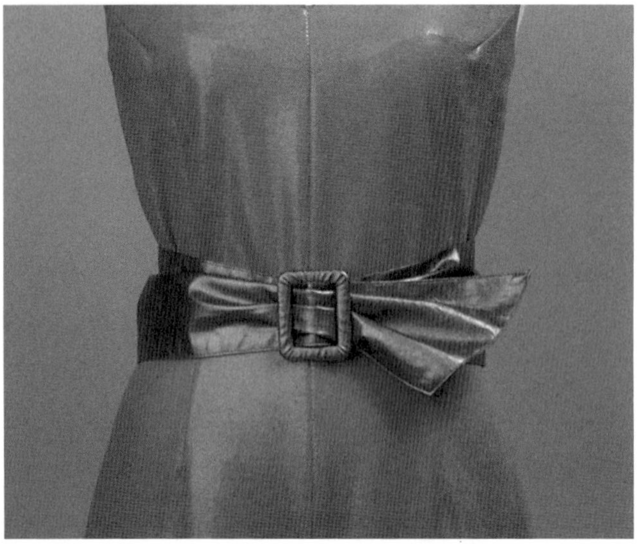

■材料
表布（ビニールレザーまたは布）＝横95cm×縦25cm
バックル＝内径4cmを1個

パターン

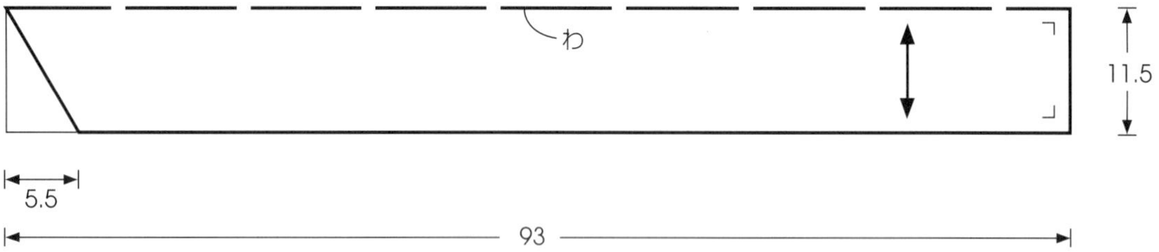

縫い方順序

① 中表にしてミシンをかける

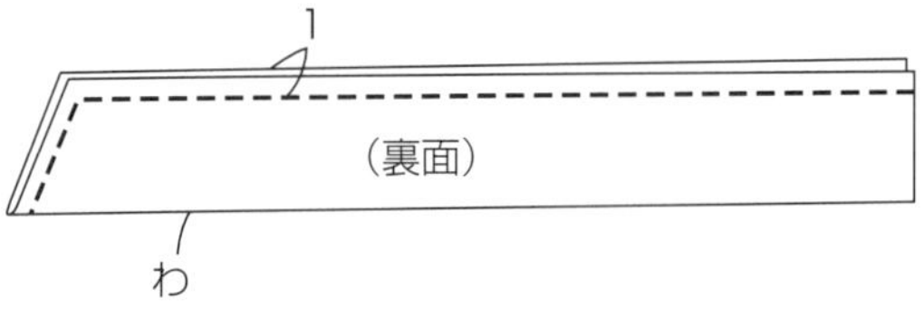

② 縫い代を割って表に返し、アイロンで整えてから回りにステッチをかける

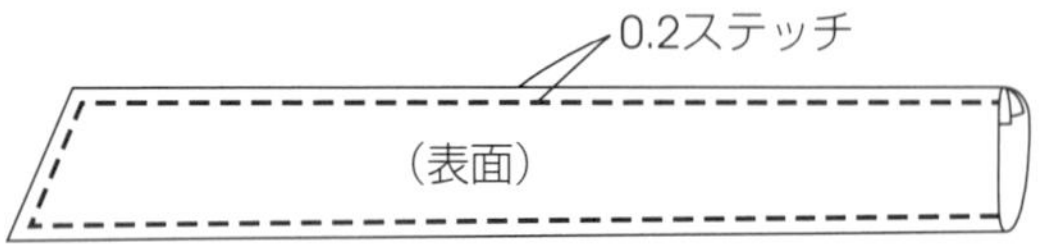

③ ミシンをかけていないほうの端を、バックルの幅に合うようにタックをとる

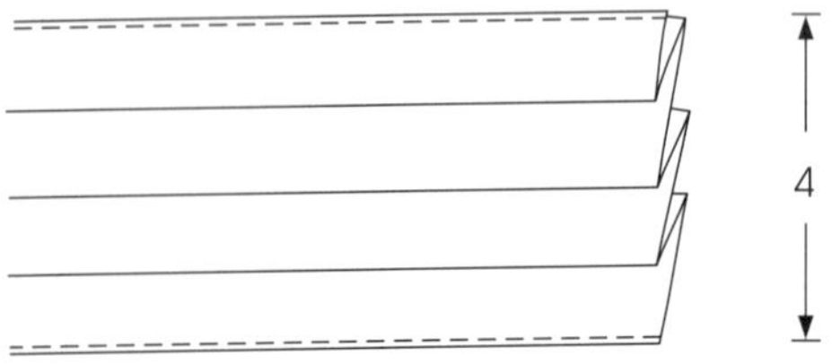

④ タックをとった端を3.5cm折り返し、バックルにかける

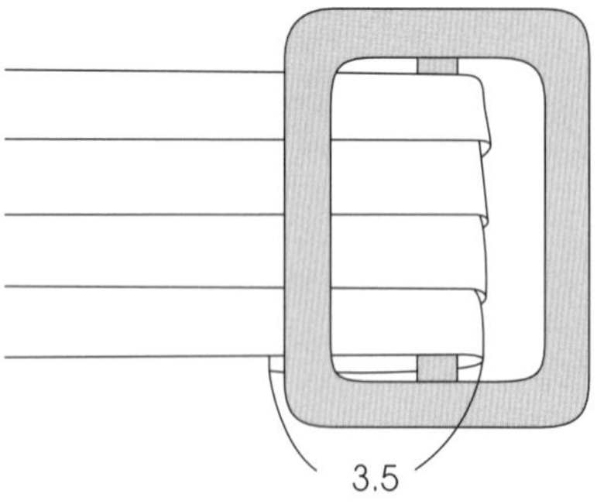

⑤ 折り返した端をミシンで止める

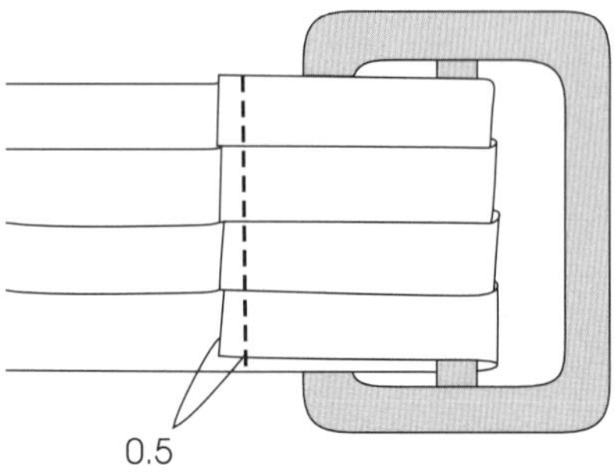

第6章

傘・メガネ・時計 マスコットグッズ

オーヤ

トラント

ヴィヴィアン・ウエストウッド

Ⅰ　傘・メガネ・時計について

もともと傘は雨をしのぐもの、時計は時間を知らせるもの、またメガネは視力の矯正を目的とするもので、必要性から用いられるようになった。しかし、近年は、個人個人のライフスタイルの多様化とともに今までの習慣や規則にとらわれることが少なくなってきている。そのため、実用目的とされていた傘、時計、メガネなども自由なスタイリングが楽しめるようになった。

機能性はもちろんのこと、ファッション性も重視されるようになり、ファッションデザイナーが独自のデザインを発表するなど、今日のファッションコーディネートに欠かすことのできないアイテムとなってきている。

Ⅱ　装い方のポイント

1　傘によるコーディネート効果

傘は雨をしのいだり、直射日光を避けたりする機能性と、おしゃれ用の両方を併せ持つ魅力あるアイテムである。

傘のデザインや配色などによって装い全体のイメージが華やかになったり地味になったりするので、服に合わせて選ぶことが大切である。また、弔事のときは黒無地が正式である。

最近ではコーディネートのアイテムとしてオートクチュールのコレクションのショーなどにも服と一体化させるために共布のオリジナル傘を使ったり、和風のイメージに和傘をアクセントに使うなど、傘を効果的に使った演出が見られる。

このように固定概念にとらわれず、個性を演出するアクセサリーとして使われるようになった。

ピエール・バルマン

ケイタ・マルヤマ

ケイタ・マルヤマ

ジバンシィ

2　メガネによるコーディネート効果

メガネは視力の矯正だけではなく、おしゃれの分野までさまざまに用いられている。特に日光や紫外線から目を守るためのサングラスは、コーディネート商品としてさまざまな場面に用いられ、エレガントに、シックに、アバンギャルドにと、イメージを演出するのに欠かすことのできないアイテムといえる。

最近では、アイウェアとして人気デザイナーのブランド商品が注目されている。

カルヴァン

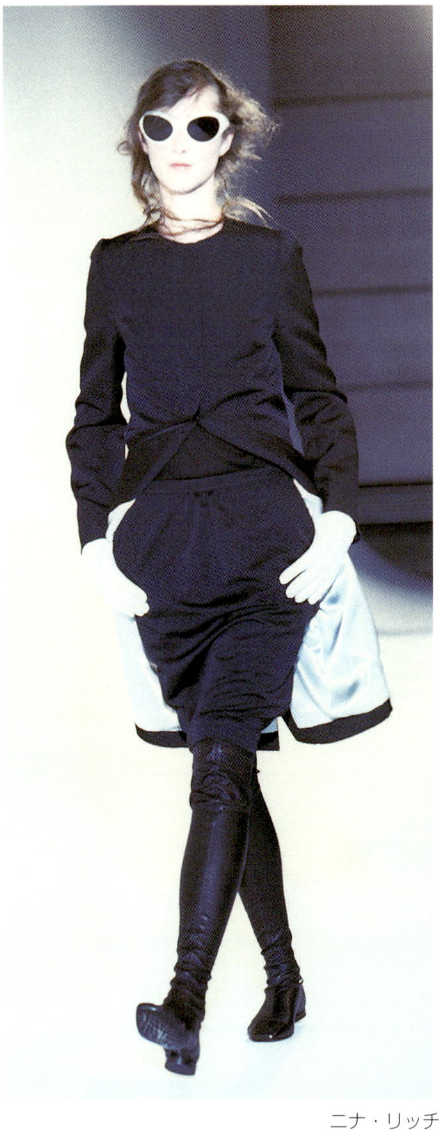

ニナ・リッチ

ペレペレ

イネス・ドゥ・ラ・フレサンジュ

3　時計によるコーディネート効果

今までは、時計はただ時間を正確に刻むだけの機能的な役割しか持ち合わせていなかったが、現在は洋服と同じようにブランド志向が盛んで、ファッション性が重視され、時計の専門メーカー以外に多くの服飾デザイナーが独自にデザインしたデザイナーブランドの時計が注目されている。

おしゃれを楽しむためには、時計も洋服と同じように場面や目的に合わせて着替えたいものである。

また、バンドの素材や色を替えるだけでもエレガントに、シックに、カジュアルにと、さまざまなイメージに表現することができる。

ヴァレンティノ

エルメス

オーヤ

ヴァレンティノ

Ⅲ　傘

1　傘とは

傘は英語でアンブレラ(umbrella)、フランス語でパラソル(parasol)という。

アンブレラの語源は、影を意味するラテン語(umbrra)で、その意味からも日よけとして傘が使われていたことがよくわかる。雨の多い日本では、傘は必需品で、古来、和傘が使われていた。

初めは権力の象徴として公家や貴族など、身分の高い人々に使われていたが、時代の変化とともに武士、庶民へと徐々に広く普及していった。

現在のように柄《え》のついた洋傘はヨーロッパでは婦人用の日よけとして帽子とともに外出には欠かせないものであったが、18世紀後半イギリスのジョナス・ハンウェーが雨よけに傘をさしてロンドンの街を歩いたことをきっかけに雨傘として男女を問わず使われるようになっていった。その後19世紀後半ごろはアクセサリーとして用いられた（①）。日本では明治以降、文明開化とともに数多くの洋傘がヨーロッパから輸入されるようになり、日本髪できものを着て、洋傘をさすことが当時の最新ファッションであった。

現在では、従来の地味な傘もデザインや配色などファッション性の高いものが豊富になった。また、コレクションのショーなどでは和傘や服と共布の傘が登場し、注目を浴びている（②、③）。

①

ケイタ・マルヤマ

イネス・ドゥ・ラ・フレサンジュ

2　傘の種類

傘は大きく洋傘と和傘に分けられるが、ここでは洋傘の基本的な形、柄の種類を紹介する。

洋傘は開いた形がコウモリに似ていることからこうもり傘とも呼ばれ、雨傘、日傘として使われている。素材は雨傘にポリエステル、ナイロン、日傘に麻、綿、ポリエステルが使われており、さまざまな特殊加工がほどこされ扱いやすくなった。折り傘は骨の軽量化が進み、旅行や外出時の携帯には欠かせないアイテムとなっている。

和傘は、年々少なくなり、あまり見ることができない。しかし、歌舞伎など日本の伝統芸能では小道具の一つとして使われ続けている。また外国人に人気がありインテリアのアクセサリーとしても注目されている。

オゾン層破壊による強力な紫外線や、酸性雨など、環境問題が深刻な現在、単に雨や日ざしを防ぐだけではなく、自分自身の健康を守るために傘の役割は今まで以上に重要になってくる。

形態による分類と各部の名称

①長傘

折りたたむことのできない長い傘。手動式のほかに、ボタンを押すと自動的に開くワンタッチ式がある。

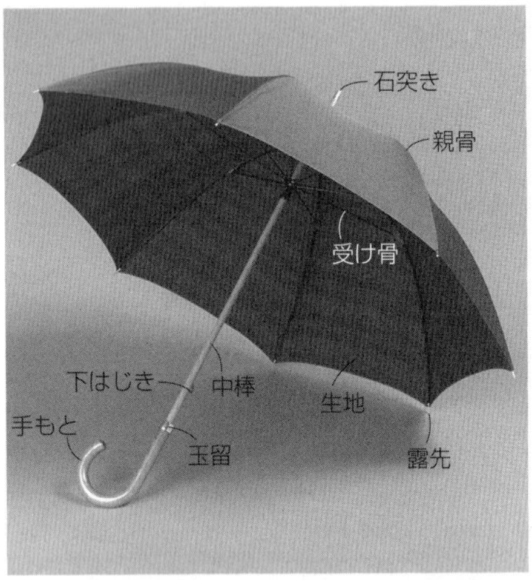

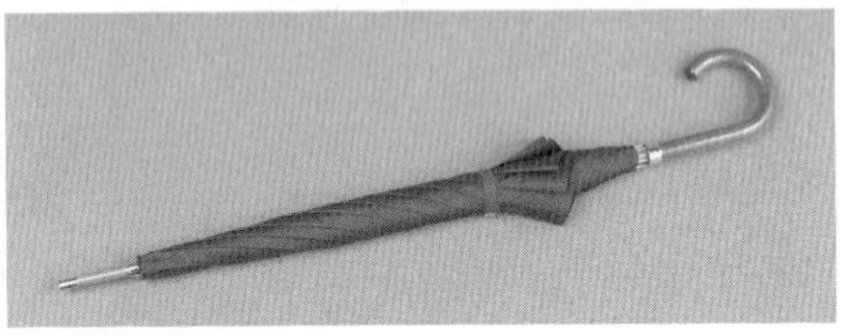

②折り傘

● 2段たたみの傘

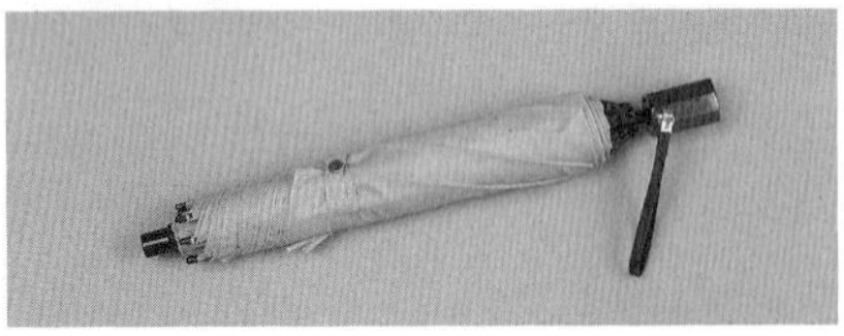

● 3段たたみの傘

骨が等間隔になっている傘を丸ミニといい、折りたたんだ状態で骨が2手に分かれる傘を角ミニという。

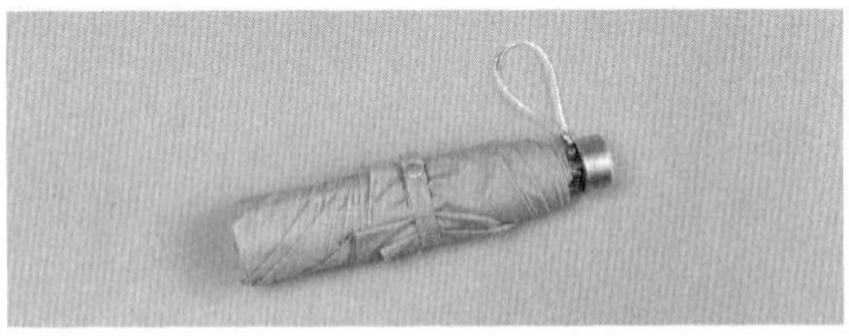

特徴のある布の張り方

1枚ばり

継ぎ目のない1枚の生地でできている。

切継ぎ

3色の布をパッチワーク風につなぎ合わせている。

切継ぎ

途中で切り替えて、ギャザーを寄せている。

柄の種類

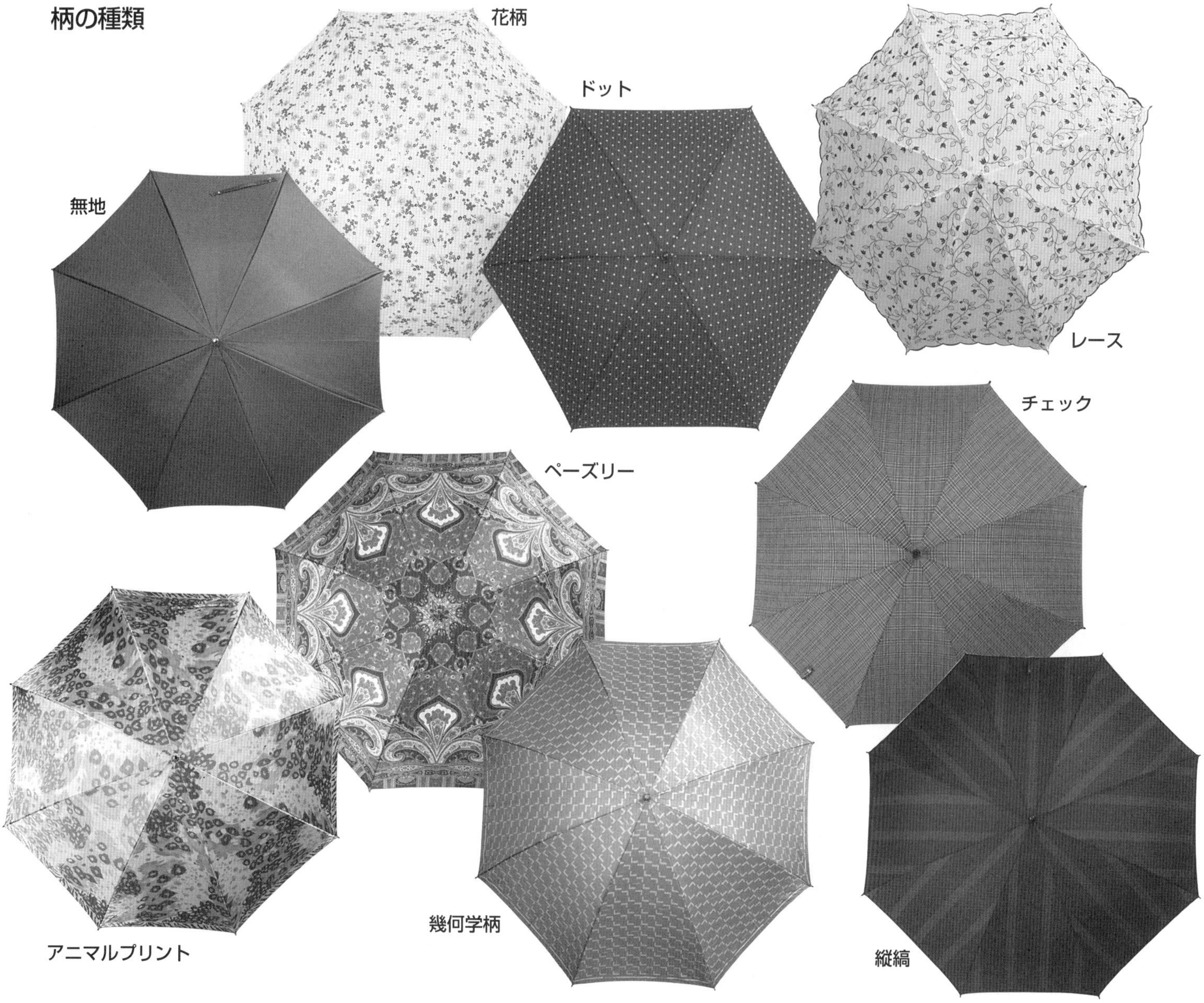

3　傘の選び方

傘の色やデザインにより、全体のイメージが変わるので、選ぶときは必ず傘を開いて鏡に全身を映し、確認することが大切である。

またJUPAマーク（日本洋傘振興協議会が認定する洋傘の品質保証表示マーク）を目印に、下記のポイントに注意して品質のよい傘を選ぶとよい。

外観

全体的にゆがみや曲りがないこと。

ミシンの縫い目がしっかりときれいにかかっていて、開いたときに布地にたるみやしわがないこと。

構造

露先の縫いつけがしっかりしていて、中棒に石突きと手もとがしっかり固定されていること。

傘骨

親骨と受け骨のつなぎがよくできていること。

折り傘の場合は中棒の伸縮がスムーズに動くものがよい。

4　傘の手入れ方法

傘にはあらかじめさまざまな特殊加工がほどこされている。

水をはじく撥水・防水加工、紫外線を防ぐUVカット加工、簡単にたためる形態安定加工などがあげられる。

しかしそのような特殊加工も長い間使用したり、手入れを怠ると効果が落ちてくるので、使用後の手入れが大切である。

- 雨傘を使用後、直射日光に当てると変色や縮みの原因になるので、広げた状態で陰干しをするのが基本。
- 汚れのひどい場合は薄めた中性洗剤を含めた布で、傘の表面を軽くふき、汚れを取る。強くこすりすぎると撥水加工が落ちることがあるので適度な力でこするのがこつ。また、水滴をはじかなくなった傘は、ドライヤーの温風で乾かすと水をよくはじくようになる。
- 日傘は使用後、直射日光によく当て、湿気を完全に取り除く。

Ⅳ　メガネ

1　メガネとは

メガネは老眼鏡として13世紀末に発明され、初めはベリークル（bericle）と呼ばれていた。ベリークルとは聖書物箱の“のぞき窓”という意味である。

その後、形が変わり、ベジークルという名になったが、これらは片方の手で、目の前にかざして使用したといわれている。珍しく高価なものであったことから、たいへん貴重なものと考えられ、当初は、書物にいつも接している修道僧に使われていたようである。また、一部の貴族階級が権力の象徴として利用していた。

その後、機能の発達により視力の矯正の道具としてだけでなく、太陽の直射日光やさまざまな障害物からの保護の役目として普及していった。

サングラスが一般的に広まったのは1950年代で、サングラスをかけて映画に登場した有名な俳優の影響とされる。

また近年ではカラー・コンタクトレンズも開発され、若者の間でおしゃれ用として使われるようになってきている。

最近はカラーレンズやフレームの素材もさまざまなタイプのものが登場している。

メガネは今ではイメージを変えたり、おしゃれ感覚を楽しむために欠かせないアイテムになってきている。

モーリス・マローン

クロエ

エリック・ベルジェール

2　各部の名称

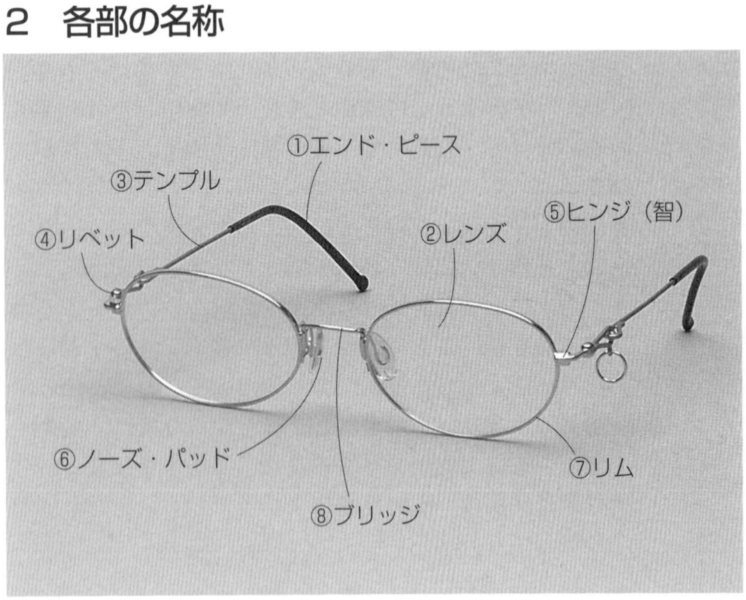

① エンド・ピース——耳にかかる部分。
② レンズ
③ テンプル——側面部分。
④ リベット——フロントとテンプルをつなぐねじ。
⑤ ヒンジ（智）——レンズをフレームに固定しているところ。
⑥ ノーズ・パッド——鼻のあたる部分。
⑦ リム——レンズの縁。
縁なし——リムレス
上部のみ——アイブロー（眉）
⑧ ブリッジ——二つのレンズをつなぐ部分。
メガネのイメージを変える重要な部分で、上にもう１本ついたダブル・バーなどもある。

3　フレームの形の種類

フレームの形は流行によりさまざまに変化するが、ここでは基本的な形を紹介する。

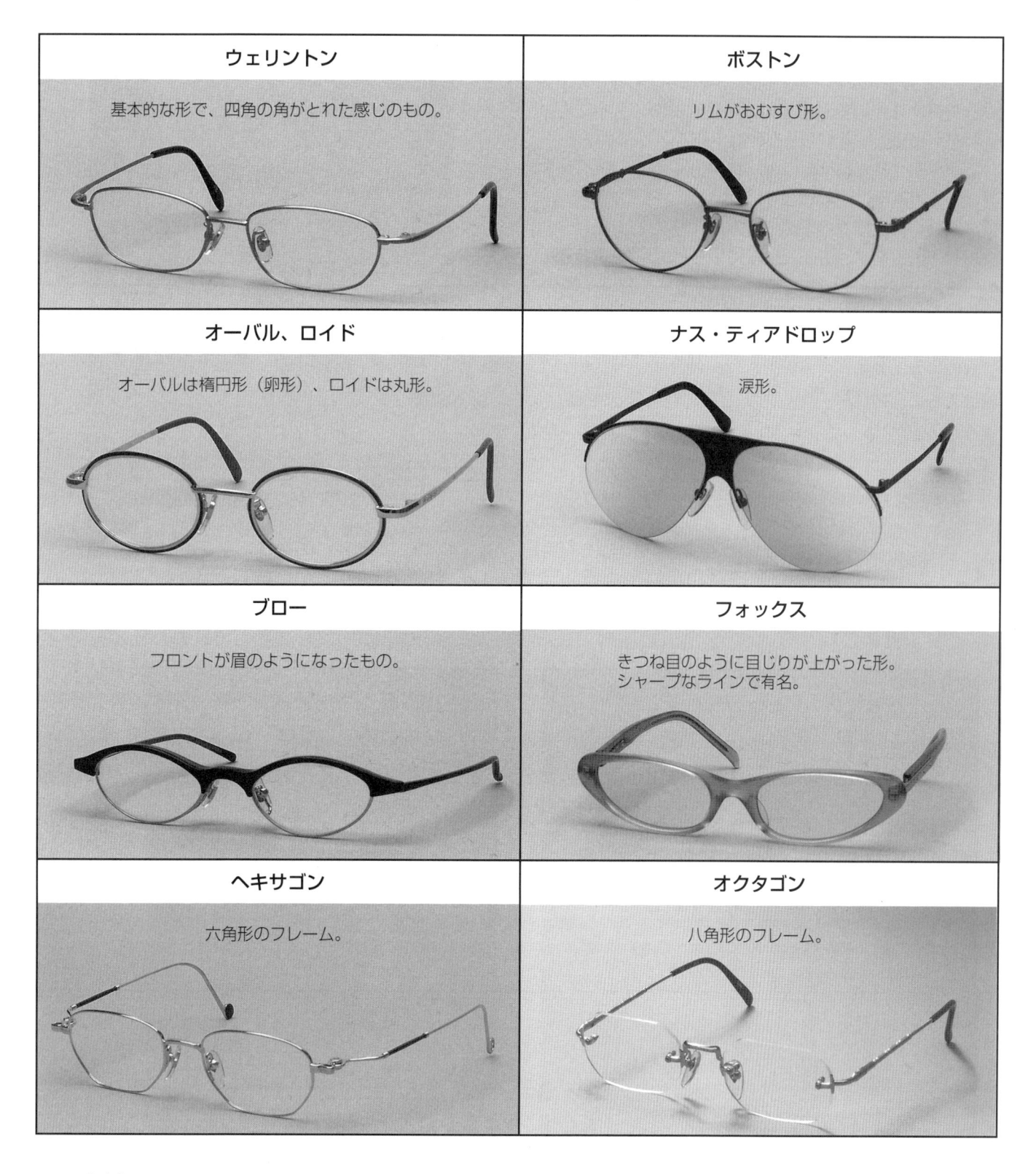

ウェリントン

基本的な形で、四角の角がとれた感じのもの。

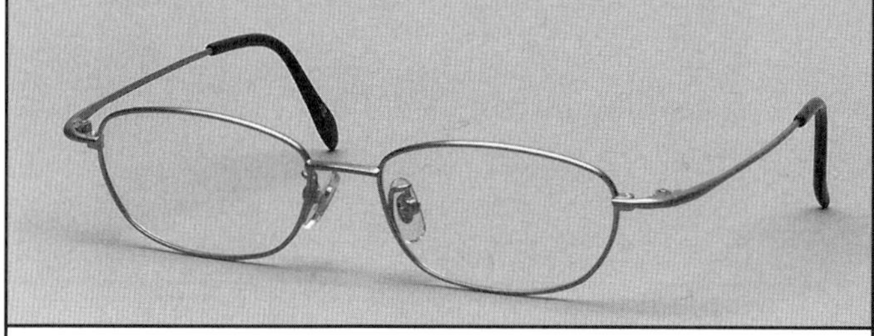

ボストン

リムがおむすび形。

オーバル、ロイド

オーバルは楕円形（卵形）、ロイドは丸形。

ナス・ティアドロップ

涙形。

ブロー

フロントが眉のようになったもの。

フォックス

きつね目のように目じりが上がった形。
シャープなラインで有名。

ヘキサゴン

六角形のフレーム。

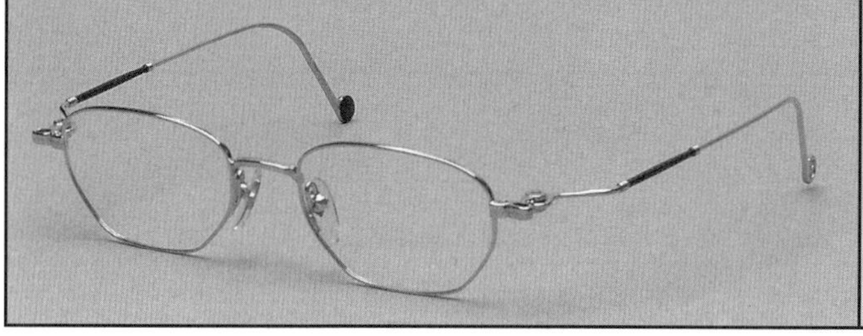

オクタゴン

八角形のフレーム。

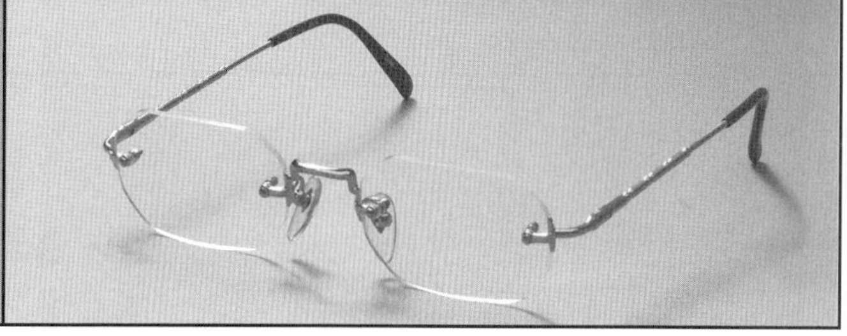

4　素材

フレームの素材には次のようなものが使われている。

天然素材のべっこう、金属材のアルミ合金、ニッケル合金、貴金属の金やチタンなど。非金属材のプラスチック素材では、セルロイドやアセテート、また金属と非金属を合わせたコンビネーションなどがある。

最近は軽量で丈夫なチタンやアルミ合金が人気を集めている。

これらの素材はコーディネートアイテムとしてさまざまなバリエーションが楽しめ、イメージを変えるのに重要な役割を持っているといえよう。

Ⅴ　時計

1　時計とは

時計の歴史は古く、紀元前2000年ごろからで、日時計などの自然の力を利用したものが始まりといわれている。しかし太陽がいつも照っているとはかぎらないので、やむを得ずほかの道具を発明しなければならなかった。それが、機械式時計の始まりだといえる。しかし機械式時計が発明された16世紀以後、17世紀になっても、日時計は多くの人々に使われ続けたのである。その理由としては低価格と正確さのためであったといえる。

1940年ごろには、水晶の圧電効果を利用した最も時間の狂いが少ない水晶（クオーツ）時計が広く利用されるようになった。現在ではデジタル、アナログなど多種多様で、個人の趣味や用途に応じて使い分けられている。

時間を知らせるだけのものだった時計も今では洋服を着替えるようにワードローブの一部になってきている。

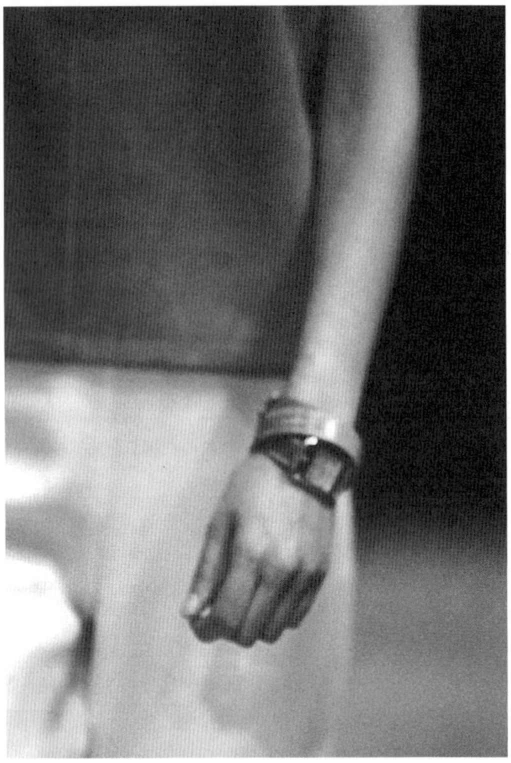

エルメス

アンドリュー・グローヴズ

マイケル・コース

2　時計の各部の名称

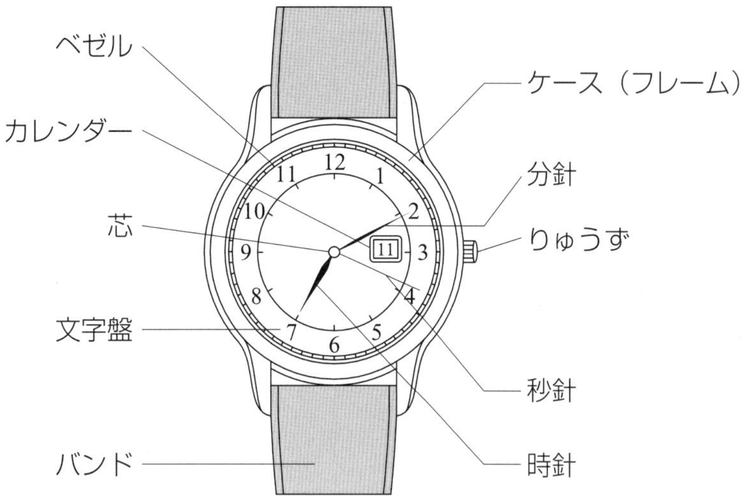

3　ケースのバリエーション

さまざまな形のケースのデザインがあるが、ここでは代表的な形を紹介する。

ラウンド	フレアード	スクエア	オクタゴン

トノー	クッション	タンク	ビゾー
			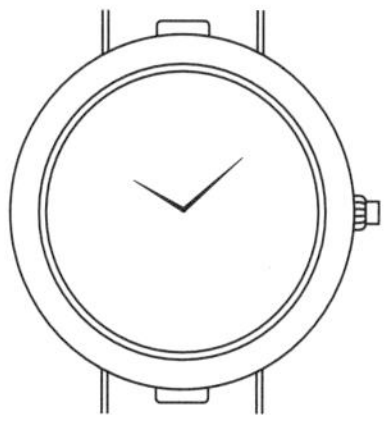

4　時計の機能・デザインバリエーション

　現在ハイテク化が進む中で、PHS機能を搭載したものや、GPS（グローバル・ポジショニング・システム）機能を内蔵したもの、ファッションを楽しむためのアクセサリー感覚のものなど、さまざまなタイプの時計が出てきている。アウトドアやスポーツなど目的ごとに使用された時計も、今では個人のセンスでタウンやビジネス用に気軽にコーディネートするようになってきた。

　時代によって要求されるものは変化しているが、ここでは機能面やデザインに特徴のある時計をいくつか紹介する。

〈　〉内は商品名

アウトドア用	登山やトレッキングなどのアウトドアスポーツに適したもの。 スポーツカジュアルにも、ビジネスシーンにも幅広くコーディネートできる。	 〈ランドレック〉
スキューバダイビング用	水深計がついた本格的スキューバダイビング用ウォッチ。 大きなハードタイプなので、シンプルでカジュアルなコーディネートのワンポイントアクセサリーとして。	 〈スキューバマスター〉
マリン用	外洋ヨットマンをサポートするため、気圧傾向表示機能などを備えた本格的ウォッチ。 ビジネス、スポーツシーンに。	 〈マリーンマスター　トランスオーシャン〉
デジタルタイプ	ワールドタイムやフォント切替え機能など、使って楽しいデジタル機能つきで、シンプルなデザイン。 リラックスしたカジュアルコーディネートに。	 〈h-timetron〉
ワールドタイム機能つき	世界の時間、日時をボタンを押すだけで切り替えることができる。海外旅行やビジネスなど、グローバルに活動している世代に便利な時計。 機能のみならずファッション性も重視され、シーンを問わず楽しめる。	 〈R-sus〉
スケルトンタイプ	内部のメカニズムが見えるスケルトン仕様で、この時計は竹がモチーフのムーブメントが見える。フォーマルなシーンに。	 〈メカニカル〉
ブレスレットウォッチ	アクセサリー感覚のブレスレットウォッチ。 エレガントなコーディネートに。	
ペンダントウォッチ	ペンダントタイプのもので、女性らしいフェミニンなコーディネートに。	
ポケットウォッチ	ポケットに入れるタイプのもの。 カジュアルな装いのベルトにつり下げたり、クラシックなコーディネートに。	
ピンバッジタイプ	医療関係者に向けた時計で、衣類のどこにでもつけられるピンバッジ式のもの。 シンプルなコーディネートのアクセントに。	 〈ナースウォッチ〉

Ⅵ　マスコットグッズ

アクセサリーといえば装身具やバッグ、靴、スカーフなどが主であるが、最近若者の間で、バッグやリュックサックにアクセサリーとして、マスコット人形をつけたり、ぬいぐるみや人形を持っているのをよく見かける。

ここではかわいいマスコット人形とぬいぐるみのポシェットを紹介する。パターンの大きさを変え、小さく作ってバッグに飾ったり、マスコット人形のポシェットにナフタリンを詰めて洋服ダンスにつるすなど、いろいろアイディアをふくらませ、活用するとよい。

1　マスコット人形

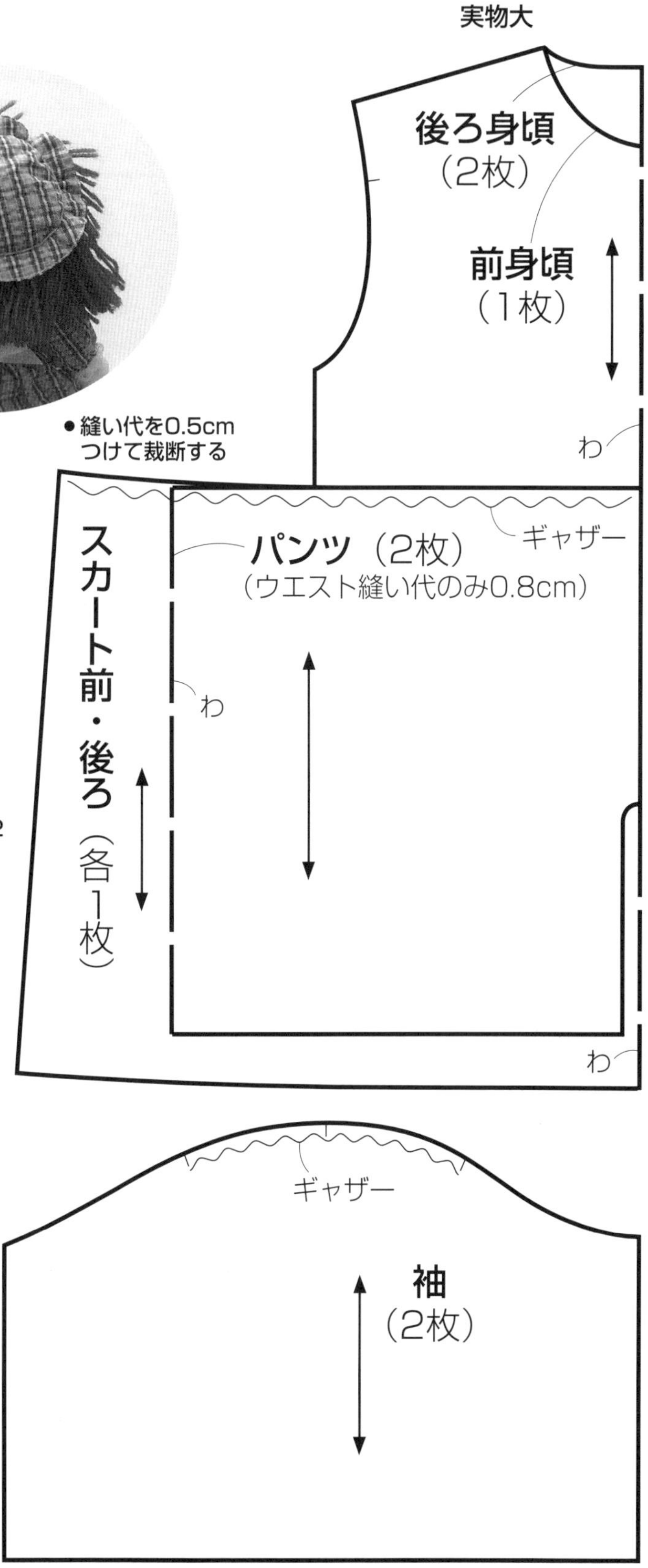

★ボディのパターンは142ページ

■材料
肌色の綿ジャージー＝縦35cm×横30cm
ワンピース・帽子用の布＝縦45cm×横20cm
ポシェット用の布＝縦15cm×横20cm
パンツ用の布（白ブロード）＝縦10cm×横30cm
靴用の布＝縦8cm×横10cm
レース＝1.5cm幅97cm
リボン＝0.5cm幅40cm
リボン＝0.3cm幅20cm（ポシェット用）
スナップ＝3個
毛糸＝中細毛糸を20g
化繊綿＝100g
刺繍糸少々

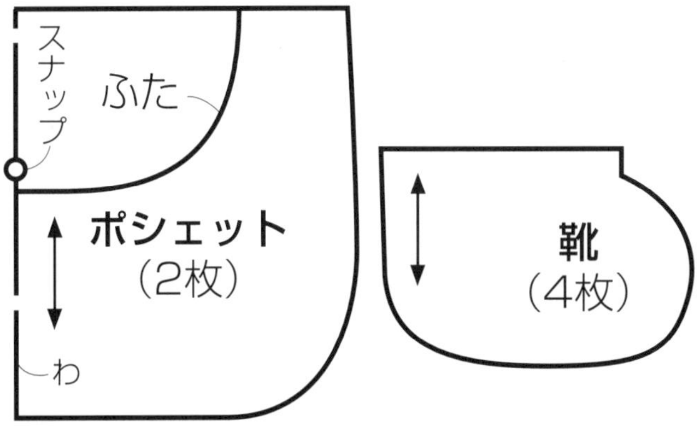

実物大

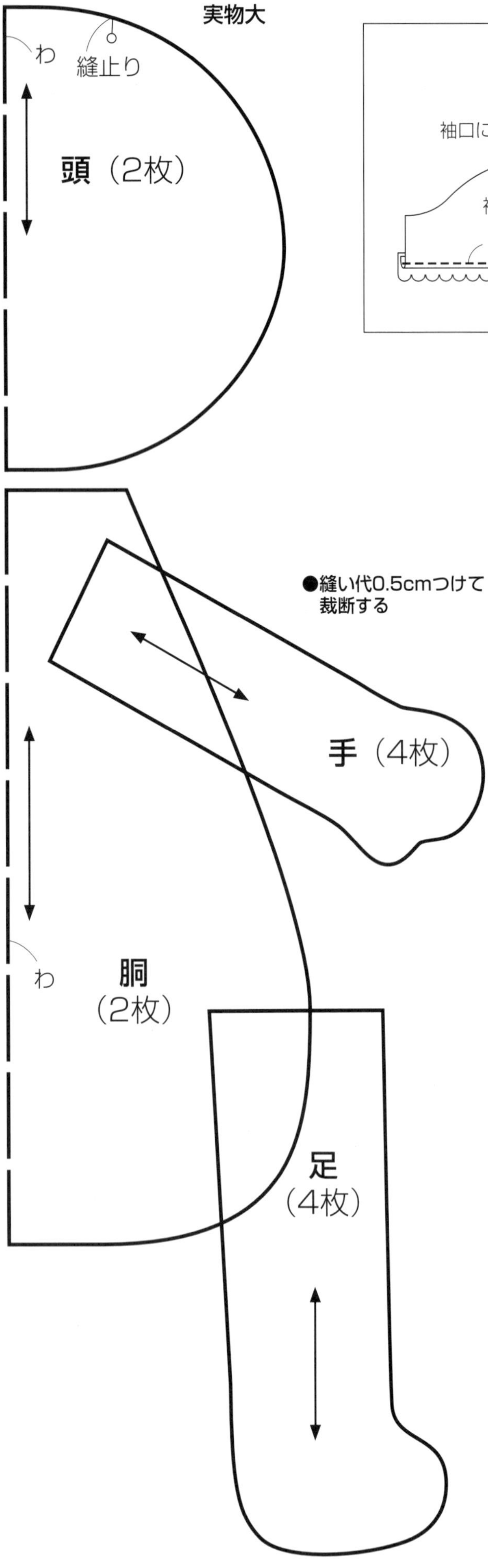
わ
縫止り
頭（2枚）
手（4枚）
わ
胴
（2枚）
足
（4枚）

●縫い代0.5cmつけて裁断する

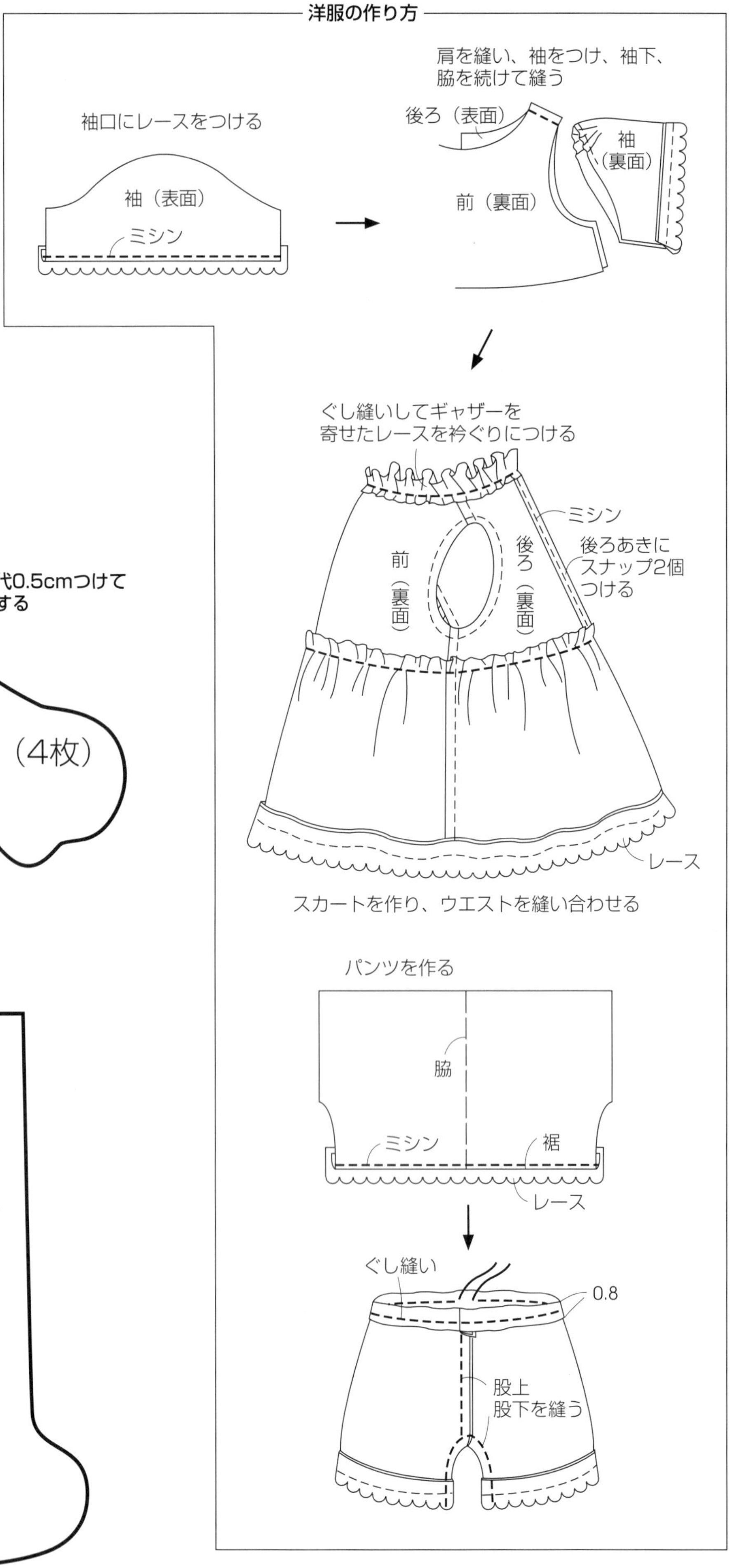
洋服の作り方
袖口にレースをつける
袖（表面）
ミシン
肩を縫い、袖をつけ、袖下、
脇を続けて縫う
後ろ（表面）
袖
（裏面）
前（裏面）
ぐし縫いしてギャザーを
寄せたレースを衿ぐりにつける
ミシン
後ろあきに
スナップ2個
つける
前
（裏面）
後ろ
（裏面）
レース
スカートを作り、ウエストを縫い合わせる
パンツを作る
脇
ミシン
裾
レース
ぐし縫い
0.8
股上
股下を縫う

体の作り方

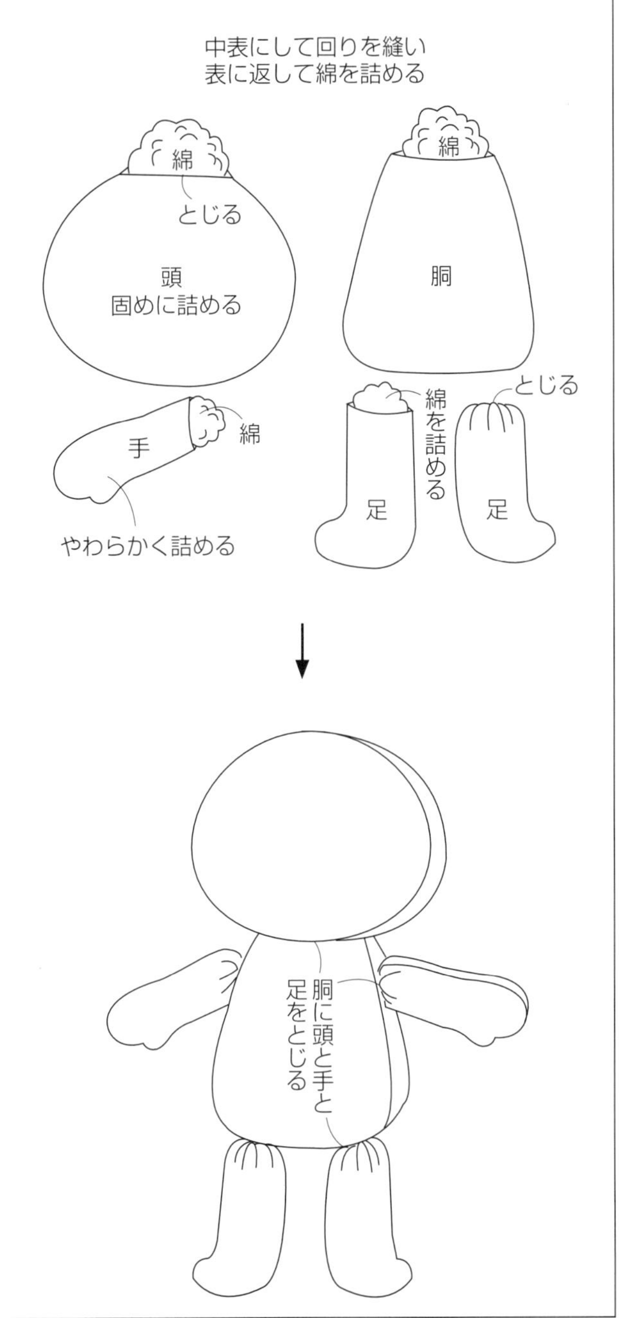

頭部の作り方

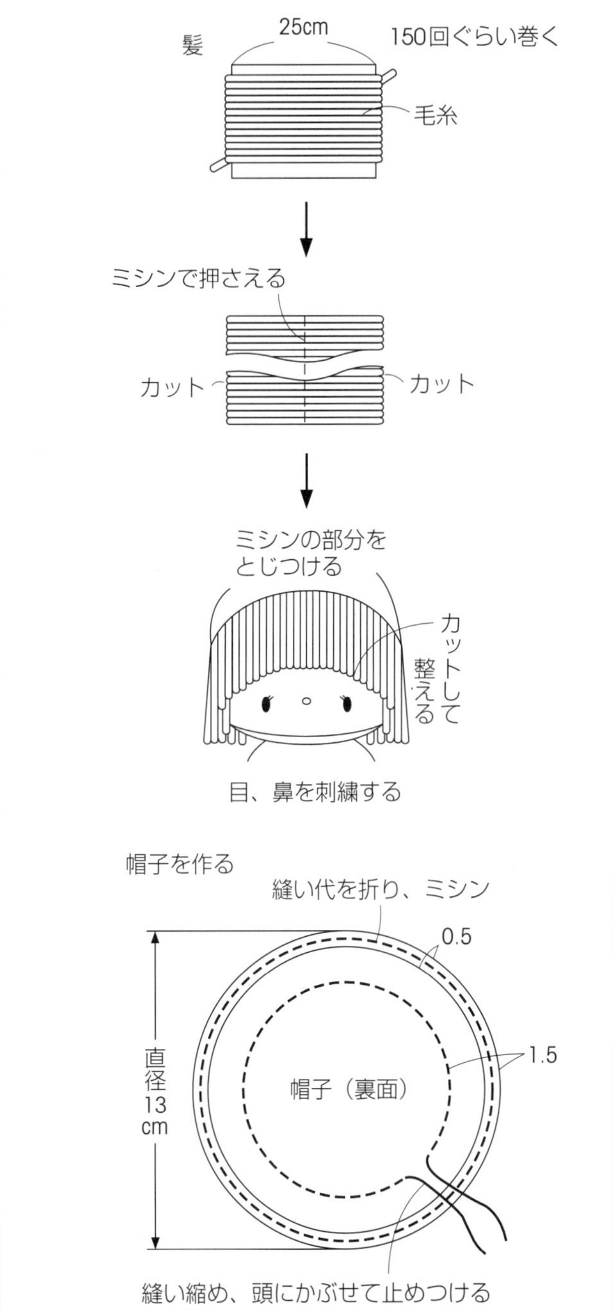

ポシェットの作り方

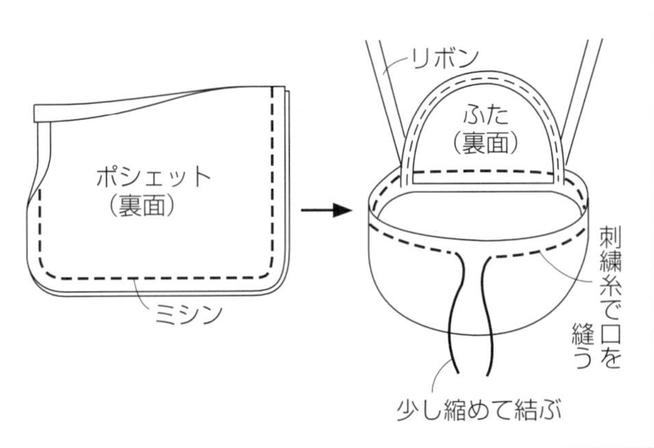

靴の作り方

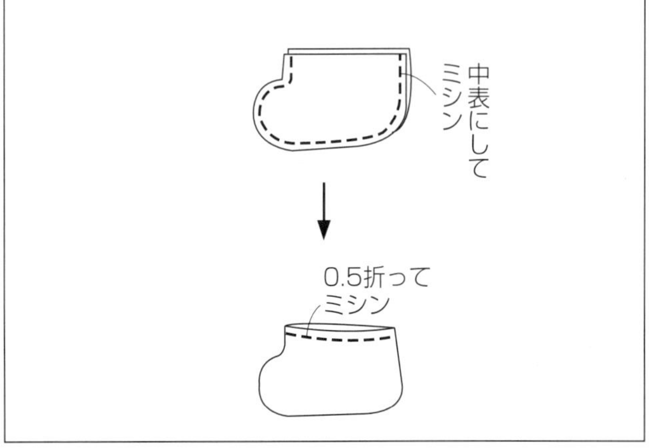

2　くまのポシェット

■材料
表布＝縦40cm×横80cm
別布（手のひら、足底、耳内側用）＝20cm四方
ボタン＝直径1cm（目玉用）を2個
　　　　直径2cm（ジョイント用）を4個
ファスナー＝9cmを1本
リボン＝1cm幅45cm
ひも＝太さ1cmを140cm
化繊綿＝約90g
刺繍糸少々

実物大（縫い代つき）

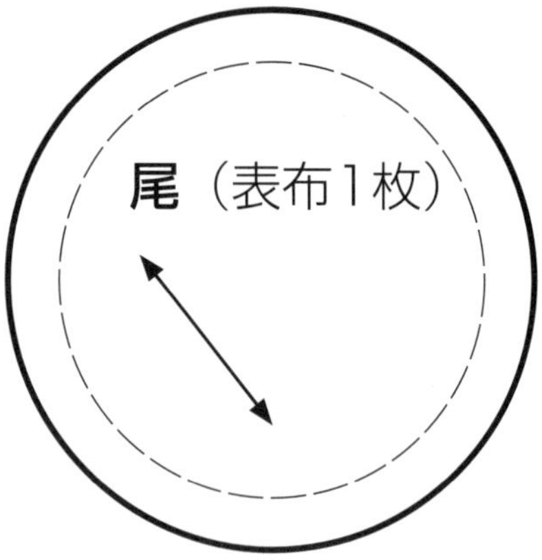

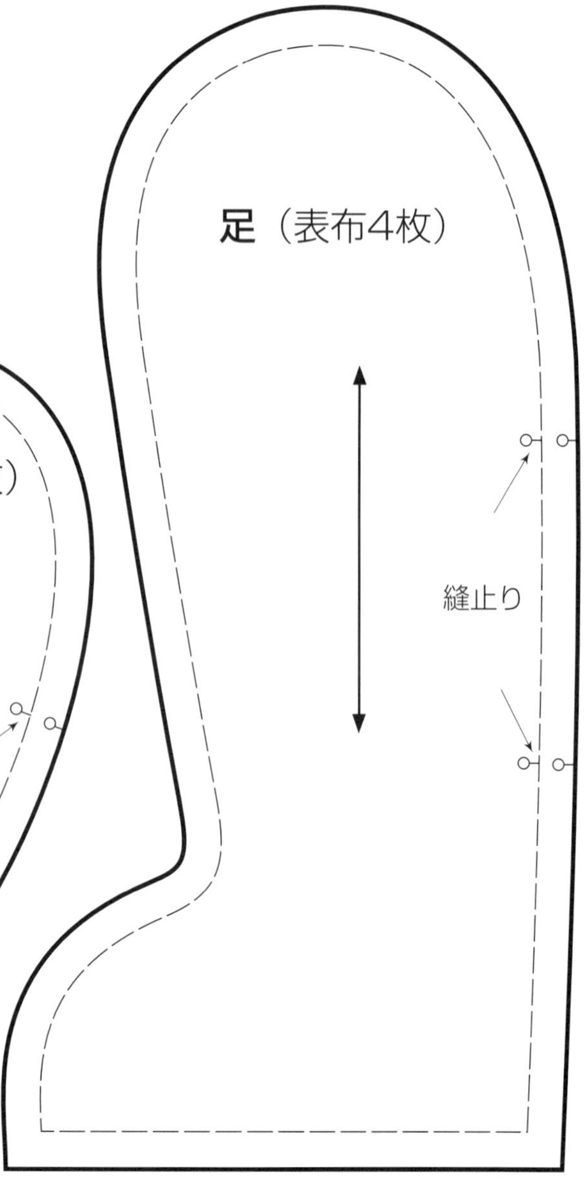

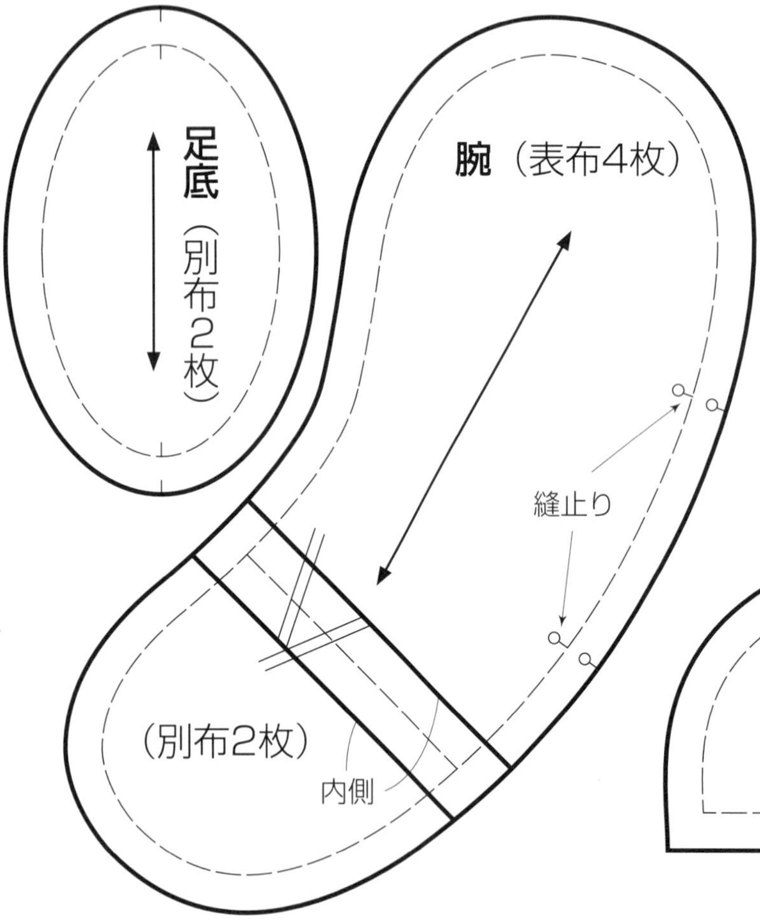

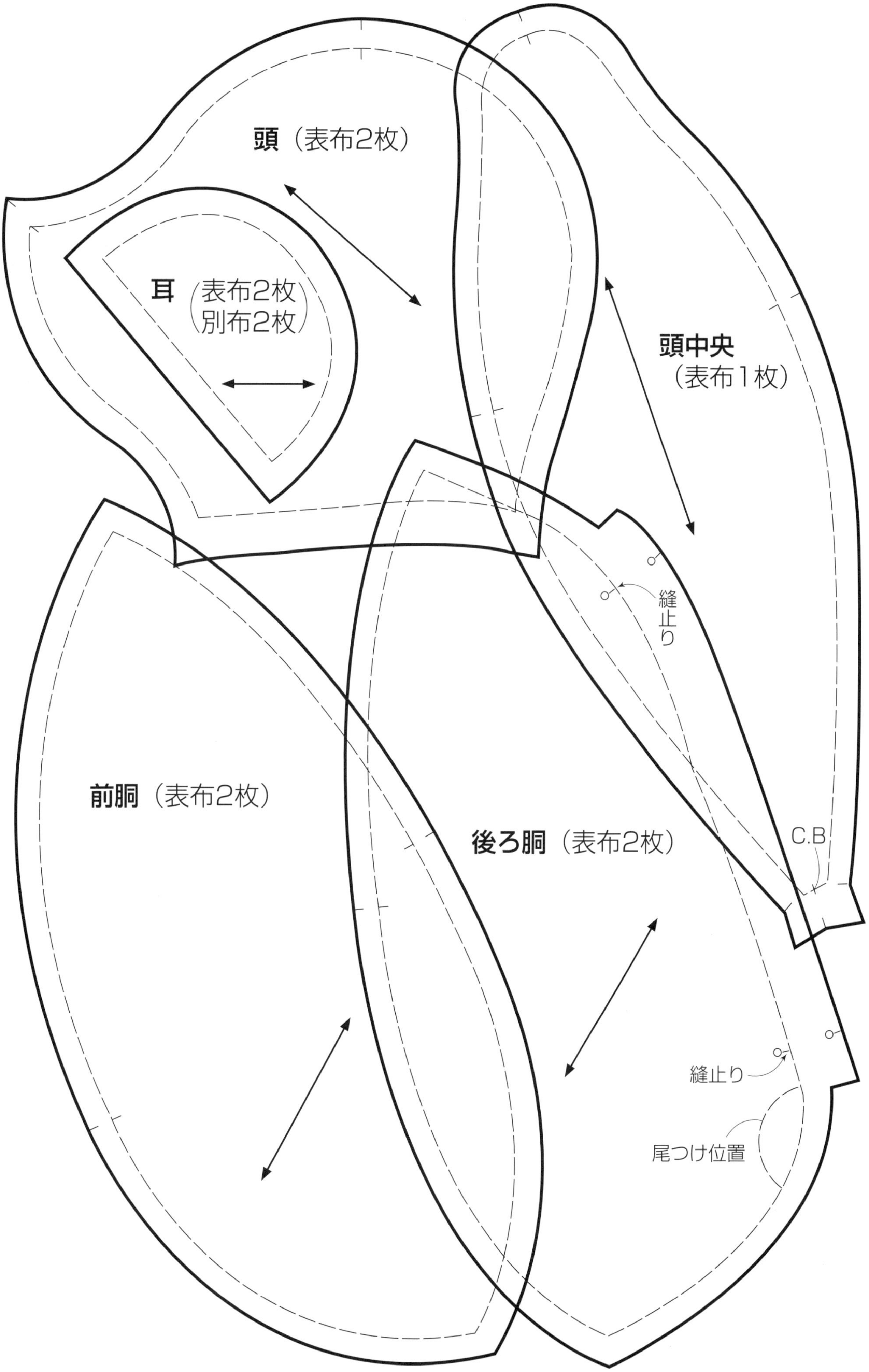

頭（表布2枚）
耳（表布2枚 別布2枚）
頭中央（表布1枚）
縫止り
前胴（表布2枚）
後ろ胴（表布2枚）
C.B
縫止り
尾つけ位置

① 頭部を作る

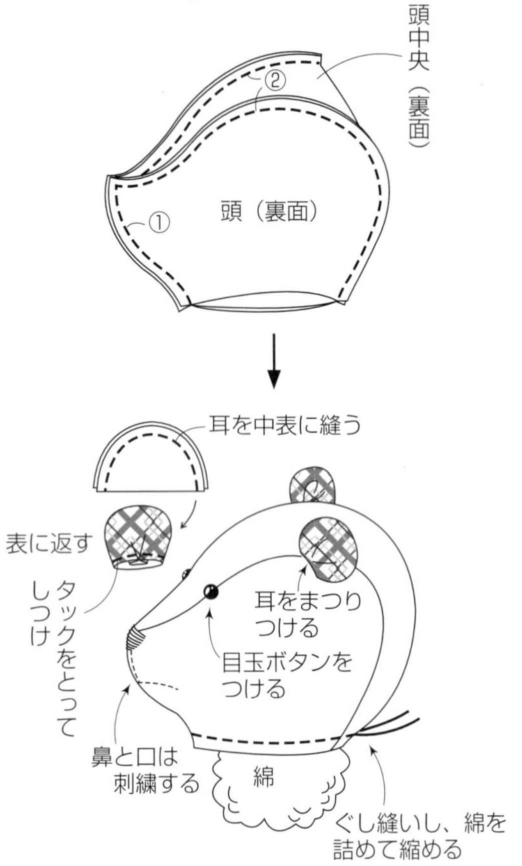
頭中央（裏面）
②
頭（裏面）
①
耳を中表に縫う
表に返す
タックをとってしつけ
耳をまつりつける
目玉ボタンをつける
鼻と口は刺繍する
綿
ぐし縫いし、綿を詰めて縮める

② 腕・足を作る

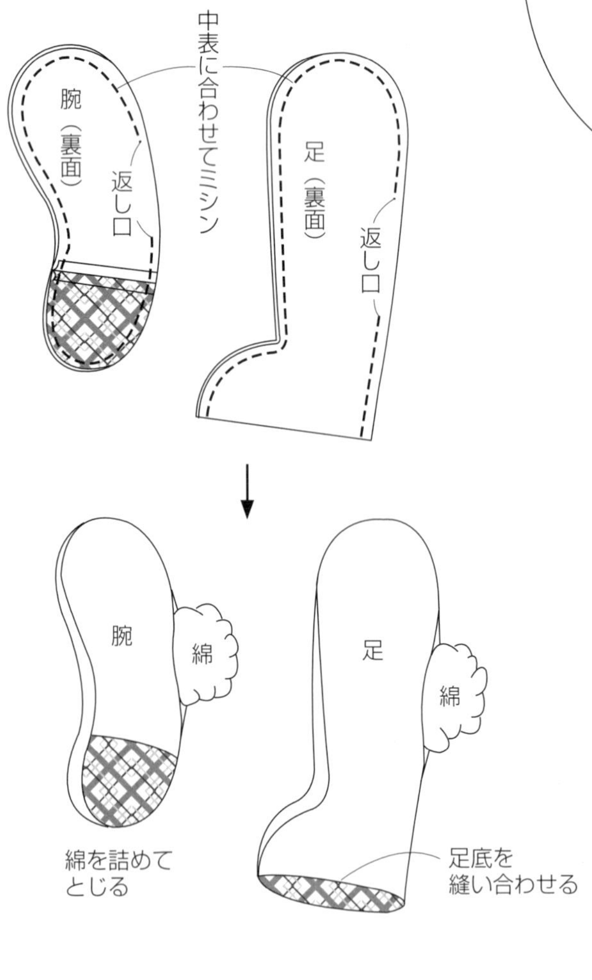
腕（裏面）
返し口
中表に合わせてミシン
足（裏面）
返し口
腕
綿
足
綿
綿を詰めてとじる
足底を縫い合わせる

③ 胴を作る

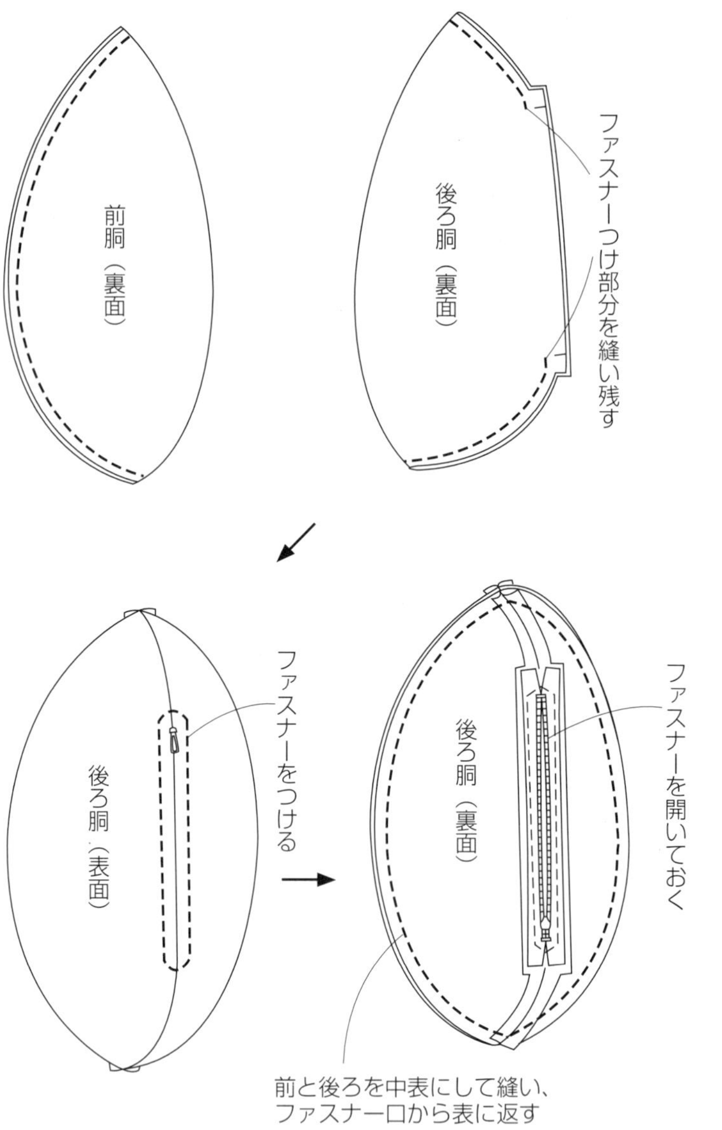
前胴（裏面）
後ろ胴（裏面）
ファスナーつけ部分を縫い残す
後ろ胴（表面）
ファスナーをつける
後ろ胴（裏面）
ファスナーを開いておく
前と後ろを中表にして縫い、
ファスナー口から表に返す

④ 胴に頭部、腕、足、尾をつける

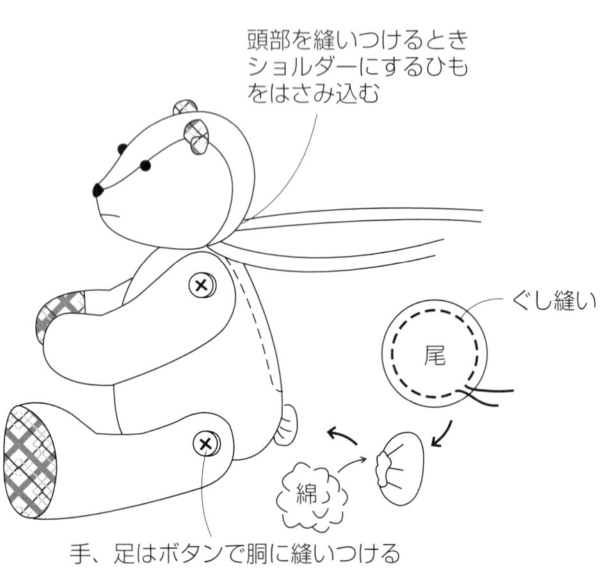
頭部を縫いつけるとき
ショルダーにするひも
をはさみ込む
ぐし縫い
尾
綿
手、足はボタンで胴に縫いつける

参考・引用文献

『西洋服装史』フランソワ・ブーシェ著／日本語版監修　石山　彰　文化出版局　1973年
(77ページの写真①～③、92ページの写真①～③、103ページの写真①、114ページの写真①、122ページの写真①、②)

『ジュエリー・バイブル』水野孝彦・影山公章・石崎文夫著　美術出版社　1996年
『販売員のための商品知識　衣料・身装品』梶　敏明編　誠文堂新光社　1980年
『メガネの辞典』アストリッド・ヴィトルズ著／野崎三郎訳　はる書房　1997年
『時計』ケネス・アリエット著／小西善雄訳　主婦と生活社　1973年

協力

株式会社　アイリス（ボタン）
株式会社　岩波（ベルト）
ヴァンドームヤマダ（アクセサリー）
川辺株式会社（ハンカチ）
古美術　鍋屋（シグネット・リング）
セイコー株式会社（時計）
つよせ（手芸材料）
株式会社　万代（ネクタイ）
ムーンバット（傘）
株式会社　村井（メガネ）
株式会社　吉田商事（アクセサリー材料）
社団法人　日本ジュエリー協会
株式会社　桑山貴金属
株式会社　全国宝石学協会
文化学園ファッションリソースセンター映像資料室
文化学園服飾博物館
文化購買事業部

監修

文化ファッション大系監修委員会

大沼　淳
古田隆吉
林　泉
曽根美知江
笠井フジノ
福田勝汎
工藤勝江
佐々木住江
松田實子
閏間正雄
平沢　洋

執筆

林　泉
根岸郁子
浪間幸井
徳永郁代
横田寿子
鈴木洋子
高田恵子
高橋綾子
井上潤子
島根理奈

表紙モチーフデザイン

酒井英実

イラスト

吉岡香織

写真

石橋重幸（静物）

文化ファッション大系ファッション流通講座④
コーディネートテクニック・アクセサリー編　II
文化服装学院編

2000年６月１日　第１版第１刷発行
2018年２月15日　第５版第１刷発行

発行者　大沼　淳
発行所　学校法人 文化学園 文化出版局
〒151-8524
東京都渋谷区代々木3-22-1
TEL03-3299-2474（編集）
TEL03-3299-2540（営業）
印刷所　株式会社 文化カラー印刷